सफलतम कारोबारियों की अद्भुत कहानियाँ

AF651572

व्यापार और कारोबार करना एक दुष्कर कार्य है। सफल कारोबारी बनने के लिए न केवल पूँजी चाहिए, वरन् नेतृत्वकौशल, निर्णय-क्षमता, प्रोडक्ट की गुणवत्ता के लिए सतत प्रयास, इनोवेशन, ग्राहकों के प्रति उत्तरदायित्व, कर्मचारियों के लिए कल्याणकारी भाव आदि अनेक गुणों को भंडार चाहिए। पर सबसे अधिक आवश्यक है धैर्य और सब्र, क्योंकि किसी भी प्रतिकूल परिस्थिति में यही कारोबार की नाव पार लगाते हैं।

ऐसी आदर्श स्थिति के भी कुछ अपवाद होते हैं, जो अधीर होने के बावजूद अमीर हो गए। यहाँ संकलित हैं, ऐसे ही कुछ कारोबारियों की सफलता की प्रेरक कहानियाँ।

वरिष्ठ पत्रकार **प्रदीप ठाकुर** को भारत के प्रमुख मीडिया समूहों (दिल्ली प्रेस, अमर उजाला व दैनिक जागरण) में विभिन्न संपादकीय पदों पर काम करने और विविध विषयों पर लिखने व विश्लेषण प्रस्तुत करने का दो दशक से भी अधिक समय का अनुभव प्राप्त है। उनकी अंग्रेजी में प्रकाशित कृतियाँ हैं : 'टाटा नैनो : द पीपल्स कार', 'कैरीइंग धीरूभाई', 'विजन फॉरवर्ड : मुकेश अंबानी', 'द शाइनिंग स्टार ऑफ अमेरिका एंड द वर्ल्ड : बराक ओबामा', 'द किंग ऑफ स्टील : लक्ष्मी एन. मित्तल', 'अन्ना हजारे : द फेस ऑफ इंडिया अगेंस्ट करप्शन', 'एंजेलीना जोली : इज शी द मोस्ट पॉवरफुल सेलिब्रिटी' और 'टाइगर इन द वुड्स : द स्टोरी ऑफ नं. 1 स्पोर्ट्स-ब्रांड टाइगर वुड्स'।

सफलतम कारोबारियों की अद्भुत कहानियाँ

प्रदीप ठाकुर

प्रभात पेपरबैक्स
www.prabhatbooks.com

प्रकाशक

प्रभात पेपरबैक्स

4/19 आसफ अली रोड, नई दिल्ली-110002

फोन : 23289777 • हेल्पलाइन नं. : 7827007777

इ-मेल : prabhatbooks@gmail.com ❖ वेब ठिकाना : www.prabhatbooks.com

संस्करण

प्रथम, 2018

सर्वाधिकार

सुरक्षित

मूल्य

एक सौ पचहत्तर रुपए

अ.मा.पु.स. 978-93-5266-314-9

मुद्रक

आर-टेक ऑफसेट प्रिंटर्स, दिल्ली

SAFALTAM KAROBARIYON KI ADBHUT KAHANIYAN
by Pradeep Thakur

Published by **PRABHAT PAPERBACKS**
4/19 Asaf Ali Road, New Delhi-110002

ISBN 978-93-5266-314-9

₹175.00

मेरी पूर्णकालिक लेखन-यात्रा को
संभव बनानेवाली धर्मपत्नी किरण और
मुझे हमेशा उत्साहित रखनेवाले
सुपुत्रों प्रभाकर, पुष्कर व भाष्कर
को
सस्नेह समर्पित

भूमिका

विश्व में अधिकतर लोग अपनी वित्तीय सुरक्षा के लिए धीमी गति से, पैसे बचाने के मार्ग से चलते रहे हैं, जो धनी बनने का सबसे सुरक्षित मार्ग रहा है, लेकिन इस पुस्तक में आप कई अधीर लोगों से मिलेंगे, जो धनी बनने के सदियों पुराने, थका देनेवाले मार्ग पर चलने को तैयार नहीं थे। वे जल्द-से-जल्द बहुत अधिक धनी बनना चाहते थे, और अपने सपनों को साकार करने में वे सफल भी रहे। इनमें विभिन्न प्रकार के तरीके अपनानेवाले लोग शामिल हैं।

पहले अध्याय में आप जॉन डी रॉकफेलर (सबसे बड़े तेल साम्राज्य के निर्माता) व एंड्रयू कार्नेगी (सबसे बड़े इस्पात साम्राज्य के निर्माता) के साथ-साथ हेनरी फोर्ड (सबसे बड़े मोटरवाहन साम्राज्य के निर्माता) जैसे महान् दिग्गजों के बारे में पढ़ेंगे, जिनकी सफलताएँ विश्व को चौंधिया देनेवाली रही हैं। यदि 20वीं सदी को अमेरिका की सदी कहा जाता है, तो इनमें इन तीनों महारथियों का भी बहुत बड़ा योगदान रहा है, जिन्होंने अपने बहुत जल्द धनी बनने के लिए एकाधिकार (मोनोपली) का रास्ता अपनाया था। अमेरिकी राजनीतिक-आर्थिक टीकाकार मैथ्यू जोसेफसन ने रॉबर बैरन (1934) नामक पुस्तक में 28 पूँजीपतियों की तुलना 12वीं सदी में लुटेरा दिग्गज (रॉबर बैरन) संबोधित किए जानेवाले उन सामंत-अधिपतियों (फ्यूडल लार्ड) से की है, जिन्होंने व्यापारिक जहाजों को लूटकर या फिर अवैध-अनैतिक व्यापार-व्यवहारों से अपने सौभाग्य-साम्राज्यों का निर्माण किया था। हालाँकि जोसेफसन ने रॉकफेलर व कार्नेगी की तरह हेनरी फोर्ड को उन

पूँजीपतियों में शामिल नहीं किया है, लेकिन फोर्ड ने भी एकाधिकारवादी व्यापार-व्यवहार (मोनोपोलिस्ट बिजनेस प्रैक्टिस) से ही सफल होने की कोशिश की थी।

दूसरे अध्याय में मैंने तीन गुमनाम अग्रदूतों—जोहान जेकब एस्टर (रोआँ कारोबार के दिग्गज), थॉमस एडिसन (जन-उपयोगी आविष्कार आधारित उद्योग के विकासकर्ता) और अलेक्जेंडर टर्नी स्टीवर्ट (आधुनिक विभागीय भंडार के जनक) को शामिल किया है। एस्टर की सफलता से अमेरिका में महत्त्वाकांक्षी आप्रवासियों की बाढ़ सी आई थी और उन आप्रवासियों की उद्यमशीलता ने युवा राष्ट्र अमेरिका को वैश्विक वित्तीय दिग्गज बनाया था। थॉमस एडिसन को अपने जिन आविष्कारों व प्रयोगों में कोई संभावना नजर नहीं आई थी, उनसे आज भी उद्योग-जगत् लाभान्वित हो रहा है और अलेक्जेंडर टर्नी स्टीवर्ट ने जिस ग्राहक प्रथम (कस्टमर फर्स्ट) व्यापारिक दृष्टिकोण को लागू किया था, वह कभी पुराना नहीं हुआ और आज भी खुदरा व अन्य सेवा उद्योग का मूलमंत्र बना हुआ है; लेकिन इन तीनों अग्रदूतों की बिडंवना यह रही है, इनकी विरासत को सँभालने व आगे बढ़ानेवाला कोई नहीं था और वे गुमनाम हो गए।

तीसरे अध्याय में, आरोन मांटगोमेरी वार्ड (आधुनिक डाक-आदेश कारोबार के जनक), एडवर्ड जॉन नोबल (लाइफ सेवर्स कैंडी की छेद को भुनानेवाला दूरदर्शी उद्यमी), चार्ल्स ब्रेस डैरो (पटल-खेल मोनोपोली के दावेदार आविष्कारक), मागरिट मुन्नर्लीन मिशेल (एकमात्र उपन्यास से सर्वाधिक सफल हुई पहली रचनाकर) व लेवी स्ट्रॉस (ताँबा-कीलकवाले ब्लू डेनिम जींस को लोकप्रिय बनानेवाला कारोबारी) को शामिल किया गया है।

चौथे अध्याय में सैम वाल्टन (सबसे बड़े खुदरा साम्राज्य के निर्माता), चार्ल्स शवाब (छूट दलाली के प्रणेता व ग्राहक-केंद्रित वित्तीय साम्राज्य के निर्माता) और बर्नी मार्कस व आर्थर ब्लैंक (होम डिपो का विशाल साम्राज्य बनानेवाली प्रबंधन जोड़ी) को शामिल किया गया है, जिन्होंने अपनी व्यापारिक अंतर्दृष्टि को क्रियान्वित करने के लिए बड़े पैमाने की अर्थव्यवस्था को आधार

बनाया था और पाँचवें अध्याय में कंप्यूटर व पूँजी बाजार के जादुई रास्तों से झटपट धनी बननेवाले व्यक्तित्वों को शामिल किया गया है।

मुझे विश्वास है कि 'सफलतम कारोबारियों की अद्भुत कहानियाँ' आप सभी सुधी पाठकों के लिए प्रेरणादायी साबित होंगी।

—प्रदीप ठाकुर

अनुक्रम

1

एकाधिकारवादी दिग्गजों का नीति-शास्त्र

संयुक्त राज्य अमेरिका का इतिहास ऐसे एकाधिकारवादी पूँजीपतियों से भरा हुआ था, जिनकी तुलना 12वीं सदी में रॉबर बैरन या लुटेरा दिग्गज संबोधित किए जानेवाले उन सामंती अधिपतियों (फ्यूडल लॉर्ड) से की जाती है, जिन्होंने व्यापारी जहाजों को लूटकर या अवैध-अनैतिक व्यापारों से अपने सौभाग्य साम्राज्यों का निर्माण किया था। विश्वव्यापी आर्थिक महामंदी के दौरान सन् 1934 में अमेरिका के राजनीतिक व आर्थिक टीकाकार मैथ्यू जोसेफसन ने 'रॉबर बैरन' नामक किताब लिखी थी, जो काफी चर्चित रही थी। उस किताब में जोसेफसन ने 28 पूँजीपतियों को शामिल किया था, जो इस प्रकार थे—

जॉन याकूब एस्टर (अचल संपत्ति व रोआँ/फर; न्यूयॉर्क), एंड्रयू कार्नेगी (इस्पात; पिट्सबर्ग व न्यूयॉर्क), विलियम ए. क्लार्क (ताँबा; बुट्टे, मोंटाना), जे. कुक (वित्त; फिलाडेल्फिया), चार्ल्स क्रोकर (रेल मार्ग; कैलिफोर्निया) डेनियल ड्रियू (वित्त; न्यूयॉर्क), जेम्स बुकानन ड्यूक (तंबाकू; डरहम, नॉर्थ कैरोलिना), फील्ड मार्शल (खुदरा; शिकागो), जेम्स फिस्क (वित्त; न्यूयॉर्क), हेनरी मॉरिसन फ्लैग्लर (रेल मार्ग व तेल; न्यूयॉर्क व फ्लोरिडा), हेनरी क्ले फ्रिक (इस्पात; पिट्सबर्ग व न्यूयॉर्क), जॉन वार्न गेट्स (काँटेदार तार व तेल; टेक्सास), जे. गोल्ड (रेल मार्ग, न्यूयॉर्क), एडवर्ड हेनरी हैरीमन (रेल मार्ग; न्यूयॉर्क), चार्ल्स टी. हिंडे (रेलमार्ग, जल परिवहन, जहाजरानी व होटल; इलिनोइस, मिसौरी, केंटकी व कैलिफोर्निया), मार्क हॉपकिंस (रेल मार्ग,

विश्वव्यापी आर्थिक महामंदी के दौरान सन् 1934 में अमेरिका के राजनीतिक व आर्थिक टीकाकार मैथ्यू जोसेफसन ने 'रॉबर बैरन' नामक किताब लिखी थी, जो काफी चर्चित रही थी।

कैलिफोर्निया), कॉलिस पॉटर हंटिंगटन (रेल मार्ग; कैलिफोर्निया), एंड्रयू डब्ल्यू. मेलॉन (वित्त व तेल; पिट्सबर्ग), जे.पी. मॉर्गन (वित्त व औद्योगिक समेकन; न्यूयॉर्क), जॉन क्लीवलैंड ओसगुड (कोयला खनन व लौह; कोलोराडो), हेनरी बी. प्लांट (रेल मार्ग; फ्लोरिडा), जॉन डी. रॉकफेलर (तेल; क्लीवलैंड व न्यूयॉर्क), चार्ल्स एम. श्वाब (इस्पात; पिट्सबर्ग व न्यूयॉर्क), यूसुफ सेलिगमैन (साहूकारी; न्यूयॉर्क), जॉन डी. स्प्रेकेल्स (जल परिवहन, रेल मार्ग व चीनी; कैलिफोर्निया), लेलैंड स्टेनफोर्ड (रेल मार्ग; कैलिफोर्निया), कॉर्नेलियस वेंडरबिल्ट (जल परिवहन व रेल मार्ग; न्यूयॉर्क) व चार्ल्स टायसन यर्केस (सड़क व रेल मार्ग; शिकागो)।

लेकिन इस अध्याय में हम उपर्युक्त सूची के सिर्फ दो ही ऐतिहासिक दिग्गजों जॉन डी. रॉकफेलर व एंड्रयू कार्नेगी के अलावा उनके ही नक्शे-कदम पर चलनेवाले 20वीं सदी के हेनरी फोर्ड के बारे में भी चर्चा करेंगे।

जॉन डी. रॉकफेलर : अपने लिए तेल-साम्राज्य, दूसरों को सिक्का बचाने का उपदेश

स्टैंडर्ड ऑयल कंपनी के सह-संस्थापक जॉन डेविसन रॉकफेलर सीनियर ने अपने 19 वर्षों के पेशेवर जीवन में ही, वर्ष 1882 तक, संयुक्त राज्य अमेरिका के 90 प्रतिशत तेल कारोबार को नियंत्रित कर लिया था। टाइम.कॉम (15 जुलाई, 2015) के मुताबिक, सन्1937 में अपनी मृत्यु के समय जब रॉकफेलर सीनियर की कुल संपत्ति 1.50 अरब डॉलर थी, जो अमेरिका के तत्कालीन सकल घरेलू उत्पाद (ग्रॉस डोमेस्टिक प्रोडक्ट/जी.डी.पी.) का लगभग 2 प्रतिशत थी, जो वर्ष 2014 में 341 अरब डॉलर के बराबर है। इस तरह, वह अमेरिका के इतिहास में सबसे अमीर व्यक्ति बन गया था और यह कीर्तिमान अभी भी कायम है। हालाँकि, रॉकफेलर ने झटपट तेल-साम्राज्य स्थापित करने के लिए हर प्रकार के हथकंडे अपनाए थे; लेकिन उसने अपनी एकाधिकारवादी पूँजीपति की

नकारात्मक छवि को सुधारने के लिए ईसाई नीति-शास्त्र से कड़ी मेहनत, बचत व धैर्य का उपदेश दिया था। वैसे, रॉकफेलर सीनियर ने एंड्रयू कार्नेगी जैसे अन्य प्रमुख समकालीन उद्योगपतियों के साथ-साथ आधुनिक परोपकार की संरचना को भी परिभाषित किया था और खुद को महान् परोपकारी व समाज-सेवी साबित करने में भी सफल रहा था।

अपनी सार्वजनिक छवि को सुधारने के लिए रॉकफेलर सीनियर ने अनोखी जन-संपर्क रणनीति (पब्लिक रिलेशन स्ट्रेटेजी) को चुना था। वह सोच-समझकर अपने पुराने कपड़ों में घर से बाहर घूमने निकलता था और हमेशा अपनी जेब में ढेर सारे चाँदी के नए 10 सेंट सिक्के (डाइम) रखता था। रास्ते में जो भी बच्चा उसे मिलता था, उसे एक सिक्का भेंट कर यह उपदेश दिया करता था कि यदि आप रोज एक सिक्का बचत करोगे तो आप धनी आदमी बन जाओगे। साफ था कि यदि कोई बच्चा रॉकफेलर सीनियर की सलाह पर अपनी बची हुई 70 वर्षों की उम्र तक भी बचत करता तो उसके पास 2,525 डॉलर होते। यदि कोई बहुत सौभाग्यशाली होता और अपनी बचत को लगातार बैंक में जमा कर चक्रवृद्धि ब्याज भी कमाता रहता तो भी उसकी रकम शायद ही 10,000 डॉलर की सीमा पार कर पाती!

इतना ही नहीं, कहा जाता है कि रॉकफेलर सीनियर के लिए नियुक्त जन-संपर्क अधिकारी एक सोची-समझी रणनीति के तहत विधिवत् प्रशिक्षण देकर युवाओं को फटे-पुराने कपड़ों में उसके पास सफलता के रहस्य जानने के लिए भेजता था। उन प्रायोजित मौकों पर, जब कोई युवा बड़े आदर-भाव से रॉकफेलर सीनियर के सामने बैठता था, तो वह उसकी हथेली पर एक सिक्का रखता था और फिर महान् उपदेशक की तरह ईसाई नीति-शास्त्र का उल्लेख करता हुआ कहता था, "कड़ी मेहनत करो, बुद्धिमानी से खर्च करो, सुरक्षित रूप से निवेश करो और बाकी समय को करने दो।" स्पष्ट है कि यह पूरी तरह प्रशंसा करने योग्य सलाह थी। लेकिन सवाल यह उठता था कि क्या सचमुच रॉकफेलर सीनियर ने सफल होने के लिए अपने जीवन में इन सिद्धांतों का पालन किया था? ध्यान रहे कि रॉकफेलर सीनियर ने कभी भी किसी को यह नहीं बताया था कि उसने खुद उतनी तेजी से उतना धन कैसे हासिल किया था!

लेकिन उन मौकों पर विशेष रूप से आमंत्रित पत्रकारों द्वारा इस तरह के सवाल पूछ पाने का मौका ही नहीं दिया जाता था और वे जन-संपर्क अधिकारी की आवभगत व प्रायोजित सूचनाओं से इतने प्रभावित हो जाते थे कि अपने विशेष आलेखों से रॉकफेलर सीनियर को ईसाई नीतिशास्त्र में अटूट विश्वास रखनेवाले और समाज-कल्याण के लिए अपनी गाढ़ी कमाई का बड़ा हिस्सा दान करनेवाले महान् परोपकारी व समाज-सेवी के रूप में प्रस्तुत कर देते थे। देखा-देखी दुनिया भर के अन्य पत्रकारों, लेखकों, बुद्धिजीवियों ने भी अनजाने में ही सही, रॉकफेलर सीनियर को सफलता के सुस्त, थके हुए, सिक्का बचत करनेवाले कठोर परिश्रमवाले रास्ते का पैरोकार बना दिया था। दिलचस्प यह है कि आजकल भी अधिकतर आलेखों में रॉकफेलर सीनियर के प्रति इसी प्रायोजित धारणा को प्रेरणादायी कहानियों के रूप में दोहराया जाता है। जबकि असल सच्चाई यह है कि अमेरिकी पूँजीवाद के इतिहास में रॉकफेलर सीनियर ने अपने युग के किसी भी बेहद सफल उद्योगपति के मुकाबले ज्यादा तेजी से धन अर्जित किया था।

असल में, जब जॉन डेविसन रॉकफेलर जूनियर ने अपने पिता व स्टैंडर्ड ऑयल कंपनी की नकारात्मक छवि को सुधारने के लिए सन् 1914 में एक तेज-तर्रार युवा जन-संपर्क विशेषज्ञ आइ.वी. लीडबेटर ली नियुक्त किया था। यह सन् 1937 में 97 वर्ष की उम्र में डेविसन रॉकफेलर सीनियर की मृत्यु से 24 वर्ष पहले की घटना है। उस समय स्टैंडर्ड ऑयल कंपनी विश्व का सबसे अधिक घृणित औद्योगिक संगठन बन गया था। चाहे मजदूर हड़तालों को दबाने का मामला हो या फिर मनमाने मूल्य-निर्धारण करना या एकाधिकारवादी तरीकों से सामान्य व्यापारिक गतिविधियों में रुकावटें पैदा करना या विधायिका की घूसखोरी का मामला हो या दूसरे दुष्ट हथकंडे हों—सभी लिए अमेरिकी जनता व अखबार स्टैंडर्ड ऑयल कंपनी व उसके संचालक के नाते रॉकफेलर सीनियर को दोषी मानकर तीखी आलोचना कर रहे थे। हालाँकि उस समय की अन्य बड़ी कंपनियाँ भी कमोबेश इसी प्रकार के हथकंडे अपना रही थीं; लेकिन अपार समृद्धि व आश्चर्यजनक सफलता हासिल करने के लिए रॉकफेलर सीनियर को ही बलि का बकरा बनाया जाने लगा था। दिलचस्प तथ्य यह भी है कि रॉकफेलर सीनियर ने काफी समय पहले ही कंपनी की कार्यकारी जिम्मेदारियों

से खुद को मुक्त कर लिया था, लेकिन फिर भी उसे ही स्टैंडर्ड ऑयल कंपनी का जीता-जागता व्यापारिक प्रतीक व मुख्य पैरोकार माना जाता था। यह भी एक कारण था कि सबके निशाने पर रॉकफेलर सीनियर आ गया था। ऐसे में, आइवी लीडबेटर ली ने रॉकफेलर सीनियर के लिए चाँदी के सिक्के बाँटने तथा उपदेश देनेवाली जन-संपर्क व छवि-निर्माण (ब्रांड बिल्डिंग) रणनीति बनाई थी और वह प्रायोजित कार्यक्रम इतना अधिक सफल हुआ था कि आइवी ली अति प्रतिभाशाली प्रचार विशेषज्ञ (पब्लिसिटी एक्सपर्ट) बन गया था और बाद में उसे आधुनिक जन-संपर्क का संस्थापक कहा जाने लगा था।

आखिर रॉकफेलर सीनियर ने अपने कीर्तिमान सौभाग्य को कैसे प्राप्त किया था? यह जानने के लिए हमें उसके जीवन व कार्यों को जानना-समझना पड़ेगा। विश्व के अधिकांश सफल व्यक्तियों की तरह वह भी चाँदी के चम्मच के साथ पैदा नहीं हुआ था। अन्य लोगों की तरह उसे भी कठोर संघर्ष करना पड़ा था। लेकिन उसने सफलता के राजमार्ग के रूप में स्वीकार किए जा चुके घिसे-पिटे रास्तों पर चल अपनी आश्चर्यजनक सफलता नहीं हासिल की थी, बल्कि अपना राजमार्ग खुद बनाया था। वह शुरू से ही जानता था कि जो रास्ता सबको पता है, उस पर चलकर तो अधिक-से-अधिक वहीं तक पहुँचा जा सकता था, जहाँ तक दूसरे लोग भी पहुँच चुके थे। इसलिए रॉकफेलर ने उस अनजान रास्ते को चुना था, जो किसी और के साथ उसे खुद भी पता नहीं था। लेकिन उसे इतना जरूर पता था कि वह जिस मार्ग पर आगे बढ़ रहा था, वह उसे दूसरों से अलग एक विशेष मंजिल तक पहुँचाएगा। साफ है कि उसे भी अपनी अंतिम मंजिल का पता नहीं था। वह तो एक यात्री था, चलना उसका जीवन था। मंजिलें आती गईं और वह आगे चलता चला गया था—बिना थके, बिना रुके। उसके जीवन का एकमात्र लक्ष्य धनी बनना नहीं था, लेकिन वह धन पैदा करने के उन रास्तों को खोजने में सक्षम था, जो किसी और को पता ही नहीं था। इसलिए वह अपने सहज भाव से जो कुछ भी करता रहा था, वह दूसरों के लिए असंभव एवं आश्चर्यजनक उपलब्धियाँ बन गईं। उस पर भले ही शातिर एकाधिकारवादी हथकंडे अपनाने के आरोप लगे हों, लेकिन उसने अपना काम जारी रखा था।

चूँकि बिल रॉकफेलर की गतिविधियाँ रहस्यमय थीं, इसलिए स्थानीय लोग उसे शैतान (डेविल) बिल उपनाम से भी पुकारने लगे थे।

घुमंतू विक्रेता का पुत्र : जॉन डेविसन रॉकफेलर सीनियर का जन्म 8 जुलाई, 1839 को न्यूयॉर्क सिटी से दक्षिण-पश्चिम में करीब 328 कि.मी. दूर ग्रामीण शहर रिचफोर्ड (टिओगा काउंटी, न्यूयॉर्क) में हुआ था। वह छह भाई-बहनों में दूसरा व सबसे बड़ा भाई था। उसका पिता विलियम एवरी बिल रॉकफेलर अंग्रेजी व जर्मन मूल का था, जिसके पूर्वज रिचफोर्ड के जंगली इलाके में काफी सस्ती जमीन खरीदकर आ बसे थे। शुरू-शुरू में बिल रॉकफेलर ने लकड़ी काटने व बेचने का मेहनतकश काम किया था, लेकिन 20 वर्ष की उम्र पार करते-करते वह घुमंतू बिक्री कर्मी के रूप में अनूठी चीजों के नाम पर ठगी व आवारागर्दी को अपना पेशा बना लिया था। बाद में उसने डॉ. विलियम लेविंग्सटन उपनाम से वनस्पति-चिकित्सक (बोटैनिक फिजिशियन) के रूप में संभोग शक्ति (सेक्स पॉवर) बढ़ाने का जीवन-अमृत (एक्सलीर) बेचने का गोरख धंधा अपना लिया था। चूँकि बिल रॉकफेलर की गतिविधियाँ रहस्यमय थीं, इसलिए स्थानीय लोग उसे शैतान (डेविल) बिल उपनाम से भी पुकारने लगे थे। लेकिन वह काफी मजाकिया व आकर्षक व्यक्तित्व था, इसलिए उसे कुछ लोग बड़ा (बिग) बिल भी कहते थे। लेकिन सभ्य व मेहनती समाज की पारंपरिक नैतिकता से तो बिल रॉकफेलर ने मानो दुश्मनी की शपथ ले रखी थी और उसने अपने लिए आवारा जीवन ही चुना था।

पिता की आवारगी व ठगी-चोरी के विपरीत रॉकफेलर की माँ एलिजा डेविसन कुशल गृहिणी व श्रद्धापूर्वक नियमित रूप से गिरजाघर जानेवाली धार्मिक महिला थी। वह नाइल्स (कायुगा काउंटी, न्यूयॉर्क; रिचफोर्ड से 60 कि.मी. दूर) में आ बसे स्कॉटलैंड व आयरलैंड मूल के बड़े किसान की बेटी थी। एलिजा जब 12 वर्ष की थी, तभी उसकी माँ गुजर गई थी और बड़ी बहन ने उसे पाला-पोसा था। खेतीबाड़ी के बीच बने निवास में रहनेवाली युवती एलिजा घुमंतू विक्रेता बिल रॉकफेलर के आकर्षक व्यक्तित्व पर फिदा हो गई थी और उसी से शादी करने का फैसला कर लिया था। जब एलिजा के पिता को अपनी बेटी की पसंद का पता चला था तो उसके पाँवों के नीचे से जमीन खिसक गई थी। लेकिन उसके घोर

विरोध के बावजूद 24 वर्ष की एलिजा ने अपने एक दोस्त के घर में अपने 27 वर्ष के प्रेमी बिल रॉकफेलर से 18 फरवरी, 1937 को शादी कर ली थी। बिना माँ की बेटी एलिजा की जिद के आगे उसके पिता को भी घुटने टेकने पड़े थे और उसने दहेज के रूप में गृहस्थी की तमाम सामग्रियों के साथ-साथ दामाद को 500 डॉलर नकद भी दिए थे। चूँकि बिल के परिवार के लोग शराबी व मौज-मस्ती करनेवाले थे, इसलिए धनी किसान की व्यवस्थित जीवन जीनेवाली एलिजा का उनके साथ गुजर-बसर करना संभव नहीं था, इसलिए बिल रॉकफेलर ने अपने मूल पारिवारिक निवास से काफी दूर एकांत में एक घर बनाया था।

कुछ ही समय बाद, दैनिक कामकाज में मदद के बहाने से बिल रॉकफेलर एक सुंदर गरीब लड़की को नौकरानी बनाकर घर में ले आया था; लेकिन एलिजा को यह समझते देर नहीं लगी थी कि उस नौकरानी से उसके पति के शारीरिक संबंध थे। लेकिन अपने पिता की प्रतिष्ठा तथा अपने वैवाहिक जीवन में स्थिरता की झलक को बनाए रखने के लिहाज से एलिजा ने चुप्पी साध ली थी। जब तक एलिजा ने रॉकफेलर व उसकी बड़ी बहन को जन्म दिए थे, उसके पति से संबंध के कारण नौकरानी ने भी दो बेटियों को जन्म दे दिया था, जिनमें से एक की बहुत जल्द मृत्यु हो गई थी। शुरू-शुरू में तो बिल रॉकफेलर पास की पहाड़ियों में लकड़ी चीरने का कारखाना चलाता रहा था और लकड़ी के साथ-साथ नमक, रोआँ (फर) व घोड़े का कारोबार करता रहा था; लेकिन बाद में कई-कई दिनों तक अचानक गायब रहने लगा था। उसने पास के किराना दुकानदार को अपने परिवार की जरूरत के सारे सामान उधार देने को कह रखा था, इसलिए एलिजा को कोई दिक्कत नहीं हुई थी; लेकिन एलिजा को जल्द ही पता चल गया था कि उसका पति तथाकथित अमूल्य जड़ी-बूटियों के रसों से निर्मित जीवन-अमृत को संभोग-शक्ति बढ़ानेवाली दवा का गोरख धंधा करता था और नौकरानी के अलावा कई अन्य औरतों से भी उसके शारीरिक संबंध थे। उस समय बिल रॉकफेलर जब भी घर वापस लौटता था तो अपनी ऐयाशी काफी फिजूलखर्ची किया करता था, लेकिन लोक-लाज, घर की शांति व बच्चों के भविष्य के लिए एलिजा ने अपने पति के साथ कोई बिगाड़ नहीं किया था और सबकुछ चुपचाप सहती रही थी।

राहत की बात यह थी बिल रॉकफेलर के हिस्से में 60 एकड़ की जमींदारी थी, जिसे एलिजा ने बड़ी मेहनत के साथ सँभाला था और घर के खर्चों को पूरा करने की जी-तोड़ कोशिश करती रही थी। जब रॉकफेलर बड़ा हुआ था तो उसने रोजाना के खेतीबाड़ी के काम में माँ का हाथ बँटाना शुरू कर दिया था। वैसे तो एलिजा को बचपन से ही जरूरत से अधिक खर्च की आदत नहीं थी, लेकिन पति की फिजूलखर्ची व उसकी आवारगी के चलते आई विपरीत परिस्थिति ने उसे और भी ज्यादा मितव्ययी बना दिया था। पति से पूरी तरह निराश हो चुकी एलिजा की सारी उम्मीदें अपने बड़े बेटे से ही थीं। इसलिए उसने रॉकफेलर को मेहनतकश जीवन व मितव्ययिता का पाठ पढ़ाना शुरू कर दिया था कि जान-बूझकर की गई बरबादी दयनीय अभाव की हालत पैदा करती है। इसके साथ, किशोर रॉकफेलर ने अपने पिता की उस सलाह को भी अमल में लाना शुरू कर दिया था कि माँग के मुताबिक चीजें परोसो और किसी भी सौदे का बड़ा हिस्सा अपने पास रखो। यही कारण था कि खेतीबाड़ी में माँ की मदद के अलावा उसने मुरगी-पालन, आलू व कैंडी की बिक्री तथा पड़ोसियों को ब्याज पर छोटी रकम उधार देकर अतिरिक्त कमाई के साधन ढूँढ़ लिये थे और परिवार की आमदनी बढ़ाने में भी योगदान करने लगा था।

जब रॉकफेलर किशोर ही था तो उसका परिवार रिचफोर्ड से 64 कि.मी. दूर और ननिहाल नाइल्स से महज 15 कि.मी. दूर मोराविया गाँव में स्थानांतरित हो गया था। लेकिन, जब वह 12 वर्ष का हुआ था, 1851 में उसका परिवार ओवेगो (कायुगा काउंटी, न्यूयॉर्क प्रांत) में स्थानांतरित हो गया था, जहाँ उसने ओवेगो एकेडमी में दाखिला लिया था। लेकिन दो वर्षों बाद रॉकफेलर का परिवार ओहियो प्रांत में क्लीवलैंड के उपनगर स्ट्रोंगसविल (कुयाहोगा काउंटी) में जा बसा था, जहाँ से उसने क्लीवलैंड के केंद्रीय उच्च विद्यालय में पढ़ाई पूरी करने के बाद निजी वाणिज्य महाविद्यालय—फोल्सोमस मर्केंटाइल कॉलेज (अब चांसलर विश्वविद्यालय) से बही-खाता लेखन (बुककीपिंग) का 10 सप्ताह का पाठ्यक्रम पूरा किया था। अपने पिता की अनुपस्थिति और परिवार के लगातार स्थानांतरित होने के बावजूद युवा जॉन रॉकफेलर अच्छी तरह से व्यवहार करनेवाला गंभीर व अध्ययनशील लड़का था। समकालीन छात्रों ने उसे

हमेशा ही अपने आप में सीमित रहनेवाला, धार्मिक, पूरी तरह से व्यवस्थित व विचारशील पाया था। वह शानदार बहसबाज (डिबेटर) था और अपनी बातों को संक्षेप में सटीकता के साथ व्यक्त करता था। उसे संगीत से भी गहरा प्यार था और वह संगीत को संभावित पेशे के रूप में अपनाने का सपना भी देखा करता था। लेकिन, शुरुआती समय से ही उसने संख्या व विस्तृत लेखा (डिटेल्ड एकाउंटिंग) के प्रति उत्कृष्ट मानस का प्रदर्शन किया था।

उस जमाने में क्लीवलैंड छोटा सा नगर था और वहाँ नौकरी मिलना काफी मुश्किल था। लेकिन जॉन रॉकफेलर ने लगातार कोशिश से महज 16 वर्ष की उम्र में ही हेविट एंड टटल नामक कृषि उपज के आढ़तिया व्यापारियों के प्रतिष्ठान में सहायक बही-खाता लेखक की नौकरी ढूँढ़ ली थी। फिर लगन व मेहनत की बदौलत अपने नियोक्ताओं का विश्वास जीतकर अगले चार वर्षों तक व्यापार संबंधी सभी पहलुओं के प्रशिक्षण व अनुभव हासिल करता रहा था। फिर सन् 1859 में 20 वर्ष की उम्र में जॉन रॉकफेलर ने मौरिस बी. क्लार्क की साझेदारी में कृषि उपज का आढ़त कारोबार शुरू कर दिया था। ठीक यही वह वर्ष था, जब टाइटसविल्ले (पेंसिल्वेनिया) में अमेरिका का पहला तेल कुआँ खोदा गया था। उस समय वाणिज्यिक तेल का कारोबार बहुत ही शुरुआती दौर में था। व्हेल के तेल के महँगा हो जाने के कारण घरेलू ईंधन के लिए कैरोसिन तेल की भारी माँग शुरू हो गई थी। पहले वर्ष में रॉकफेलर ने 4.50 लाख डॉलर मूल्य का आढ़त कारोबार किया था और फिर खाद्य सामग्रियों का थोक कारोबार भी शुरू किया था। लेकिन उसे यह समझते देर नहीं लगी थी कि निकट भविष्य में कैरोसिन सहित अन्य पेट्रोलियम पदार्थों की माँग तेज होने वाली है। इसलिए उसने तेल-शोधक कारखाना (ऑयल रिफाइनरी) की स्थापना के लिए साझीदार ढूँढ़ना शुरू किया था।

तेल-शोधन उद्योग में सफलता : नौकरी छोड़ने के चार वर्षों के बाद सन् 1963 में रॉकफेलर ने क्लीवलैंड में विकसित हो रहे नए औद्योगिक क्षेत्र में एंड्रूज, क्लार्क एंड कंपनी नाम से स्थापित कर लिया था। वर्ष 1864 में रॉकफेलर ने ओहियो मूल निवासी लॉरा सलेस्टिया स्पेलमैन से शादी कर ली थी, जिसका पिता एक समृद्ध व्यापारी व राजनीतिज्ञ था। अमेरिकी नागरिक युद्ध (1861-

65) के अंत तक क्लीवलैंड अमेरिका में पाँच मुख्य शोधन केंद्रों—पिट्सबर्ग, न्यूयॉर्क, पेंसिल्वेनिया तथा सबसे अधिक तेल उत्पन्न करने वाले उत्तर-पश्चिमी पेंसिल्वेनिया क्षेत्र—में से एक था। एंड्रूज, क्लार्क एंड कंपनी ने इस मौके का लाभ उठाया था। क्लीवलैंड क्षेत्र का सबसे बड़ा तेल-शोधक कारखाना बन गया था। अब रॉकफेलर के लिए यह अनुमान लगाना बिल्कुल आसान हो गया था कि यही सबसे संभावनाशील व लाभ देनेवाला उद्योग था।

रॉकफेलर में जोखिम को आँकने की जबरदस्त समझ थी और यही विशेषता उसे दूसरों से अलग स्थान व प्रतिष्ठा प्रदान करने वाली थी। तेल-शोधन कारोबार में हाथ डालने से पहले ही रॉकफेलर ने इस तथ्य को अच्छी तरह से जान लिया था कि सट्टेबाजों ने इस कारोबार के जोखिम को अतार्किक बना दिया था। इस धंधे में वही सट्टेबाज भारी मुनाफा कमा रहे थे, जिन्हें कोई तेल-भंडार (ऑयल डिपॉजिट) हाथ आ गया था। दूसरी तरफ, जिनके पास अपने तेल-स्रोत नहीं थे, वे भारी घाटे की चपेट में भी आ रहे थे। यही कारण था कि रॉकफेलर ने तेल सट्टेबाजी की बजाय तेल-शोधन को अपना कारोबार बनाया था, जहाँ भले ही मुनाफा बहुत अधिक नहीं था, लेकिन ज्यादा स्थिर जरूर था। इसीलिए सन् 1865 में रॉकफेलर ने आढ़त का कारोबार छोड़कर तेल कारोबार पर ही ध्यान केंद्रित करने का फैसला किया था और 72,000 डॉलर में क्लार्क बंधुओं की हिस्सेदारी खरीद कर 'रॉकफेलर एंड एंड्रूज' का गठन किया था।

उस जमाने में शोध व विकास (रिसर्च एंड डेवलपमेंट) जैसी शब्दावली चलन में नहीं आई थी। लेकिन अपनी सारी कमाई पहले तेल-शोधक कारखाने में झोंककर रॉकफेलर ने लगातार नवाचार किए थे और उद्योग की दशा व दिशा दोनों बदल दिए थे। उस समय तेल-शोधन की प्रक्रिया के दौरान निकलनेवाले अन्य उच्छिष्ट उत्पादों (बाय प्रोडक्ट) को अनुपयोगी मानकर पूरी तरह से खारिज कर देने का चलन था। लेकिन रॉकफेलर को इस तरह की बरबादियों से नफरत-सी थी। यही कारण था कि उसने शोध व विकास पर जोर देकर न केवल अपने कारखाने में तेल-शोधन की प्रक्रिया को लगातार बेहतर बनाता चला गया था, बल्कि उच्छिष्ट उत्पादों से विभिन्न प्रकार के विभिन्न प्रकार

स्नेहक (लुब्रिकेंट), आम उपयोग की चिकनाई (ग्रीज), वैसलीन के पूर्ववर्ती उत्पाद, रँगाई के काम आनेवाले रोगन (वार्निश) निकालने शुरू कर दिए थे।

इस तरह, अगले पाँच वर्षों में उसने तेल कारोबार का तेजी से विस्तार किया था और उसके साथ अपने साझीदारों की हिस्सेदारी भी खरीद ली थी। फिर उसने अपने छोटे भाई तथा अन्य साझीदारों के साथ मिलकर रॉकफेलर ने जून 1870 में स्टैंडर्ड ऑयल कंपनी का गठन किया था, जिसका वह सबसे बड़ा शेयरधारक व अध्यक्ष बन गया था।

एकाधिकार का मार्ग : रॉकफेलर को जल्द ही यह भी समझ आ गया था कि गलाकाट प्रतिस्पर्धा तेल उद्योग को बरबादी के रास्ते पर ले जा रही थी और उसने इस भीषण समस्या से छुटकारा पाने की रणनीति पर अमल शुरू कर दिया था। वह बहुत ही सख्त प्रबंधक तो था ही, उसमें तेज-तर्रार प्रबंधकों को चुनने की भी अलौकिक क्षमताएँ (सुपर ह्यूमन एबिलिटी) थी। इसके साथ ही अनुकूल आर्थिक व औद्योगिक परिस्थितियों ने भी रॉकफेलर को कंपनी परिचालन को सुदृढ़ बनाने व लाभ-अंतर उच्च रखने का मौका दिया था। इस तरह, स्टैंडर्ड ऑयल कंपनी लगातार बेहतर मुनाफे के साथ आगे बढ़ती रही और जल्द ही वह अमेरिका की सबसे बड़ी कैरोसिन व पेट्रोलियम वितरक कंपनियों की सूची में शामिल हो गई थी।

स्पष्ट है कि तत्कालीन उद्योग औसत से काफी अधिक मुनाफा आने के बाद रॉकफेलर में वह क्षमता आ गई थी कि वह प्रतिस्पर्धी कंपनियों को खरीद सके। बेहतर खरीद-प्रस्ताव के बावजूद यदि कोई प्रतिस्पर्धी बिकने को तैयार नहीं होता था तो फिर रॉकफेलर के पास उसे फुसलाने के और भी हथकंडे थे। वह अकसर एक मामूली तरीका अपनाता था। वह गुपचुप तरीके से बाजार में उपलब्ध कच्चे तेल के बैरल खरीदना शुरू कर देता था और ज्यों ही सारा तेल उसके भंडार में आ जाता था, अचानक आपूर्ति ठप्प कर देता था। इससे बाजार में तेल की किल्लत हो जाती थी और छोटे व मझले स्तर के तेल-शोधक कारखाने उसकी झोली में गिरने के लिए मजबूर हो जाते थे। दूसरा तरीका यह था कि स्टैंडर्ड ऑयल कंपनी पूर्ण स्वामित्व सहायक कंपनियों के साथ मूल्य युद्ध (प्राइस वार) में उतर जाती थी। कुछ समय तक स्वामी के दम पर सहायक

रॉकफेलर ने क्लीवलैंड से गुजरनेवाली तीन प्रमुख रेल मार्ग कंपनियों—एरी रेल रोड, पेनसिल्वेनिया रेल रोड व न्यूयॉर्क सेंट्रल रेल रोड—के साथ मालभाड़ा घटाने की साँठ-गाँठ के लिए वार्त्ताओं का दौर शुरू कर दिया था।

कंपनियाँ प्रतिस्पर्धा करने की कोशिश करती थीं, लेकिन रॉकफेलर की जेब इतनी मजबूत थी कि वह उन्हें पानी पिलाकर ही दम लेता था और अंततः वे बिक जाने के लिए मजबूर हो जाती थीं। इतना ही नहीं, रॉकफेलर के पास एक तरीका यह भी था कि वह तेल-शोधन से संबंधित सारे महत्त्वपूर्ण उपकरण व पुरजे खुद ही खरीद लेता या फिर उपकरण निर्माताओं को ही खरीद लेता था और फिर खरीद के लिए लक्षित कंपनियों को आपूर्ति से मना कर देता था।

जी हाँ, रॉकफेलर ने तेल-शोधन उद्योग में अपनी पैठ बढ़ाने तथा क्षेत्रीय प्रतिस्पर्धी कंपनियों के कारोबार को बाधित करने की दूरगामी योजना के तहत भूमिगत तेल पाइपलाइनों व टर्मिनलों को खरीदना शुरू कर दिया था और अपने उत्पादों के लिए परिवहन प्रणाली भी स्थापित कर ली थी। इस तरह, व्यापार के हर पहुलू को नियंत्रित कर या फिर स्वामित्व हासिल करने के बाद उद्योग पर स्टैंडर्ड ऑयल कंपनी ने अपनी पकड़ मजबूत कर ली थी। इतना ही नहीं, रॉकफेलर यह भी सुनिश्चित करना चाहता था कि प्रतिस्पर्धी कंपनियाँ उसके मुकाबले में आने के लिए भी खुद की पाइपलाइन न बिछा सकें। इसके लिए स्टैंडर्ड ऑयल कंपनी ने हजारों एकड़ जंगल भी खरीद लिये थे, जहाँ लकड़ी कारोबार से मोटी कमाई के अलावा तेल कुओं की खुदाई का काम भी शुरू कर दिया गया था।

रेल-सेवाओं को कब्जाने की कोशिश : अब रॉकफेलर उस स्थिति में आ गया था कि वह रेल कंपनियों को अपना माल-भाड़ा कम करने और प्रतिस्पर्धियों का माल-भाड़ा बढ़ा देने के लिए मजबूर कर सके। यह गृह-युद्ध के बाद पुनर्निर्माण का युग था, जब दक्षिण प्रांतों में रेल मार्ग को हासिल करने के लिए उत्तरी अमेरिकी प्रांतों की रेल कंपनियों के बीच गलाकाट प्रतिस्पर्धा चल रही थी। ऐसे में, रॉकफेलर ने क्लीवलैंड से गुजरनेवाली तीन प्रमुख रेल मार्ग कंपनियों—एरी रेल रोड, पेनसिल्वेनिया रेल रोड व न्यूयॉर्क सेंट्रल रेल

रोड—के साथ मालभाड़ा घटाने की साँठ-गाँठ के लिए वार्त्ताओं का दौर शुरू कर दिया था। ये सभी कंपनियाँ, विशेष रूप से पेनसिल्वेनिया रेल रोड पहले से ही रॉकफेलर की बाजार रणनीतियों से भारी घाटा उठा रही थीं, क्योंकि उसने माल-भाड़ा कम करवाने के लिए उस मार्ग से स्टैंडर्ड ऑयल कंपनी के तेल की अधिकांश आवाजाही को अपनी पाइपलाइनों में स्थानांतरित कर दिया था। लेकिन पिट्‌सबर्ग रेल मार्ग पर पेनसिल्वेनिया रेल रोड का नियंत्रण था, जहाँ की स्टैंडर्ड ऑयल कंपनी की इकाई तक पाइपलाइन नहीं पहुँची थी। जब पेनसिल्वेनिया रेल रोड दबाव में नहीं आई थी तो रॉकफेलर ने अपनी पिट्‌सबर्ग इकाई ही बंद कर दी थी। ऐसे में पेनसिल्वेनिया रेल रोड को रॉकफेलर के सामने घुटने टेकने पड़े थे। फिर, सन् 1871 के अंतिम महीनों में पेनसिल्वेनिया रेल रोड की अगुवाई में साउथ इंप्रूवमेंट कंपनी का गठन हुआ था, जिसका मुख्य उद्‌देश्य स्टैंडर्ड ऑयल कंपनी तथा उसके नियंत्रणवाली तेल-शोधक कंपनियों के साथ रेल कंपनियों को लाभ पहुँचाना था।

कैसे ? रॉकफेलर के दबाव में आयोजित गुप्त वार्त्ताओं के ये नतीजे आए थे—(1) क्लीवलैंड से न्यूयॉर्क की आधिकारिक दर 2.56 डॉलर प्रति बैरल होगी, लेकिन साउथ इंप्रूवमेंट कंपनी की तरफ से स्टैंडर्ड ऑयल कंपनी व नियंत्रित कंपनियों को 1.06 डॉलर प्रति बैरल की छूट दी जाएगी; (2) रेल रोड कंपनियाँ उस तेल आवाजाही के लिए, जो दक्षिण की प्रतिस्पर्धी कंपनियों द्वारा उत्पादित नहीं की जाती हैं, साउथ इंप्रूवमेंट कंपनी को 1.06 डॉलर प्रति बैरल का भुगतान करेंगी; (3) रेल रोड कंपनियाँ नियमित तौर पर दक्षिण की प्रतिस्पर्धी कंपनियों के सभी परिवहन स्थलों, लागतों व तारीखों की जानकारियाँ देंगी; (4) कुल कारोबार रेल मार्ग के बीच समान रूप से विभाजित किया जाएगा और पेनसिल्वेनिया रेल रोड को दोगुनी हिस्सेदारी मिलेगी; और (5) दक्षिण की प्रतिस्पर्धी कंपनियाँ टैंकरों व लदान की सुविधाएँ उपलब्ध कराएँगी। इस तरह इस गुप्त समझौते में शामिल रेलरोड कंपनियों को लगातार व निश्चित कारोबार मिलने वाला था और रियायतों के माध्यम से उन्हें आपस में चल रही शातिर प्रतिस्पर्धाओं को भी कम करने में मदद मिल सकती थी। लेकिन जब रेल रोड कंपनियों ने माल भाड़े में 100 प्रतिशत बढ़त की घोषणा की थी तो

साउथ इंप्रूवमेंट कंपनी के गुप्त समझौते के तथ्य रिस गए थे, जो अखबारों की सुर्खियाँ बन गई थीं। विशेष रूप से दक्षिण की कंपनियों ने आंदोलन शुरू कर दिया था। अंततः रेल रोड कंपनियों को अपना प्रस्ताव वापस लेना पड़ा था और बिना किसी कारोबार के अप्रैल 1872 में पेनसिल्वेनिया विधायिका ने साउथ इंप्रूवमेंट कंपनी के अस्तित्व को खारिज कर दिया था।

स्टैंडर्ड ऑयल ट्रस्ट : जाहिर है, इस मामले में रॉकफेलर को खलनायक बनाया जा रहा था। हालाँकि साउथ इंप्रूवमेंट कंपनी के भंग किए जाने की आशंका को लेकर गुप्त समझौते में शामिल तेल कंपनियाँ बाद के नतीजे को लेकर काफी परेशान थीं, लेकिन रॉकफेलर ने पहले ही अपनी जबरदस्त ताकत के प्रदर्शन की योजना बना ली थी। साउथ इंप्रूवमेंट कंपनी के खिलाफ काररवाई से ठीक पहले फरवरी व मार्च 1872 के दो महीनों के बीच रॉकफेलर ने क्लीवलैंड क्षेत्र की कुल 26 प्रतिस्पर्धी तेल-शोधन कंपनियों से 22 कंपनियों की बड़ी हिस्सेदारियाँ खरीद ली थीं। इस घटना को अखबारों ने 'क्लीवलैंड नर-संहार' के नाम से सनसनी बनाया था और उन्हें पहली बार जॉन डी. रॉकफेलर की खिंचाई करने का मौका मिला था। उद्योग जगत्, बुद्धिजीवियों व आम जनता में भी इस मामले को लेकर तीखी बहस का दौर चल रहा था; लेकिन रॉकफेलर के कान पर कोई जूँ नहीं रेंगी थी। उसने अपनी कारोबारी रणनीति को और जोर-शोर से लागू करना शुरू कर दिया था। धीरे-धीरे अन्य क्षेत्रों की कंपनियाँ भी रॉकफेलर के बिछाए जाल में फँसती चली गई थीं। सन् 1982 में, जब रॉकफेलर ने इन विभिन्न कंपनियों को स्टैंडर्ड ऑयल ट्रस्ट संगठित किया, तब अमेरिका की रिफाइनरियों व पाइपलाइनों के 90 प्रतिशत कारोबार पर उसका नियंत्रण कायम हो गया था। इस तरह, तेल कारोबार में आने के सिर्फ 19 वर्षों और अपने कारोबारी जीवन के 23 वर्षों में अमेरिका तेल बादशाह बन गया था।

अविश्वास मुकदमा : यहाँ पर ध्यान देने योग्य तथ्य यह है कि स्टैंडर्ड ऑयल ट्रस्ट का मतलब तेल उद्योग की सामूहिक सुरक्षा या कल्याण के लिए ट्रस्ट या न्यास से नहीं है। 19वीं सदी के अंतिम दशकों में अमेरिका में 'ट्रस्ट' शब्द एकाधिकारवादी व्यापारिक प्रथाओं (मोनोपोलिस्टिक बिजनेस प्रैक्टिस) का पर्यायवाची बन गया था; क्योंकि एकाधिकारवादी पूँजीपतियों के लिए ट्रस्ट

अपने कारोबारों को संगठित करने और उन पर अपना एकाधिकार कायम रखने का लोकप्रिय तरीका था। असल में, ट्रस्ट की आड़ में बड़े पूँजीपति अपने नेतृत्व में व्यापारिक संघ (बिजनेस कार्टेल) का गठन करते थे, जिसका मुख्य उद्‌देश्य कीमतों को उच्च स्तर पर बनाए रखना व प्रतिभागी निर्माताओं या आपूर्तिकर्ताओं के बीच प्रतिस्पर्धा को सीमित करना होता था। ट्रस्ट के जरिए प्रतिभागियों को कानूनी लागू समझौतों (लीगल एग्रीमेंट) में बाँधा जाता था। उस वक्त सैकड़ों छोटी रेल मार्ग सेवा कंपनियों को ट्रस्ट के जरिए विशाल प्रणाली में संगठित किया जा रहा था।

लेकिन जब यह एकाधिकारवादी प्रथा अन्य उद्योगों में भी लोकप्रिय होने लगी थी, तब अमेरिका में इस एकाधिकारवाद के खिलाफ मजबूत कानून एंटी-ट्रस्ट लॉ' (न्यास विरोधी कानून) बनाने की माँग भी तेज होने लगी थी। चूँकि ट्रस्ट के गठन का आधार ही विश्वास पर टिका होता है, इसलिए इस कानून को विश्वासघात कानून या अविश्वास कानून भी कहा जाता है। अविश्वास कानून के पैरोकारों का यह ठोस तर्क था कि यदि अमेरिकी अर्थव्यवस्था को सफल होना है तो देश में मुक्त प्रतियोगिता (फ्री कंपटीशन) का माहौल बनाकर व्यक्ति विशेषों को अपने कारोबार का निर्माण करने के लिए अवसर प्रदान करना आवश्यक था। चूँकि स्टैंडर्ड ऑयल ट्रस्ट की बाजार रणनीति से तेल उद्योग के बाकी खिलाड़ियों ने डी.एम. तोड़ दिए थे, इसलिए उन्होंने लामबंद होकर उसके खिलाफ जन-भावनाओं को भड़काना शुरू कर दिया था। साफ है कि उन्होंने क्लीवलैंड (ओहियो) के तेज-तर्रार वकील, रिपब्लिकन पार्टी के प्रतिनिधि व सीनेटर जॉन शेरमेन से गुहार लगाई थी और शेरमेन ने स्टैंडर्ड ऑयल को निशाना बनाकर 'एंटी ट्रस्ट लॉ' की माँग को तेज कर दिया था।

जी हाँ, रॉकफेलर को रोक पाना उद्योग-जगत् के बूते की बात नहीं रह गई थी और अंत में वर्ष 1890 में अमेरिकी न्याय विभाग को ही सामने आना पड़ा था और अविश्वास कानून (एंटी ट्रस्ट लॉ) को पारित किया था। चूँकि जॉन शेरमेन ने इस कानून का मूल प्रारूप (ओरिजिनल ड्राफ्ट) तैयार किया था और उसी के पैरोकारी के नतीजे के रूप में यह कानून गठित हो सका था, इसलिए इस कानून को 'शेरमेन एंटी ट्रस्ट लॉ' भी कहा जाता है। फिर इस कानून के

तहत, स्टैंडर्ड ऑयल ट्रस्ट के खिलाफ मुकदमा शुरू किया था। लंबी सुनवाई के बाद सन् 1911 में स्टैंडर्ड ऑयल ट्रस्ट के विशाल कारोबार को छोटी-छोटी 33 स्वतंत्र कंपनियाँ बाँट दिए जाने का आदेश सुनाया गया था।

लेकिन स्टैंडर्ड ऑयल की तथाकथित बच्चा-कंपनियों में से एक्सॉन-मोबिल कॉर्प (इरविंग, टेक्सास) व शेवरॉन कॉरपोरेशन (सैन रेमन, कैलिफोर्निया) अभी भी विश्व की शीर्ष 10 कंपनियों में शामिल हैं। 2015-फाइनेंशियल टाइम्स ग्लोबल-500 सूची के मुताबिक, 364.80 अरब डॉलर राजस्व की एक्सॉन-मोबिल विश्व की सबसे बड़ी तेल कंपनियों की सूची में चीन की साइनोपैक (433.30 अरब डॉलर) और यूनाइटेड किंगडम की रॉयल डच शेल (385.60 अरब डॉलर) के बाद तीसरे स्थान पर थी। इसी क्रम में यूनाइटेड किंगडम की बी.पी. (334.60 अरब डॉलर), चीन की पेट्रोचाइना (329.70 अरब डॉलर) तथा फ्रांस की टोटल (194.20 अरब डॉलर) के बाद 191.80 अरब डॉलर राजस्व के साथ शेवरॉन विश्व की सातवीं सबसे बड़ी कंपनी थी। इस तरह आज भी रॉकफेलर की इन दो प्रमुख विरासती कंपनियों के विश्व तेल बाजार पर मजबूत पकड़ बरकरार है। अनुमान लगाया जाता है कि यदि स्टैंडर्ड ऑयल को अविश्वास कानून के तहत तोड़ा न गया होता तो उसका कारोबार 1 ट्रिलियन यानी 1,000 अरब डॉलर से अधिक होता।

वैसे, इस तर्क में भी काफी दम है कि स्टैंडर्ड ऑयल का सचमुच में एकाधिकार था ही नहीं। क्यों? क्योंकि रॉकफेलर के नेतृत्व में स्टैंडर्ड ऑयल ने शोध व विकास के जरिए तेल-शोधन की प्रक्रिया को उन्नत बनाकर उच्छिष्ट उत्पादों की बड़ी शृंखला विकसित कर ली थी। इसके चलते स्टैंडर्ड ऑयल की न केवल तेल-शोधन की लागत काफी कम हो गई थी, बल्कि वह उच्छिष्ट उत्पादों से भी अतिरिक्त लाभ अर्जित करने लगा था। इस तरह, सस्ती कीमतों पर तेल बेचकर यदि रॉकफेलर की कंपनी अधिक-से-अधिक उपभोक्ताओं को अपनी तरफ खींच लाने में सक्षम हो गया था तो उसमें एकाधिकार कैसा? क्या बेहतर कीमतों पर उत्पाद बेचना मुक्त बाजार की प्रतिस्पर्धा नहीं थी? आखिरकार रॉकफेलर ही तो वह व्यक्ति था, जिसने तेल उद्योग को सट्टेबाजों के चंगुल से मुक्त करने का अभियान चलाया था? और जब उसने अपनी लगन, प्रतिभा व

कारोबारी सूझ-बूझ से तेल उद्योग को आधुनिक बनाया तो उस पर एकाधिकार का आरोप क्यों ? क्या तेल उद्योग में प्रतिस्पर्धा करने में अयोग्य-असफल सट्टेबाजों ने रॉकफेलर के खिलाफ लामबंद होकर साजिश नहीं रची थी ? जी हाँ, स्टैंडर्ड ऑयल वर्ष 1980 में 90 प्रतिशत से अधिक बाजार को अपने दायरे में लाया था, जो सन् 1911 में विभाजन का आदेश सुनाए जाते समय 78 प्रतिशत रह गया था। असल में, जिस तेज गति से अमेरिका में पेट्रोलियम उत्पादों की माँग बढ़ रही थी, उसे पूरा कर पाना स्टैंडर्ड ऑयल के लिए संभव नहीं था, क्योंकि वह पहले ही इतनी बड़ी हो चुकी थी कि और ज्यादा विस्तार कर पाना आसान नहीं रह गया था। इस बीच, स्टैंडर्ड ऑयल के नवाचारों को अपनाकर अन्य कंपनियाँ भी अपनी उत्पादन प्रक्रिया को सुधारने व विस्तार करने लगी थीं।

सेवानिवृत्ति : लेकिन यह सब होने से बहुत पहले सन् 1996 में ही रॉकफेलर ने कारोबार से संन्यास ले लिया था। अब उसके करने लायक सिर्फ एक ही काम बचा था कि वह अपनी सफलता को समाज के साथ साझा करे। हाँ, अपने बेटे के दबाव में रॉकफेलर से एक गलती जरूर हो गई थी कि उसने अपनी छवि सुधारने के वे उपदेश दिए थे, जिसे उसने खुद अपने जीवन में लागू नहीं किया था। उसने झटपट धनी होने का जो कीर्तिमान बनाया था, वह अभी भी कायम है; लेकिन विडंबना यह है कि उसने दुनिया को धीमी गति से धनी होने का नीति-शास्त्र पढ़ाया था।

जो भी हो, जॉन डी. रॉकफेलर उद्यमशीलता के इतिहास का अनोखा व्यक्ति है। इसलिए नहीं कि वह मरने के सात दशकों बाद भी विश्व का सबसे धनवान व्यक्ति बना हुआ है, बल्कि इसलिए कि ज्यों-ज्यों समय बीत रहा है, हम उसकी कमियों से ज्यादा अच्छाइयाँ खोजने के लिए मजबूर हो रहे हैं। सच्चाई यह भी है कि रॉकफेलर को अपना अंतिम जीवन सामाजिक घृणा व डर के बीच गुजारना पड़ा था, क्योंकि उसने तेल उद्योग पर कब्जा करने का अपराध किया था। लेकिन इसके उलट, जब उसी के समकालीन एंड्रयू कार्नेगी ने इस्पात उद्योग पर और बाद में हेनरी फोर्ड ने मोटर वाहन उद्योग पर कब्जा जमाया तो उन्हें संबंधित उद्योग के प्रणेता की प्रतिष्ठा मिली।

एंड्रयू कार्नेगी : पहले बनाया इस्पात साम्राज्य, फिर दिया धन का शुभ संदेश

एंड्रयू कार्नेगी कार्य-कुशलता से अटूट प्यार करता था। जब से कार्नेगी ने इस्पात उद्योग में कदम रखा था, तभी से अपने कारखानों को तकनीकी रूप से उन्नत बनाने की कोशिशें शुरू कर दी थीं। यही कारण था कि जल्द ही कार्नेगी स्टील समूचे इस्पात उद्योग के लिए उदहारण बन गई थी। रॉकफेलर की तरह कार्नेगी में भी उचित अवसर को परखने और जोखिम आकलन की अलौकिक क्षमता थी। तभी तो वह बाजार मंदियों के दौरान बीमार इस्पात कारखानों को खरीदने का सिलसिला जारी रखे हुए था और उन्हें अपनी प्रबंधन कुशलता से लाभकारी इकाइयों में बदल पाने में सक्षम हुआ था। जी हाँ, 19वीं सदी के अंत में एंड्रयू कार्नेगी 70 प्रतिशत अमेरिकी इस्पात उद्योग को नियंत्रित करने लगा था। अभी इस्पात उद्योग में कदम रखे उसे ढाई दशक ही हुए थे।

उस समय के अधिकांश सफल उद्यमियों की तरह एंड्रयू कार्नेगी भी कठिन परिश्रम व लगन की बदौलत एक निहायत गरीब पृष्ठभूमि से बाहर आया था। लेकिन बेहद कम समय में आश्चर्यजनक सफलता हासिल करने के लिए कार्नेगी ने क्या किया था? जी हाँ, अपनी अलौकिक व्यावसायिक सूझ-बूझ के अलावा कार्नेगी ने भी अपने कई समकालीन पूँजीपतियों की तरह सारे एकाधिकारवादी हथकंडे अपनाए थे। वह भी शातिर व्यवसायी था, लेकिन जॉन डी. रॉकफेलर की तरह सार्वजनिक रूप से बदनाम होने से बच गया था। आम धारणा यही है कि वह पढ़ने का शौकीन था और बौद्धिकता में भरोसा रखता था, इसलिए उसने हजारों पुस्तकालय बनवाए। लेकिन हकीकत क्या है? उसने पुस्तकों से अधिक पुस्तकालय भवनों की विशालता व भव्यता पर क्यों जोर दिया था? इसलिए कि उन पुस्तकालयों पर कार्नेगी की मुहर लगी हुई थी। क्या यह सच नहीं है कि कार्नेगी ने अपने कारोबार-साम्राज्य को बढ़ाने के लिए हमेशा नैतिक बाजार नीतियों को ही नहीं अपनाया था? फिर उसने धन का शुभ संदेश लिखकर मेहनत-बचत-धैर्य से धन कमाने तथा जरूरत से अधिक धन को समाज को बाँट देने का नैतिक उपदेश क्यों दिया? क्या वह भी दुनिया से अपने धन कमाने की सच्चाई को इसलिए नहीं छुपाना चाहता था कि सामाजिक बदनामी से बच सके? जो भी

हो, एंड्रयू कार्नेगी का सफलता-संघर्ष एवं उसकी उपलब्धियाँ आज भी उद्यमशीलता के इतिहास में एक प्रेरणादायक अध्याय बने हुए हैं।

स्कॉटलैंड का आप्रवासी : एंड्रयू कार्नेगी का जन्म 25 नवंबर, 1835 को स्कॉटलैंड के फिफे साम्राज्य में डंफर्मलीन के एक बेहद गरीब बुनकर परिवार में हुआ था। उसका पिता विलियम कार्नेगी बुनकर था और माता मागरिट मॉरिसन कार्नेगी घरेलू महिला थी। वे बुनकरों के लिए बनी साझी झोंपड़ी में गुजर-बसर कर रहे थे। कुछ समय बाद बूटेदार कपड़े की भारी माँग निकली थी, जिससे अच्छी कमाई हुई थी और परिवार बेहतर इलाके में थोड़े बड़े घर में रहने लगा था। लेकिन विश्वव्यापी आर्थिक महामंदी के दौरान हथकरघा (हैंडलूम) उद्योग तबाह हो गया था तो विलियम कार्नेगी बेकार हो गया था और एंड्रयू कार्नेगी की माँ को ही छोटे-मोटे काम कर परिवार का भरण-पोषण करना पड़ा था। 1840 के दशक के अंतिम वर्षों में जब संयुक्त राज्य अमेरिका में एलेघेनी (पिट्सबर्ग का उत्तरी क्षेत्र, पेंसिल्वेनिया) में विशेष रूप से ऊनी व सूती कपड़ों के प्रमुख औद्योगिक क्षेत्र के रूप में उभर रहा था। ऐसे में बेहतर कमाई की आशा में किराए के लिए कर्ज लेकर कार्नेगी परिवार एलेघेनी में स्थानांतरित हो गया था। विलियम कार्नेगी ने तत्काल एक कपास कारखाना (कॉटन मिल) में काम खोज लिया था और बाकी समय में बुनाई भी करने लगा था। लेकिन घर का खर्च पूरा नहीं हो पाता था, इसलिए मागरिट कार्नेगी ने जूते सिलने का काम शुरू कर दिया था।

1840 के दशक के अंतिम वर्षों में जब संयुक्त राज्य अमेरिका में एलेघेनी में विशेष रूप से ऊनी व सूती कपड़ों के प्रमुख औद्योगिक क्षेत्र के रूप में उभर रहा था। ऐसे में बेहतर कमाई की आशा में किराए के लिए कर्ज लेकर कार्नेगी परिवार एलेघेनी में स्थानांतरित हो गया था।

अब एंड्रयू 13 साल का हो गया था और वह परिवार चलाने में माता-पिता की मदद करना चाहता था। उसे पिट्सबर्ग के कपास कारखाने (कॉटन मिल) में अरेटन (बोब्बिन) बदलने का काम मिल गया था। सप्ताह के छह दिनों में प्रतिदिन 12 घंटे काम करने के बदले 1.20 डॉलर मजदूरी मिलती थी। लेकिन वह ज्यादा कमाई की नौकरी ढूँढ़ता रहा था।

तार-संदेशवाहक से रेल अधीक्षक : सन् 1850 में एंड्रयू को प्रति सप्ताह 2.50 डॉलर पारिश्रमिक पर ओहियो टेलीग्राफ कंपनी के पिट्सबर्ग कार्यालय में तार संदेशवाहक (टेलीग्राफ मैसेंजर) की नौकरी मिल गई थी। वह मेहनती तो था ही, उसकी याद रखने की क्षमता भी जबरदस्त थी। जल्द ही उसे तार-संदेश सेवा लेनेवाले कारोबारियों के कार्यालय-स्थल व चेहरे मुँह जबानी याद हो गए थे। बहुत कम समय में उसने अपनी लगन, मेहनत व जिम्मेदार व्यवहार से कारोबारियों को प्रभावित करना शुरू कर दिया था और कई के साथ उसने अच्छे संबंध स्थापित कर लिये थे। इसके अलावा, एंड्रयू ने लगातार अभ्यास से तार यंत्र (टेलीग्राफ मशीन) के विभिन्न ध्वनि-संकेतों के अंतर को समझने की क्षमता भी विकसित कर ली थी और वह बिना कागज-पत्रक के तार-संदेशों का अनुवाद करने लगा था। इसलिए उसकी प्रतिभा से प्रभावित होकर अधिकारियों ने एक साल के भीतर ही एंड्रयू कार्नेगी को पदोन्नत कर तारयंत्र परिचालक (टेलीग्राफ ऑपरेटर) बना दिया था।

इस बीच, लौह निर्माता (आयरन मेकर) कर्नल जेम्स एंडरसन ने एलेघेनी (पिट्सबर्ग) में कामकाजी लोगों के लिए 400 पुस्तकोंवाले एक निःशुल्क पुस्तकालय की स्थापना की थी और वह शनिवार दोपहर को खुद ही उसका संचालन भी करते थे। एंड्रयू नियमित रूप से वहाँ से पुस्तक उधार लेने लगा था, जिससे उसे अपनी बौद्धिक, आर्थिक व सामाजिक सोच विकसित करने में काफी मदद मिली और वह खुद को स्वयं निर्मित पुरुष बना पाने में सफल रहा था। वह कर्नल जेम्स एंडरसन की निस्स्वार्थ समाज-सेवा से बहुत प्रभावित हुआ था। तभी उसने मन-ही-मन ठान लिया था कि एक दिन वह जरूर इस कर्ज को उतारेगा और एंडरसन की तरह गरीब लोगों को ज्ञान हासिल करने का मौका देने के लिए पुस्तकालय खोलेगा। जी हाँ, एंड्रयू कार्नेगी ने कुल 2,509 पुस्तकालयों के निर्माण का कीर्तिमान स्थापित किया था। उनमें से 1,689 पुस्तकालय अमेरिका में, 660 यूनाइटेड किंगडम व आयरलैंड में, 125 कनाडा में और बाकी ऑस्ट्रेलिया, दक्षिण अफ्रीका, न्यूजीलैंड, सर्बिया, कैरिबियन, मॉरीशस, मलेशिया व फिजी में स्थापित किए गए थे।

लेकिन उस वक्त हर समय एंड्रयू कार्नेगी की असल नजर बेहतर आमदनी

वाली नौकरी पर बनी रही थी। उसी दौरान, सन् 1853 में अपने उच्च स्तरीय संपर्कों के कारण एंड्रयू कार्नेगी को पेंसिल्वेनिया रेल रोड कंपनी के पिट्सबर्ग प्रभाग के प्रमुख थॉमस अलेक्जेंडर स्कॉट (जो बाद में कंपनी अध्यक्ष भी बना) के सचिव व तार यंत्र परिचालक की नौकरी मिल गई थी। अब उसकी तनख्वाह 4 डॉलर प्रति सप्ताह हो गई थी, जो महज 18 वर्ष के युवा के लिए बहुत बड़ी उपलब्धि थी।

स्कॉट का आशीर्वाद व निवेश : थॉमस स्कॉट के साथ काम करते हुए आनेवाले वर्षों में कार्नेगी को प्रबंधन व लागत नियंत्रण के बारे में बहुत कुछ सीखने का मौका मिला था। साथ ही, स्कॉट की मदद से वह रेल उद्योग से जुड़ी कई लाभकारी कंपनियों में निवेश कर शुरुआती पूँजी एकत्र कर पाने में सफल हो सका था। स्कॉट व पेंसिल्वेनिया रोडवेज के तत्कालीन अध्यक्ष जॉन एडगर थॉमसन लोहा, रेल पटरी, पुल-निर्माता ठेकेदार कंपनियों के साथ साँठ-गाँठ कर कई तरह के भ्रष्टाचार में लिप्त थे। इस खेल में कथित तौर पर उनके विश्वस्त के रूप में काम के एवज में कार्नेगी को भी ऊपरी कमाई करने के मौके मिले थे। सन् 1855 में कार्नेगी द्वारा पेंसिल्वेनिया रोडवेज के साथ अनुबंध करनेवाली कंपनी 'एडम्स एक्सप्रेस' में 500 डॉलर का निवेश का मामला काफी चर्चित रहा था। हालाँकि, कार्नेगी ने अपनी आत्मकथा में लिखा है कि यह रकम उसकी माँ ने घर को गिरवी रखकर हासिल की थी, फिर भी थॉमस स्कॉट की कृपा के बिना उसके उसके लिए यह बेहद लाभकारी निवेश संभव नहीं हो सकता था। जी हाँ, सन् 1859 में थॉमस स्कॉट का नजदीकी होने के चलते एंड्रयू कार्नेगी पेंसिल्वेनिया रेल रोड कंपनी के पिट्सबर्ग प्रभाग के तारयंत्र विभाग का अधीक्षक (सुपरिंटेंडेंट) बनने में भी कामयाब हो गया था। गृह युद्ध (1861-65) से पहले एंड्रयू कार्नेगी ने वुडरफ कंपनी तथा प्रथम श्रेणी यात्रा के लिए रेल शयन-यान (स्लिपिंग कर) के आविष्कारक जॉर्ज पुलमैन के बीच विलय करने में महत्त्वपूर्ण भूमिका अदा की थी। कार्नेगी ने पहले से ही वुडरफ कंपनी में निवेश किया हुआ था और दोनों को इस विलय से काफी लाभ कमाने का मौका मिला था। गृह-युद्ध शुरू होने के बाद सन् 1861-62 के बीच जब अमेरिकी सरकार ने थॉमस स्कॉट को युद्ध सहायक सचिव (असिस्टेंट सेक्रेटरी ऑफ वार) नियुक्त किया था और सैन्य रेलवे

अधीक्षक के रूप में पूर्वी क्षेत्र में सैन्य परिवहन (मिलिट्री ट्रांसपोर्टेशन) व केंद्रीय तार-सेवा का प्रभारी बनाया था, तब कार्नेगी ने विद्रोहियों द्वारा तहस-नहस कर दिए गए रेल मार्ग को पुनर्स्थापित करने में अहम भूमिका अदा की थी, जिसकी बदौलत सरकार विद्रोह को दबाने में सफल रही थी।

सन् 1864 में कार्नेगी ने पेनसिलवेनिया के वेनंगो काउंटी स्थित ऑयल क्रीक (एलेघेनी नदी से निकली 75.2 कि.मी. लंबी सहायक नदी) क्षेत्र में विलियम स्टोरी फार्म में 40,000 डॉलर का निवेश किया था। वहाँ पर तेल के कई कुएँ खोदे गए थे और एक वर्ष के भीतर कार्नेगी को अपने निवेश से 25 गुना यानी 10 लाख डॉलर कमाई का मौका मिला था। इस बीच, नौसेना के जलपोतों के लिए कवच, तोप, तोपगोला सहित लोहे से बने अन्य सैकड़ों औद्योगिक उत्पादों की भारी माँग निकल रही थी और पिट्सबर्ग युद्ध उत्पादन का बड़ा केंद्र बन गया था। ऐसे में कार्नेगी ने कई इस्पात बेलन कारखानों (स्टील रोलिंग मिल) तथा अन्य इस्पात इकाइयों में निवेश किया था और उनकी स्थापना में दूसरों के साथ मिलकर काम किया था। जाहिर है कि इसके जरिए कार्नेगी ने न केवल बेहतर कमाई की थी, बल्कि इस्पात उद्योग की संभावनाओं को बारीकी से परखा भी था।

लोहा-इस्पात साम्राज्य का निर्माण : गृह-युद्ध खत्म होने के बाद अमेरिका में पुनर्निर्माण का युग शुरू हुआ था। जब दक्षिणी राज्यों में रेल मार्ग सहित अन्य आधारभूत ढाँचे के विकास में भारी माँग निकली थी तो कार्नेगी ने नौकरी छोड़ दी थी और खुद इस्पात उद्योग में कूद पड़ा था। वर्ष 1965 में एंड्रयू कार्नेगी ने पिट्सबर्ग पुल निर्माण करनेवाली कीस्टोन ब्रिज कंपनी तथा रेल पटरी बनानेवाली यूनियन आयरन वर्क्स की स्थापना की थी। पेन्सिलवेनिया रेल रोड की नौकरी छोड़ देने के बावजूद थॉमस स्कॉट व जॉन एडगर थॉमसन से कार्नेगी की नजदीकियाँ बनी रही थीं, जिनकी मदद से वह अपनी कंपनियों के लिए बड़े-बड़े ठेके हासिल करने में सफल रहा था। जाहिर है कि मदद के मुआवजे के रूप में कार्नेगी ने मददगारों को अपने कारोबारों में एक निश्चित हिस्सेदारी भी की थी।

जी हाँ, कार्नेगी ने लोहा व इस्पात इकाइयों के परिचालन को एकीकृत व अपने स्वामित्व में नियंत्रित करके जितना बड़ा इस्पात-साम्राज्य खड़ा किया था, वैसा संयुक्त राज्य अमेरिका में कभी भी किसी एक व्यक्ति के लिए संभव नहीं

हुआ था। कार्नेगी ने अपने मार्गदर्शन के लिए व्यापार के दो आधारभूत नियम बनाए थे। पहला, यदि लागत की सावधानी से निगरानी की जाए तो स्वाभाविक रूप से लाभ का आना भी निश्चित हो जाएगा और दूसरा यह कि प्रतिभाशाली प्रबंधक वास्तव में जिन मिलों का संचालन कर रहे थे, वे उनकी तुलना में अधिक मूल्यवान् थे। इन्हीं सिद्धांतों को व्यावहारिक रूप से लागू कर कार्नेगी ने अपनी मिलों में आधुनिक भंडार सूची व लागत नियंत्रण प्रणाली (इन्वेंटरी एंड कॉस्ट कंट्रोल सिस्टम) का विकास किया था। साथ ही, लागत घटाने के लिए कार्नेगी ने इस्पात उत्पादन के लिए बेसेमर प्रक्रिया को अपनाया था, जो इस्पात उद्योग का सबसे क्रांतिकारी नवाचार माना गया। सर हेनरी बेसेमर ने ऐसी भट्ठी (फर्नेस) का आविष्कार किया था, जो पिग आयरन में कार्बन की उच्च मात्रा को तेजी से जला देने में सक्षम था। इसका नतीजा यह हुआ था कि बेसेमर प्रक्रिया से बने इस्पात की कीमतों में गिरावट आई थी और रेल पटरियों, भवन-धरनियों व पुलों के निर्माण के लिए इसकी भारी माँग निकली थी। दूसरी तरफ, कार्नेगी अपने शीर्ष प्रबंधन दल (टॉप मैनेजमेंट टीम) में चार्ल्स श्वाब जैसे प्रतिभाशाली प्रबंधकों को भी जुटा पाने में सक्षम हुआ था। बाद में श्वाब ने मुख्य कार्यकारी अधिकारी (सी.ई.ओ.) के रूप में यू.एस. स्टील की कमान सँभाली थी और विश्व के प्रसिद्ध सी.ई.ओ. में शुमार हो गया था।

इस तरह, कार्नेगी की लोहा व इस्पात मिलें अपने प्रतिस्पर्धियों के मुकाबले ज्यादा कार्य-कुशलता के साथ संचालित होने लगी थीं तो ज्यादा मुनाफा भी कमाने लगी थीं। ऐसे में, जब सन् 1873 में अमेरिकी अर्थव्यवस्था छह वर्षों के लिए मंदी में चली गई थी, तब कार्नेगी ने धीरे-धीरे घाटे में चली गई प्रतिस्पर्धी मिलों को काफी सस्ते में खरीदना शुरू कर दिया था। जी हाँ, कार्नेगी ने 'जब गलियों में रक्तपात चल रहा हो, तब खरीदो' की रणनीति अपनाई थी। साफ है कि इस तरह से कार्नेगी ने मंदी के दौरान पुरानी मिलों को आधुनिक बनाकर अपनी उत्पादन क्षमता को बढ़ाने का सिलसिला जारी रखा था और जब बाजार में सुधार की प्रक्रिया शुरू हुई तो बाकी बचे प्रतिस्पर्धियों के लिए नई चुनौतियाँ खड़ी पाने में सक्षम हो गया था। साफ है कि इससे कार्नेगी को भारी मुनाफा बटोरने का मौका मिला था।

लेकिन सिर्फ इसी से कार्नेगी के सपने का इस्पात-साम्राज्य नहीं बन सकता था। इसके लिए इस्पात उद्योग संबंधित कच्चे माल की उत्पादन इकाइयों तथा उनकी आपूर्ति प्रक्रियाओं का एकीकरण व नियंत्रण जरूरी थी। कार्नेगी ने ऐसा ही किया था, जिसे औद्योगिक एकीकरण की शब्दावली में ऊर्ध्वाधर एकीकरण (वर्टिकल इंटीग्रेशन) कहा जाता है। कार्नेगी को ऐसा करने का मौका सन् 1883 में मिला था, जब अमेरिकी अर्थव्यवस्था एक बार फिर से मंदी की चपेट में आ गई थी। मौके का फायदा उठाकर कार्नेगी ने एकीकृत लौह-इस्पात कंपनी होमस्टेड स्टील वर्क्स (मोनोंगाहेला नदी, होमस्टेड, पेंसिल्वेनिया) को खरीद लिया और कोक विनिर्माता एच.सी. फ्रिक एंड कंपनी में नियंत्रणकारी हिस्सेदारी हासिल कर ली थी। निश्चित रूप से इन अधिग्रहणों ने कार्नेगी को साम्राज्य-विस्तार के साथ ही मोटा लाभ कमाने का मौका भी दिया था, लेकिन इनके चलते ही उसकी साख को चोट लगी थी। होमस्टेड स्टील वर्क्स में कोयला व लौह क्षेत्रों से समर्थित विशाल लौह संयंत्र, 685 कि.मी. लंबी विस्तृत रेल ढुलाई व्यवस्था व वाष्प-चालित जहाजों की श्रृंखला शामिल थीं। इसका नतीजा यह हुआ था कि 1880 के दशक के अंत में प्रतिदिन लगभग 2,000 टन पिग आयरन उत्पादन क्षमता के साथ कार्नेगी दुनिया का सबसे बड़ा पिग आयरन, इस्पात रेल व कोक निर्माता बन गया था और अमेरिका के लगभग 70 प्रतिशत इस्पात उद्योग को नियंत्रित करने लगा था।

इस बीच कार्नेगी ने अपनी माँ के जीवनकाल के दौरान शादी नहीं की थी और उसने बीमार माँ की देखभाल को ही अपनी पहली जिम्मेदारी माना था। सन् 1886 में जब उसकी माँ का देहांत हुआ तो कार्नेगी ने अपने से 21 वर्ष छोटी लुइस व्हिटफील्ड से शादी की थी और उससे जो एकमात्र बेटी पैदा हुई तो अपनी माँ के नाम पर उसका नाम भी 'मार्गरेट' रख दिया था।

होमस्टेड श्रमिक हड़ताल : जी हाँ, अब तक कार्नेगी को इस्पात उद्योग में आए सिर्फ ढाई दशक ही हुए थे। अगले कुछ वर्षों के बाद सन् 1892 में कार्नेगी ने अपनी व सहायक सभी परिसंपत्तियों को कार्नेगी स्टील कंपनी में समाहित कर लिया था, जो दुनिया का सबसे बड़ा इस्पात साम्राज्य बन गया था। लेकिन कार्नेगी ने एच.सी. फ्रिक एंड कंपनी के संस्थापक हेनरी फ्रिक को इस

सन् 1901 में जब कार्नेगी की उम्र 66 वर्ष की हो रही थी, वह श्रमिक हड़तालों से भी तंग आ चुका था और वह जॉन डी. रॉकफेलर की तरह अविश्वास मुकदमे से होनेवाली सार्वजनिक छवि को नुकसान पहुँचाना चाहता था।

एकीकृत कंपनी का सभापति बनाने की गलती कर ली थी। चूँकि हेनरी फ्रिक श्रमिक संगठनों का घोर विरोधी रहा था, इसलिए सभापति बनने के बाद उसने श्रमिक संगठनों को दबाने की रणनीति लागू करने की कोशिश की। असल में, इस्पात की कीमतें घट रही थीं और लाभ को बनाए रखने के लिए फ्रिक ने श्रमिकों के वेतन में कटौती लागू करनी शुरू कर दी थी। नतीजा यह निकला कि कार्नेगी स्टील कंपनी के गठन के पहले वर्ष में होमस्टेड स्टील वर्क्स में श्रमिक आंदोलन तेज हो गया था। फ्रिक अपनी जिद पर अड़ा रहा था और 6 जुलाई, 1892 को सुरक्षाकर्मियों व आंदोलनकारी श्रमिकों के बीच हुए खूनी संघर्ष में 9 लोगों की जानें चली गई थीं और करीब दर्जन भर लोग गंभीर रूप से घायल हुए थे। वैसे तो नागरिक सेनाओं ने कानून-व्यवस्था को नियंत्रित कर लिया था और फ्रिक गैर-आंदोलनकारी श्रमिकों के जरिए फैक्टरी का उत्पादन चालू करने में सफल रहा था, लेकिन श्रमिक आंदोलन भी जारी रहा था। इस बीच श्रमिक संघ से असंबंधित एक हत्यारे ने शत्रुता में फ्रिक को गोली मार दी तथा छुरा घोंप दिया था। खैर, फ्रिक तो बच गया था, लेकिन इस घटना ने एंड्रयू कार्नेगी की छवि को भारी नुकसान पहुँचाया था।

जे.पी. मोर्गन को बेचा कार्नेगी स्टील : स्टैंडर्ड ऑयल कंपनी की तरह कार्नेगी स्टील कंपनी भी अपनी एकाधिकारवादी रवैए तथा लगातार बढ़ते वर्चस्व के चलते जल्द ही अमेरिकी न्याय विभाग के अविश्वास कानून के दायरे में आ जाने की दिशा में तेजी से आगे बढ़ रहा था। सन् 1901 में जब कार्नेगी की उम्र 66 वर्ष की हो रही थी, वह श्रमिक हड़तालों से भी तंग आ चुका था और वह जॉन डी. रॉकफेलर की तरह अविश्वास मुकदमे से होनेवाली सार्वजनिक छवि को नुकसान पहुँचाना चाहता था। ऐसे में कार्नेगी ने अपने इस्पात साम्राज्य को पारंपरिक संयुक्त हिस्सेदारी निगम (जॉइंट स्टॉक कॉरपोरेशन) में बदलने तथा स्वयं सेवानिवृत्त हो जाने का विचार शुरू किया था।

उस समय जॉन पिएरपोंट जे.पी. मॉर्गन अमेरिका का सबसे तेज–तर्रार निगम सौदेबाज था, जो कार्नेगी स्टील कंपनी की उच्च कार्यक्षमता, गुणवत्ता व बड़े लाभ स्तर पर अपनी नजर बनाए हुए था। ऐसे में उसने कार्नेगी स्टील सहित कई और बड़े इस्पात निगम के गठन का प्रस्ताव रखा था। 26 फरवरी, 1901 को हुई अंतिम सौदा वार्त्ता में कार्नेगी स्टील कंपनी को उसकी आमदनी से 12 गुना अधिक मूल्यांकन कुल 48 करोड़ डॉलर पर जे.पी. मॉर्गन ने खरीद लिया था। टाइम.कॉम (15 जुलाई, 2015) के मुताबिक, कार्नेगी स्टील कंपनी के मूल्य अमेरिका के तत्कालीन सकल घरेलू उत्पाद (ग्रॉस डोमेस्टिक प्रोडक्ट/जी.डी.पी.) का 2.1 प्रतिशत थी, जो वर्ष 2014 में 372 अरब डॉलर के बराबर है। जो 2 मार्च, 1901 को जे.पी. मॉर्गन ने कार्नेगी स्टील कंपनी यूनाइटेड स्टेट्स स्टील कॉरपोरेशन (यू.एस.एस.) में समाहित कर दिया था। तब यू.एस.एस. का बाजार पूँजीकरण (मार्केट कैपिटलाइजेशन) 1.40 अरब डॉलर था, जो उस वक्त संयुक्त राज्य अमेरिका के तत्कालीन सकल घरेलू उत्पाद का 4 प्रतिशत था। इस तरह यू.एस.एस. विश्व का पहला सबसे बड़ा बाजार पूँजीकरण वाला निगम बन गया था। अमेरिकी इतिहास के सबसे उस बड़े सौदे में एंड्रयू कार्नेगी के हिस्से में लगभग आधी रकम आई थी।

दानवीर कार्नेगी : बेशक, एंड्रयू कार्नेगी ने चतुर व्यावसायिक कौशल व एकाधिकारवादी हथकंडों से इस्पात साम्राज्य बनाया था और खुद विश्व के सबसे बड़े धनवानों में शुमार हो गया था, लेकिन वर्ष 1901 के बाद उसकी सार्वजनिक छवि में रचनात्मक परिवर्तन आया था। अपने जीवन के अंतिम 18 वर्षों के दौरान कार्नेगी ने पुस्तकालयों व शैक्षिक संस्थानों के निर्माण के अलावा अन्य परोपकारी कार्यों में अपने हिस्से की लगभग 90 प्रतिशत संपत्ति दान कर दी थी। उनमें कार्नेगी हॉल, कार्नेगी मेलोन विश्वविद्यालय, कार्नेगी इंस्टीट्यूशनल ऑफ वॉशिंगटन, कार्नेगी हीरो फंड कमीशन, कार्नेगी फाउंडेशन फॉर दि एडवांसमेंट ऑफ टीचिंग, कार्नेगी फाउंडेशन आदि शामिल हैं।

हालाँकि, कार्नेगी ने लोकतंत्र की महत्ता पर सन् 1886 में विजयी लोकतंत्र (ट्रियमफेंट डेमोक्रेसी) पुस्तक लिखी थी, लेकिन उसने 'नॉर्थ अमेरिकन रिव्यू' (जून 1889) में धन का शुभ संदेश (द गोस्पेल ऑफ वेल्थ) शीर्षक जो आलेख

लिखा था, वह काफी लोकप्रिय हुआ था। जैसा कि शीर्षक से स्पष्ट होता है, कार्नेगी ने भी दुनिया को कड़ी मेहनत, बचत व धैर्य का नैतिक पाठ पढ़ाया था। लेकिन सच्चाई यह भी है कि कार्नेगी ने नैतिक व्यापार व्यवहार से ही इस्पात साम्राज्य की स्थापना नहीं की थी।

हेनरी फोर्ड : कारीगरों को कामगार बनाया, उपभोक्ता हितों की आड़ में कमाई की

फोर्ड मोटर कंपनी के संस्थापक हेनरी फोर्ड ने मोटर वाहन (ऑटोमोबाइल) या संयोजन श्रृंखला (असेंबली लाइन) का आविष्कार नहीं किया था। फोर्ड से बेहतर कई यांत्रिक अभियंता (मेकैनिकल इंजीनियर) परंपरागत कारीगरों के साथ मिलकर मोटर वाहन का निर्माण कर रहे थे। चूँकि उन मोटर वाहनों की लागत ज्यादा थी, इसलिए उनकी कीमतें ऊँची थीं और वे सीमित ग्राहकों के बीच ही बिक पा रहे थे। लेकिन फोर्ड ने इस समस्या का समाधान बृहत उत्पादन प्रणाली (मास प्रोडक्शन सिस्टम) विकसित कर निकाला था। इस तरीके से फोर्ड फोर्ड मॉडल टी के रूप में ऐसा पहला मोटर वाहन विनिर्मित करने में सफल रहा था, जिसकी कीमत मध्यम वर्गीय अमेरिकियों के बरदाश्त करने लायक थी। इस तरह फोर्ड ने विलासिता मोटर वाहन (लक्जरी ऑटोमोबाइल) को व्यावहारिक वाहन (वर्किंग वेहिकल) में बदल दिया था।

निश्चित तौर पर फोर्ड मॉडल टी 20वीं सदी में अमेरिकी परिवहन उद्योग में क्रांति लाने में सफल रहा था। लेकिन फोर्ड ने अपनी महत्त्वाकांक्षा को पूरा करने के लिए मोटर वाहन उद्योग में कारीगरी की कलात्मक परंपरा को ध्वस्त कर दिया था और कारीगरों को विशाल उत्पादन श्रृंखला में कभी भी बदले जा सकनेवाले दिहाड़ी मजदूर में बदल दिया था। कहने को तो फोर्ड ने मजदूरों के वेतन भी बढ़ा दिए थे, लेकिन उसका असल इरादा मजदूर संगठनों को बेअसर कर उत्पादन को लगातार बढ़ाना और वाहन की कीमतों को घटाकर तेजी से बाजार विस्तार करना ही था। जी हाँ, इसी रणनीति से फोर्ड ने वर्ष 1909-20 के सिर्फ 11 वर्षों में वाहन उत्पादन की वार्षिक क्षमता को 18 हजार से बढ़ाकर 10 लाख कर लिया था और सन् 1921 में विश्व मोटर वाहन उत्पादन के 55 प्रतिशत हिस्से पर उसका कब्जा हो गया था।

हालाँकि फोर्ड यही दावा करता रहा था कि वह ऐसा उपभोक्ता व मोटरवाहन उद्योग के हित में कर रहा था, लेकिन इस दौरान फोर्ड मोटर कंपनी ने जबरदस्त लाभ अर्जित किया था और वह विश्व के सबसे बड़े धनवानों व प्रसिद्ध लोगों में शामिल हो गया था। उसके बाद जब सन् 1947 में 83 वर्ष की आयु में हेनरी फोर्ड की मृत्यु हुई थी तो उसकी संपत्ति का मुद्रास्फीति समायोजित मूल्य 199 अरब डॉलर (रिचेस्ट.कॉम/2013) आँका गया था। लेकिन 1936 में स्थापित फोर्ड फाउंडेशन, जिसके पास वर्ष 2014 में 12.40 अरब डॉलर की कुल संपत्ति थी, की बहुप्रचारित मानव कल्याणकारी गतिविधियों ने एकाधिकारवादी उद्योगपति हेनरी फोर्ड की सार्वजनिक छवि को महान् समाज-सेवी और औद्योगिक क्रांतिकारियों में बदल दिया।

हेनरी फोर्ड को जॉन डी. रॉकफेलर या एंड्रयू कार्नेगी की तरह रॉबर बैरन की सूची में नहीं डाला गया था, लेकिन उसने भी अपने समकालीन पूँजीपतियों की तरह एकाधिकारवादी हथकंडों से अपना सौभाग्य हासिल किया था। इस सच्चाई को जानने के लिए हेनरी फोर्ड के जीवन-संघर्ष तथा आश्चर्यजनक सफलता-यात्रा पर एक नजर डालनी पड़ेगी।

एडिसन कंपनी का लाभ : हेनरी फोर्ड का जन्म मध्य पश्चिमी अमेरिका में मिशिगन प्रांत के डियरबोर्न (डेट्रॉयट महानगर क्षेत्र) के पास तत्कालीन ग्रीनफील्ड टाउनशिप में एक समृद्ध किसान परिवार में हुआ था। वह आयरलैंड मूल के विलियम व बेल्जियम मूल की मरियम फोर्ड का पहला जीवित रह सका बेटा था। जब हेनरी 13 वर्षों का ही था, तब उसकी माँ की मृत्यु हो गई थी। उसके पिता को यही उम्मीद थी हेनरी ही अंत में परिवार की कृषि संपत्ति को सँभालेगा; लेकिन बिना माँ के उसका मन खेतीबाड़ी वाले उस माहौल से उचट गया था। हेनरी ने बाद में स्वीकार किया था कि बचपन से ही खेतीबाड़ी पसंद नहीं आती थी, लेकिन वह माँ के कारण वहाँ रहता था। यही कारण था कि हेनरी 16 वर्ष की उम्र में पास के एक शहर डेट्रॉयट चला गया था और अगले करीब तीन वर्षों तक प्रशिक्षु के रूप में मशीन मिस्त्री का काम सीखता रहा था। हालाँकि सन् 1882 में वह खेतीबाड़ी में पिता का हाथ बँटाने के लिए डियरबोर्न वापस लौट आया था, लेकिन उसका ज्यादातर वक्त खेती के लिए

इस्तेमाल किए जानेवाले वेस्टिंगहाउस वाष्प इंजन को चलाने तथा ठीक करने में बीतता था। बाद में वेस्टिंगहाउस ने उसे भाप इंजन के रख-रखाव के काम पर रख लिया था। इस अवधि के दौरान फोर्ड ने डेट्रॉयट में गोल्डस्मिथ ब्रायंट एंड स्ट्रेटन बिजनेस कॉलेज में बहीखाता (बुक कीपिंग) का अध्ययन भी किया था।

सन् 1888 में पास के ही एक किसान परिवार में बड़ी हुई क्लारा ब्रायंट से हेनरी फोर्ड की शादी हो गई थी। अगले कुछ वर्षों तक फोर्ड खेतीबाड़ी के अलावा लकड़ी चीरने का कारखाना (शामिल) चलाकर अपने परिवार का भरण-पोषण करता रहा था। सन् 1891 में वह पत्नी के साथ डेट्रॉइट चला गया था, जहाँ उसे थॉमस एडिसन द्वारा स्थापित एडिसन एल्युमिनेटिंग कंपनी में बतौर अभियंता नियुक्त कर लिया गया था। तेजी से आगे बढ़ता हुआ फोर्ड अगले दो वर्षों में वहाँ पर मुख्य अभियंता बन गया था। लगभग उसी समय क्लारा व फोर्ड दंपती का एकमात्र बेटा एडसेल ब्रायंट फोर्ड का जन्म हुआ था। अब उसके पास धन के साथ पर्याप्त समय भी बच पा रहा था कि वह कंपनी की जिम्मेदारी निभाते हुए पेट्रोल इंजनों से संबंधित अपने निजी प्रयोगों पर भी ध्यान दे सके।

सन् 1896 में इन प्रयोगों का नतीजा निकला और फोर्ड ने एक स्वचालित वाहन (सेल्फ-प्रोपेल्ड वेहिकल) को पूरा कर लिया, जिसे उसने 'फोर्ड क्वाड्रीसाइकिल' नाम दिया था। हलके धातु से बने चौखटे व चार साइकिल पहियोंवाली वह फोर्ड क्वाड्रीसाइकिल दो सिलेंडर व चार अश्व शक्ति (हॉर्स पावर) पेट्रोल इंजन द्वारा संचालित होती थी। 4 जून, 1896 को फोर्ड ने फोर्ड क्वाड्रीसाइकिल की पहली टेस्ट ड्राइव की थी और बाद के कई ड्राइव कर उसे बेहतर बनाने के तरीके की माथापच्ची करता रहा था। उसी वर्ष, कंपनी पदाधिकारियों की बैठक में थॉमस एडिसन से पहली मुलाकात के दौरान जब उसने फोर्ड क्वाड्रीसाइकिल के बारे चर्चा करने का मौका मिला था। एडिसन द्वारा उस मोटरवाहन प्रयोग को मंजूरी दिए जाने तथा उत्साहवर्धन के बाद फोर्ड ने दूसरे वाहनों पर प्रयोग तेज कर दिए थे।

फोर्ड मॉडल-टी का विकास : इसी बीच जब फोर्ड को डेट्रॉयट के दिग्गज लकड़ी व्यवसायी विलियम एच. मर्फी से पूँजी के समर्थन मिल गया तो उसने एडिसन एल्युमिनेटिंग कंपनी से त्याग-पत्र दे दिया और 5 अगस्त,

1899 को डेट्रॉयट ऑटोमोबाइल कंपनी की स्थापना की। लेकिन जो मोटर वाहन तैयार हुआ था, उसकी लागत फोर्ड के अनुमान से काफी अधिक निकली और वह गुणवत्ता व कीमत दोनों के लिहाज से असफल साबित हुई। ऐसे में जनवरी 1901 में ऐसी नौबत आई कि डेट्रॉयट ऑटोमोबाइल कंपनी को बंद करना पड़ा। लेकिन 1901 में सी हेरॉल्ड विल्स की मदद से हेनरी फोर्ड ने 26 हॉर्सपावर वाले ऐसे मोटर वाहन को तैयार कर लिया था, जो वाहन-दौड़ में सफल रहा था। इस सफलता के बाद मर्फी सहित डेट्रॉयट ऑटोमोबाइल कंपनी के हिस्सेदारों ने 30 नवंबर, 1901 को फोर्ड मोटर कंपनी की स्थापना की और हेनरी फोर्ड को उसका मुख्य अभियंता बना दिया। सभी हिस्सेदार फोर्ड के लगातार सुधार प्रयोगों से इतने निराश हो गए थे कि सन् 1902 में मर्फी ने हेनरी एम. लेलैंड को सलाहकार बनाकर लाया था और उसके जवाब में फोर्ड ने कंपनी छोड़ दी थी। फोर्ड के जाते ही मर्फी ने कंपनी का नाम बदलकर कैडिलेक ऑटोमोबाइल कंपनी रख लिया था।

पूर्व प्रतिस्पर्धी साइकिल चालक टॉम कूपर के साथ मिलकर फोर्ड ने 80 हॉर्सपावर के दौड़ में भाग लेनेवाली मोटरगाड़ी 999 तैयार की, जिसे चलाकर बार्नी ओल्डफील्ड ने अक्तूबर 1902 में आयोजित वाहन दौड़ प्रतियोगिता जीती थी। फिर फोर्ड को पुराने परिचित डेट्रॉयट क्षेत्र के कोयला व्यापारी अलेक्जेंडर वाई. माल्कोमसन का समर्थन प्राप्त हुआ था। उसके बाद फोर्ड ने सस्ते मोटर वाहन पर प्रयोग शुरू किया था, जो ज्यादा बड़े ग्राहक वर्ग को बेचा जा सके। शुरुआती दिक्कतों के बाद 16 जून, 1903 को 28 हजार डॉलर की पूँजी से फोर्ड मोटर कंपनी की स्थापना हुई थी, जिसमें फोर्ड, माल्कोमसन एवं डॉ. जॉन व होरेस ई. डॉज सहित कुल 12 मूल निवेशक थे। सन् 1903 से 1908 के बीच फोर्ड ने कुल सात प्रारूप (मॉडल) के वाहन तैयार किए थे, जिनकी बिक्री कुछ सौ या कुछ हजारों में हो सकी थी। उस समय प्रतिदिन कुछ वाहन तैयार हो पाते थे, क्योंकि दो या तीन कारीगरों का समूह अन्य कंपनियों से मँगाए पुरजों को संयोजित करते थे।

लेकिन 1 अक्तूबर, 1908 को जब फोर्ड ने वृहद् उत्पादन प्रणाली से तैयार मॉडल टी को बाजार में उतारा था तो उसके जनसंपर्क अधिकारियों ने

यह सुनिश्चित किया था कि देश के सभी अखबारों में उसके विज्ञापन व खबरें प्रमुखता से प्रकाशित हों। बाएँ हिस्से में संचालन पहिया (स्टीयरिंग व्हील) वाली उसे मोटरगाड़ी (कार) पूरी इंजन व संचरण प्रणाली (ट्रांसमिशन सिस्टम) संलग्न थी; चार सिलेंडरों को ठोस खंड (सॉलिड ब्लॉक) में ढाला गया था और निलंबन (सस्पेंशन) के लिए दो अर्द्ध-अंडाकार कमानियों (स्प्रिंग) प्रयोग किया गया था। वह कार ने केवल चलाने में बहुत आसान थी, बल्कि उसकी मरम्मत भी आसान व सस्ती थी। लेकिन मॉडल-टी का सबसे बड़ा आकर्षण थी उसकी कीमत, जो 825 डॉलर (2015 में मुद्रास्फीति समायोजित मूल्य करीब 21,730 डॉलर के बराबर) रखी गई थी।

इसके उत्पादन के लिए फोर्ड ने संयोजन शृंखला को 84 प्रकार के कामों में बाँट दिया था और मजदूरों को अपने स्थान पर सिर्फ वही काम करना होता था। पहले महीने में कुल 11 कारें ही तैयार हो सकी थीं, लेकिन उसमें धीरे-धीरे ज्यादा मशीनों को जोड़कर 84 कामों को लगातार आसान बनाया गया था। 1910 में जब मॉडल-टी का संयोजन स्तर 12 हजार को पार कर गया था तो फोर्ड मोटर कंपनी को हाइलैंड पार्क कॉम्प्लेक्स स्थित नई फैक्टरी में स्थानांतरित कर दिया गया था, जो 1978 में राष्ट्रीय ऐतिहासिक मील-पत्थर घोषित किया गया था। हाइलैंड पार्क कॉम्प्लेक्स स्थित नई संयोजन प्रणाली में आमूलचूल परिवर्तन किया गया था, जिससे कम-से-कम कामगार से अधिक-से-अधिक उत्पादन हासिल किया जाए।

इस तरह धीरे-धीरे सुधार के साथ सन् 1914 तक संयोजन प्रणाली को इतना ज्यादा कार्य-सक्षम बना लिया गया था कि एक मॉडल टी कार को संयोजित करने में सिर्फ 93 मिनट लगते थे, जिस काम में पहले 12 घंटे 50 मिनट लगते थे। लेकिन, बिना इधर-उधर देखे पूरे समय लगातार एक ही काम को करते रहने के कारण मजदूर की आवाजाही काफी अधिक हो गई थी। उस समय प्रतिदिन औसतन 14,000 कामगारों की जरूरतों को पूरा करने के लिए वर्ष में 53,000 से अधिक भरतियाँ करनी पड़ती थीं। लेकिन जब जनवरी 1914 फोर्ड ने कामगारों का कार्य-समय 9 घंटे से घटाकर 8 घंटे और पारिश्रमिक को 2.34 डॉलर से बढ़ाकर 5 डॉलर कर दिया था, तब आवाजाही बहुत हद तक नियंत्रित हो सकी

थी। इस तरह, जब सन् 1916 में फोर्ड मोटर कंपनी का वार्षिक उत्पादन 5 लाख को पार कर गया था तो मॉडल-टी की कीमत आधी से भी कम 345 डॉलर रह गई थी। उस वक्त फोर्ड मोटर कंपनी के पास 8 करोड़ डॉलर की अतिरिक्त पूँजी इकट्ठा हो गई थी। लेकिन रूज नदी (डियरबोर्न, मिशिगन) के किनारे विश्व के सबसे बड़े फैक्ट्री परिसर की महत्त्वाकांक्षी योजना को सफल बनाने, जहाँ कच्चे माल से लेकर तैयार कार तक की सारी प्रक्रिया को अंजाम दिया जा सके, फोर्ड ने अपने हिस्सेदारों को विशेष लाभांश देने के क्रम को खत्म कर दिया था। फिर, वर्ष 1919 में फोर्ड ने सभी मूल निवेशकों की हिस्सेदारी खरीद ली थी और अपने बेटे एस्डेल फोर्ड को अध्यक्ष बना दिया था। सन् 1920 में जब उत्पादन स्तर 10 लाख के करीब पहुँचा था, तब उसकी कीमत 50 डॉलर से बढ़कर 395 डॉलर हो गई थी और सन् 1921 में फोर्ड मोटर कंपनी अकेले विश्व का करीब 55 प्रतिशत कारें बना रही थी।

ऊर्ध्वाधर एकीकरण : इस बीच 1917 में 83 फैक्टरी भवनों, एकीकृत इस्पात कारखाना, बिजली उत्पादन संयंत्र सहित आंतरिक रेल मार्ग व बंदरगाह की सुविधावाले करीब 3.84 वर्ग कि.मी. क्षेत्रफल में इस रूज नदी परिसर का निर्माण शुरू कर दिया गया था। लेकिन हेनरी फोर्ड के ऊर्ध्वाधर एकीकरण (वर्टिकल इंटीग्रेशन) के इस सपने को साकार होने में करीब 10 वर्ष लग गए थे। तब तक फोर्ड मोटर कंपनी कुल 1.50 करोड़ से अधिक मॉडल-टी कार बेच चुकी थी और उसकी बिक्री लगातार घटती जा रही थी। इसलिए हाइलैंड पार्क में मॉडल-टी का उत्पादन बंद करने के बाद सितंबर 1927 में रूज परिसर में मॉडल-ए कार उत्पादन शुरू किया गया था, जिसे दिसंबर में बाजार में उतारा गया था। अगले चार वर्षों में कुल 40 लाख मॉडल-ए कारो का उत्पादन हुआ था। उसके बाद फोर्ड मोटर कंपनी ने अपनी प्रतिस्पर्धी जनरल मोटर्स की तरह हर वर्ष नए मॉडल का उत्पादन शुरू किया था।

हालाँकि फोर्ड ने 69 वर्ष की उम्र में अपने अंतिम नवाचार हलके वजन के वी-8 इंजन को प्रस्तुत किया था; लेकिन 1936 में फोर्ड मोटर कंपनी अमेरिका में जनरल मोटर्स व क्रिसलर कॉरपोरेशन के बाद तीसरे स्थान पर खिसक गई थी। लेकिन फोर्ड कार कीमतों को घटाकर बाजार विस्तार रणनीति के कारण

सन् 1920 से 1940 के बीच मोटर वाहन उद्योग की कुल 200 कंपनियों में अधिकांश बंद होने के लिए मजबूर हो गई थीं।

अप्रैल 1941 में जब काम रोको हड़ताल शुरू हुई थी तो परेशान हेनरी फोर्ड ने समझौता करने की बजाय कंपनी को भंग करने तक की धमकी दे दी थी और उस पर गंभीरता से विचार भी करने लगा था।

वैश्विक महामंदी के दौरान फोर्ड ने कामगारों का वेतन घटाया था और काफी छँटनी की थी। फोर्ड ने तमाम कोशिशों के बावजूद अगले पाँच वर्षों तक अपनी फैक्टरी परिसर में श्रमिक संगठन की स्थापना नहीं होने दी थी। इस बीच 26 मई, 1937 को जब रूज नदी परिसर में श्रमिकों ने संगठन बनाने की कोशिश की थी, तब सुरक्षा कर्मियों ने कामगारों की जमकर पिटाई की थी। अप्रैल 1941 में जब काम रोको हड़ताल शुरू हुई थी तो परेशान हेनरी फोर्ड ने समझौता करने की बजाय कंपनी को भंग करने तक की धमकी दे दी थी और उस पर गंभीरता से विचार भी करने लगा था। कहते हैं कि तब उसकी पत्नी क्लारा ने हेनरी फोर्ड को धमकाया था कि यदि उसने अपनी जिद में पारिवारिक कारोबार को ध्वस्त करने की कोशिश की तो वह उसे छोड़ देगी। तब जाकर वह झुका था और जून 1941 में यूनाइटेड ऑटो वर्कर (यू.ए.डब्ल्यू.) के साथ समझौते के अनुबंध पर हस्ताक्षर किए थे। समूचे डेट्रॉयट में फोर्ड ही ऐसा मोटर वाहन निर्माता था, जिसने यू.ए.डब्ल्यू. को सबसे बाद में मान्यता दी थी।

सेवानिवृत : इस बीच 1939 में ही द्वितीय विश्व युद्ध शुरू हो चुका था, लेकिन फोर्ड युद्ध से नफरत करता था और अमेरिकी सरकार पर किसी भी पक्ष में न जाने का दबाव बनाया हुआ था। लेकिन 7 दिसंबर, 1941 को पर्ल हार्बर पर जापानी आक्रमण के बाद फोर्ड मोटर कंपनी भी अमेरिकी सेना की एक बड़ी ठेकेदार बन गई थी और हवाई जहाज, टैंक, इंजन व जीप की आपूर्ति करने लगी थी। वैसे तो बढ़ती उम्र के साथ हेनरी फोर्ड का प्रभाव घटता जा रहा था, लेकिन 26 मई, 1943 को जब 49 वर्ष की उम्र में एस्डेल फोर्ड की कैंसर से मृत्यु हो गई थी तो उसे काम सँभालना पड़ा था। अगले दो वर्षों में हेनरी फोर्ड ने अपने पोते को अपने मोटर वाहन साम्राज्य की कमान सौंप दी थी और खुद अपने सेवानिवृत्त हो गया था, जहाँ 7 अप्रैल, 1947 को 83 वर्ष की उम्र में उसकी मृत्यु हो गई थी।

□

2

वित्त व व्यवसाय के गुमनाम अग्रदूत

जॉन डी. रॉकफेलर, एंड्रयू कार्नेगी व हेनरी फोर्ड कारोबारी साम्राज्य निर्माता थे और उनकी विरासत आज भी कायम है। लेकिन हम इस अध्याय में उन अग्रदूतों की चर्चा कर रहे हैं, जिन्होंने वित्त व व्यवसाय के क्षेत्र में ऐसे नींवों की रचना की, जिन पर आगे आने वाले लोगों ने अपने कारोबार खड़े किए थे। जी हाँ, हम यहाँ पर रोआँ कारोबार के दिग्गज जोहान जैकब एस्टर, जन-उपयोगी आविष्कार आधारित उद्योग के विकासकर्ता थॉमस एडिसन और आधुनिक विभागीय भंडार के जनक अलेक्जेंडर टर्नी स्टीवर्ट की चर्चा करने जा रहे हैं। इन तीनों अग्रदूतों ने लगभग एक जैसी कारोबारी रणनीति अपनाई थी—पैमाना अर्थव्यवस्था (इकोनॉमी ऑफ स्केल), यानी बड़े पैमाने पर कारोबार; ऊर्ध्वाधर एकीकरण (वर्टीकल इंटीग्रेशन) यानी संपूर्ण आपूर्ति शृंखला पर स्वामित्व-नियंत्रण और क्षैतिज एकीकरण (होरिजेंटल इंटीग्रेशन) यानी संपूर्ण उत्पादन-शृंखला पर स्वामित्व-नियंत्रण। विशेष रूप से एस्टर की सफलता से अमेरिका में महत्त्वाकांक्षी आप्रवासियों की बाढ़-सी लाई थी, जिनकी उद्यमशीलता ने युवा राष्ट्र को वैश्विक वित्तीय दिग्गज बनाया था। थॉमस एडिसन को अपने जिन आविष्कारों व प्रयोगों में कोई संभावना नहीं नजर आई थी, उनसे आज भी उद्योग जगत् लाभान्वित हो रहा है। और अलेक्जेंडर टर्नी स्टीवर्ट ने जिस ग्राहक प्रथम (कस्टमर फर्स्ट) व्यापारिक दृष्टिकोण को लागू किया था, वह कभी पुराना नहीं हुआ और आज भी खुदरा व अन्य सेवा उद्योगों का मूलमंत्र बना हुआ है।

लेकिन इन तीनों अग्रदूतों की विडंबना यह रही है कि इनकी विरासत को सँभालने तथा आगे बढ़ानेवाला कोई नहीं था और वे गुमनाम हो गए।

जोहान जैकब एस्टर : कसाई का बेटा, रोआँ व अचल संपत्ति से बना सबसे धनी अमेरिकी

क्या आप अनुमान लगा सकते हैं कि जर्मनी के कसाई का बेटा अपने जीवनकाल में संयुक्त राज्य अमेरिका का सबसे धनी व्यक्ति बन सकता है? जी हाँ, जोहान जैकब एस्टर ने ऐसा ही कर दिखाया था। वह महज 16 वर्ष की उम्र में अपने भाई के कसाईखाने में काम करने के लिए न्यूयॉर्क आया था और अगले 10 वर्षों में एक प्रमुख रोआँ व्यापारी बनकर उभरकर सामने आया था। तत्कालीन राजनीतिक परिस्थितियों के चलते एस्टर के आयात-निर्यात कारोबार को कई झटके लगे, लेकिन सन् 1822 में 55 वर्ष की उम्र में वह विश्व का सबसे बड़ा रोआँ व्यापारी बन गया था। इस बीच उसने अपना ध्यान न्यूयॉर्क सिटी के नजदीकी मैनहट्टन द्वीप की अचल संपत्तियों पर केंद्रित कर लिया था और 1948 में 84 वर्ष की उम्र में अपनी मृत्यु के समय अमेरिका का सबसे धनी व्यक्ति बन चुका था। वह तब की मुद्रा के मुताबिक झटपट करोड़पति तो नहीं बन सका था, लेकिन आज के हिसाब वह बहुत ही कम समय में अरबपति भी बन चुका था। चूँकि उसने भी रोआँ कारोबार पर आधिपत्य जमा लिया था और उसके राजनीतिक हथकंडों का इस्तेमाल भी किया था, इसलिए एस्टर को भी रोबर बैरन की सूची में रखा जाता है। वह कोई सामंत नहीं था, वह तो मामूली कसाई का बेटा भर था, जिसने अपनी मेहनत, लगन व अद्भुत वित्तीय प्रतिभा से ऐतिहासिक समृद्धि हासिल की थी। हालाँकि जॉन डी. रॉकफेलर या एंड्रयू कार्नेगी से काफी पहले एस्टर अमेरिका का सबसे बड़ा धनी बन चुका था, लेकिन उसने उनकी तरह समाज-सेवा के माध्यम से अपनी व्यक्तिगत सार्वजनिक छवि को निखारने की कोशिश नहीं की थी। क्या इसीलिए एस्टर गुमनाम नहीं है?

अमेरिका में आप्रवासन : जोहान जैकब एस्टर का जन्म पवित्र रोमन साम्राज्य के पैलाटिनेट में हीडलबर्ग के पास वालडोर्फ (अब बाडेन-वुर्टेमबर्ग, जर्मनी) में 17 जुलाई, 1767 को हुआ था। वह जोहान याकूब एस्टर व मारिया

समुद्र-यात्रा के दौरान एस्टर की मुलाकात एक रोआँ व्यापारी से हुई थी, जिसने उसे उत्तरी अमेरिका के रोआँ-व्यापार में शामिल होने के लिए प्रेरित किया था।

मागदालेना वोर्फेल्डर के चार बेटों में सबसे छोटा था। एस्टर का पिता एक कसाई था। उसने सबसे पहले अपने पिता की दुकान में काम किया था और फिर दुग्ध उत्पाद बिक्री कर्मी (डेरी प्रोडक्ट सेल्समैन) के रूप में काम करने लगा था। उसका चाचा लंदन में एस्टर एंड ब्रॉडवुड नामक पियानो व बाँसुरी कारखाना चलाता था, जहाँ उसका भाई पहले से ही काम कर रहा था। 1779 में 12 वर्ष की उम्र में एस्टर भी वहीं जाकर काम करने लगा था। वहाँ रहते हुए एस्टर ने अंग्रेजी सीखी थी और अपने नाम का भी अंग्रेजीकरण कर लिया था।

फिर, अमेरिकी क्रांतिकारी युद्ध (1775-1783) के खत्म होने के तुरंत बाद अपने भाई के पीछे-पीछे एस्टर भी न्यूयॉर्क आप्रवासित हो गया था, जिसने वहाँ पर कसाईखाना खोल लिया था। समुद्र-यात्रा के दौरान एस्टर की मुलाकात एक रोआँ (फर) व्यापारी से हुई थी, जिसने उसे उत्तरी अमेरिका के रोआँ-व्यापार में शामिल होने के लिए प्रेरित किया था। कुछ समय तक अपने भाई की दुकान पर काम करने के बाद वह अमेरिका के मूल निवासियों (नेटिव अमेरिकन) से पशुओं की कच्ची खाल खरीदने लगा और उसे खुद ही तैयार कर अच्छे लाभ के साथ लंदन व अन्य यूरोपीय बाजारों में बेचना शुरू कर दिया था। वर्ष 1780 के अंत में एस्टर ने न्यूयॉर्क में रोआँ से बने सामानों (फर प्रोडक्ट) की अपनी स्वयं की दुकान खोल ली और अपने चाचा के संगीत यंत्र कारोबार के न्यूयॉर्क अभिकर्ता (एजेंट) के रूप में काम करना शुरू कर दिया था।

रोआँ कारोबार में अपार सफलता : इस बीच 19 नवंबर, 1794 को ब्रिटेन व संयुक्त राज्य अमेरिका के बीच युद्ध के बाद के तनाव को दूर करने तथा शांतिपूर्ण व्यापार को बढ़ावा देने के लिए एक व्यापार संधि हुई थी। चूँकि अमेरिका के पहले मुख्य न्यायाधीश (वर्ष 1789-95) जॉन जे ने इस संधि का जोरदार समर्थन किया था और उसमें मुख्य वार्त्ताकार की भूमिका निभाई थी, इसलिए उसे जे संधि (जे ट्रिटी) कहा जाता है। इस संधि ने ब्रिटेन के अलावा कनाडा व उत्तरी अमेरिका के ग्रेट झील क्षेत्र (कनाडा-संयुक्त राज्य अमेरिका की

सीमा पर सेंट लॉरेंस नदी के माध्यम से अटलांटिक महासागर से जुड़ी मीठे पानी की झीलों की एक शृंखला) में नए बाजार खोल दिए थे। एस्टर ने इस संधि का भरपूर फायदा उठाया था। वह मोंट्रियल से रोआँ न्यूयॉर्क में आयात करता और फिर उसे यूरोपीय बाजारों, खासतौर पर लंदन में, निर्यात कर देता था।

वर्ष 1800 तक एस्टर करीब 2.50 लाख डॉलर का मुनाफा बटोरकर रोआँ कारोबार का प्रमुख व्यापारी बन चुका था। तब तक उसके प्रतिनिधि समूचे पश्चिमी क्षेत्रों में काम करने लगे थे और सौदा पटाने के लिए अपनी कीमतों को किसी भी हद तक गिरा सकते थे। उसी वर्ष चीन के लिए पहले अमेरिकी व्यापारिक पोत इंप्रेस ऑफ चाइना की सेवा शुरू हुई थी। एस्टर ने उस पोत के जरिए दक्षिणी चीन में गुआंगडोंग प्रांत की राजधानी गुआंगझाउ में रोआँ, इत्र, चाय व चंदन का निर्यात करना शुरू किया था, जिसमें उसे भारी मुनाफा हुआ था।

लेकिन, सन् 1807 में घाटबँधी अधिनियम (एम्बर्गो एक्ट) के तहत संयुक्त राज्य अमेरिका से सभी प्रकार के निर्यात को अवैध बना दिया गया था। इस कानून का लक्ष्य नेपोलियन युद्ध के दौरान अमेरिकी अधिकारों का सम्मान करने के लिए ब्रिटेन व फ्रांस को मजबूर करना था। चूँकि इस अधिनियम के कारण कनाडा के साथ भी व्यापार बंद कर दिया गया था, इसलिए एस्टर का आयात-निर्यात व्यापार अचानक बाधित हो गया था। फिर, राष्ट्रपति थॉमस जेफरसन की अनुमति से एस्टर ने 6 अप्रैल, 1808 को अमेरिकन फर कंपनी 'न्यूयॉर्क सिटी' की स्थापना की थी। बाद में ग्रेट झील क्षेत्रों व कोलंबिया नदी क्षेत्र में रोआँ व्यापार को नियंत्रित करने के लिए एस्टर ने दो सहायक कंपनियों—पेसिफिक फर कंपनी व साउथ-वेस्टर्न फर कंपनी का गठन किया था। उसने अप्रैल 1811 में कोलंबिया नदी पर फोर्ट एस्टोरिया में व्यापारिक चौकी (ट्रेडिंग पोस्ट) स्थापित की थी, जो संयुक्त राज्य अमेरिका का प्रशांत तट पर बसाया गया पहला समुदाय था। उसने इस चौकी तक पहुँचने के लिए वर्ष 1810-12 के बीच स्थल मार्ग अभियान (ओवरलैंड एक्सपीडिशन) का वित्त पोषण किया था, जो अमेरिकी इतिहास में एस्टर अभियान के रूप में जाना जाता है। उस अभियान दल के सदस्य का लक्ष्य पश्चिमी अमेरिका के व्योमिंग प्रांत स्थित दक्षिण व उत्तरी अमेरिका के बीच महाद्वीपीय विभाजन करनेवाली रॉकी पर्वत शृंखला में दक्षिण दर्रा (साउथ

पास) की खोज करना था, जिसके जरिए ओरेगन, मॉर्मन व कैलिफोर्निया में बसने आ रहे लाखों आप्रवासियों की आवा-जाही आसान हो सके।

लेकिन ढाई वर्षों तक चले सन् 1812 के युद्ध के दौरान अंग्रेजों ने एस्टर की व्यापारिक चौकियों पर कब्जा कर लिया था और उसका रोआँ कारोबार एक बार फिर से बाधित हो गया था। सन् 1816 में एस्टर अफीम तस्करी के धंधे में शामिल हो गया था। उसकी अमेरिकन फर कंपनी ने भारी मात्रा में तुर्की से अफीम खरीदकर मालवाहक जहाज मकदूनियाई पर गुआंगझाउ (दक्षिणी चीन) भेजना शुरू कर दिया था। लेकिन बाद में एस्टर ने चीन के पूरे अफीम व्यापार को इंग्लैंड के व्यापारियों को बेच दिया था और इस अवैध कारोबार को छोड़ दिया था। 1817 में जब अमेरिकी कांग्रेस ने संरक्षणवादी कानून पारित कर विदेशी रोआँ के आयात कारोबार पर रोक लगा दी थी, तब एस्टर का रोआँ व्यापार तेजी से उभरने लगा। बहुत जल्द ही एस्टर की अमेरिकन फर कंपनी ग्रेट लेक क्षेत्र में रोआँ व्यापार पर हावी हो गई थी। सन् 1822 में एस्टर ने पुनर्गठित अमेरिकन फर कंपनी के मुख्यालय के रूप मैकिनक द्वीप पर एस्टर हाउस की स्थापना की थी। यह द्वीप अमेरिकी प्रांत मिशिगन में झील हूरों में मैकिनक जलडमरूमध्य के पूर्वी छोर पर स्थित 9.80 वर्ग कि.मी. भूमि क्षेत्र में फैला हुआ है, जो उस समय ग्रेट लेक क्षेत्र में कारोबार के लिए सटीक रणनीतिक स्थल था। लेकिन जल्द ही एस्टर ने पूरे विश्व में अपने कारोबार का विस्तार कर लिया था और उसके जहाज हर समुद्र में देखे जाने लगे थे। ऐसे में मैकिनक द्वीप विश्व रोआँ व्यापार का केंद्र बन गया था।

अचल संपत्ति कारोबार : वर्ष 1799 में जब रोआँ कारोबार ने अपने चरम पर पहुँचने के बाद गिरावट का रुख किया था तो एस्टर ने न्यूयॉर्क में समुद्र तटीय क्षेत्रों में जमीन खरीदना शुरू कर दिया था। एस्टर का अनुमान था कि आनेवाले दशकों तक न्यूयॉर्क अमेरिका सहित विश्व व्यापार केंद्र के रूप में उभरेगा। सन् 1803 में उसने न्यूयॉर्क में 70 एकड़ का कृषि क्षेत्र खरीदा था, जो हडसन नदी व ब्रॉडवे के पश्चिम में 42वीं से 46वीं सड़कों के बीच फैला हुआ था। उसके बाद एस्टर ने न्यूयॉर्क में बदनाम हारून बर्र से काफी जमीनें खरीदी थीं। अमेरिका के तीसरे उप-राष्ट्रपति के रूप में पदेन हारून बर्र पर 11 जुलाई, 1804 को वीहावकेन

(हडसन काउंटी, न्यू जर्सी) में आयोजित एक द्वंद्व युद्ध में अपने राजनीतिक विरोधी व पूर्व कोषागार सचिव (सेक्रेटरी ऑफ ट्रेजरी) अलेक्जेंडर हैमिल्टन पर गोली मार देने का आरोप लगा था। 1830 के दशक में जब एस्टर का अनुमान सही निकला था और न्यूयॉर्क विश्व के सबसे बड़े महानगर के रूप में उभरना शुरू हुआ तो उसने अमेरिकन फर कंपनी तथा अन्य कारोबार से अपना हाथ खींच लिया था और उस धन को मैनहट्टन क्षेत्र में जमीन खरीदने तथा अचल संपत्तियों के विकास में झोंकना शुरू किया था। उसने बिल्कुल सही अनुमान लगाया था कि न्यूयॉर्क सिटी जल्द ही उत्तर दिशा में फैलता हुआ मैनहट्टन द्वीप को अपने दायरे में ले लेगा। यही कारण था कि एस्टर ने न्यूयॉर्क की तत्कालीन सीमा के बाहर काफी जमीनों को खरीद लिया था। उसने अपनी अचल संपत्तियों पर कभी कोई निर्माण नहीं किया था, बल्कि किराए या पट्टे पर दिया था। इस निवेश से एस्टर को काफी कमाई हुई थी और बाद में उसे इस बात का भी अफसोस हुआ था कि उसने समूचा मैनहट्टन द्वीप ही क्यों नहीं खरीद लिया था।

सबसे धनी अमेरिकी : एस्टर ने बाद का जीवन अपनी अचल संपत्तियों की देखरेख और कला व संस्कृति के संरक्षक के रूप में बिताया था। 29 मार्च, 1848 को अपनी मृत्यु के समय एस्टर संयुक्त राज्य अमेरिका में सबसे धनी व्यक्ति था और उसके द्वारा अपने परिवारजनों के लिए कम-से-कम 2 करोड़ डॉलर मूल्य की संपत्ति छोड़ जाने का अनुमान लगाया गया था। 'फोर्ब्स' पत्रिका (14 सितंबर, 2007) ने संयुक्त राज्य अमेरिका के सकल घरेलू उत्पाद (जी. डी.पी.) में तत्कालीन हिस्सेदारी के आधार पर एस्टर की कुल संपत्ति का मूल्य 110.10 अरब डॉलर आँका था और सभी समय के सबसे धनी अमेरिकी सूची में जॉन डी.रॉकफेलर, एंड्रयू कार्नेगी व कॉर्नेलियस वेंडरबिल्ट के बाद जोहान जैकब एस्टर को चौथे स्थान पर रखा था।

थॉमस एडिसन : महान् जन-उपयोगी आविष्कारक या कुशल प्रबंधक या चतुर कारोबारी?

थॉमस अल्वा एडिसन को कौन नहीं जानता! उसे न केवल सभी समय के सबसे महत्त्वपूर्ण आविष्कारकों में गिना जाता है, बल्कि रोचक तथ्य यह भी

है कि वह संभवत: इतिहास के सबसे बड़े अन्वेषकों के बीच सबसे अधिक प्रसिद्ध भी हुआ। उसके नाम पर पंजीकृत 1,093 पेटेंट को देखकर तो कोई भी आसानी से विश्वास कर सकता है कि वह महान् आविष्कारी प्रतिभा था और उसे लोग ऐसा ही समझते-मानते भी आ रहे हैं। यह कहना अनुचित होगा कि वह प्रतिभाशाली व्यक्ति व महत्त्वपूर्ण आविष्कारक नहीं था, लेकिन क्या यह कहना सही नहीं होगा कि नए आविष्कारों से विश्व को महत्त्वपूर्ण संभावित लाभ पहुँचाने की तुलना में थॉमस एडिशन ने वित्त, व्यवसाय व व्यक्तिगत लाभ कमाने पर अपना अधिक ध्यान केंद्रित किया था? जी हाँ, थॉमस एडिसन को भले ही इतिहास में सबसे अधिक सृजनशील अन्वेषकों में से एक होने का श्रेय दिया जाता है, लेकिन सच्चाई यह भी है कि वह आविष्कारक से अधिक चतुर व्यापारी था। थोड़ा गहराई में जाएँ तो साफ होता है कि थॉमस एडिसन को कई ऐसे आविष्कारों का भी श्रेय दिया गया था, जिनकी विभिन्न प्रक्रियाओं में दूसरे अन्य आविष्कारकों ने भी महत्त्वपूर्ण योगदान किए थे। खैर, हम यहाँ पर थॉमस एडिसन की गुमनाम वित्तीय व कारोबारी छवि की चर्चा करने जा रहे हैं, जिनके दम पर वह झटपट करोड़पति बन गया था।

ए.डी.एच.सी. से पीड़ित बालक : थॉमस अल्वा एडिसन का जन्म 11 फरवरी, 1847 को मध्य-पश्चिम अमेरिका के ओहियो प्रांत के ग्रामीण क्षेत्र मिलान में एक मध्यम वर्गीय परिवार में हुआ था। उस समय मिलान गेहूँ का बड़ा नौं-वहन केंद्र (शिपिंग सेंटर) था। वह सात बच्चों में सबसे छोटा था। उसकी माँ नैंसी विद्यालय शिक्षिका थी और उसका पिता सैमुअल ओंटोरियो (कनाडा) से निर्वासित कर दिया गया पूर्व तेज-तर्रार राजनीतिक था। लेकिन रेल मार्ग द्वारा रास्ता काट देने के बाद जब वहाँ का कारोबार मंदा हो गया था, तब सन् 1854 में एडिसन परिवार पोर्ट हूरो (मिशिगन) में स्थानांतरित हो गया था। सेंट क्लेयर नदी के किनारे स्थित हूरो झील के सबसे दक्षिणी छोर पर बसे शहर पोर्ट हूरो को लंबे अरसे बाद सन् 1938 में ब्लू वाटर ब्रिज के माध्यम से कनाडा में पॉइंट एडवर्ड (ओंटारियो) से जोड़ा गया था। लेकिन उस वक्त पोर्ट हूरो बहुत छोटा सा शहर था, जिससे होकर रेल मार्ग गुजरता था। एडिसन को स्थानीय विद्यालय में भरती कराया गया था, लेकिन अतिसक्रियता विकार (अटेंशन डेफिसिट हाइपर-एक्टिव डिसऑर्डर/

ए.डी.एच.सी.) के चलते तीन महीने बाद ही विद्यालय से हटा लिया गया था। फिर घर में ही मुख्य रूप से माँ ने उसे शिक्षित किया था। 12 वर्ष की उम्र में उसकी सुनने की क्षमता भी खत्म हो गई थी। लेकिन उसने अपने पिता की पुस्तकों से भी बहुत कुछ सीखना जारी रखा था।

एडिसन ने अखबार के प्रसार को सुनिश्चित करने के लिए रेलगाड़ी में बिक्री का विशेष अधिकार भी हासिल किया था और जल्द ही 300 से अधिक अभिदाता (सब्सक्राइबर) भी बना लिये थे।

किशोर कारोबारी : थॉमस एडिसन बचपन से ही मेहनती स्वभाव का था। 14 वर्ष की उम्र में ही उसने पोर्ट हूरो से डेट्रॉयट के बीच रेलड़ी में अखबार, नमकीन, फल व सब्जियाँ बेचकर अपनी उद्यमशीलता का परिचय दे दिया था। कुछ समय बाद एडिसन की संभावनाशील उद्यमशीलता का नया नमूना सामने आया था। कुछ सहायकों की मदद से उसने 'ग्रांड ट्रंक हेरॉल्ड' नामक अपना अखबार निकालना शुरू कर दिया था। एडिसन ने अखबार के प्रसार को सुनिश्चित करने के लिए रेलगाड़ी में बिक्री का विशेष अधिकार भी हासिल किया था और जल्द ही 300 से अधिक अभिदाता (सब्सक्राइबर) भी बना लिये थे। इस बीच एक दिन अचानक उसने तीन वर्ष के एक बच्चे को रेलगाड़ी की चपेट में आने से बचा लिया था। उस बच्चे का पिता माउंट क्लेमेंस (मिशिगन) में रेलवे स्टेशन मास्टर था। वह एडिसन का इतना एहसानमंद हो गया था कि उसे तारयंत्र परिचालक (टेलीग्राफ ऑपरेटर) के रूप में प्रशिक्षित कर दिया था।

तारयंत्र परिचालक : सन् 1862 में एडिसन ने ग्रैंड ट्रंक रेलवे में स्ट्रैटफोर्ड जंक्शन (ओंटारियो, कनाडा) में तारयंत्र परिचालक की पहली नौकरी शुरू की थी। सन् 1866 में 19 साल की उम्र में एडिसन लुइसविल (केंटकी, अमेरिका) में वेस्टर्न यूनियन कंपनी के कर्मचारी के रूप में एसोसिएटेड प्रेस ब्यूरो में खबर तारयंत्र परिचालक का काम करने लगा था। एडिसन ने रात की पाली में काम का अनुरोध किया था, जिससे उसे अपने बचपन के दो पसंदीदा कार्यों को पढ़ने व प्रयोग करने में खर्च करने के लिए बहुत समय मिल गया था। आखिरकार प्रयोग करने के शौक के कारण एडिसन को अपनी नौकरी से हाथ धोना पड़ा था। 1967 में जब एक रात वह लेड-एसिड (सीसा-तेजाब) बैटरी पर प्रयोग

कर रहा था तो तेजाब (सल्फ्युरिक एसिड) गिर गया था, जो उसके अधिकारी के कमरे तक फैल गया था। इसका नतीजा यह हुआ था कि एडिसन को अगले ही दिन नौकरी से निकाल दिया गया था।

मतदान अभिलेखक का आविष्कार : उसके बाद जब एडिसन अपने घर वापस लौटा था तो उसे पता चला कि उसकी माँ मानसिक रोगी हो चुकी थी और उसका पिता काम से बाहर हो चुका था। परिवार लगभग बेसहारा हो चुका था। एडिसन को एहसास हुआ था कि उसे अपने भविष्य को नियंत्रित करने की जरूरत थी। फिर, एक दोस्त की सलाह पर उसने बोस्टन (मैसाचुसेट्स) में वेस्टर्न यूनियन कंपनी के लिए काम करना शुरू कर दिया था। उस समय बोस्टन अमेरिका का वैज्ञानिक व सांस्कृतिक केंद्र था और एडिसन की प्रतिभा भी निखरकर सामने आई थी। इसी दौरान में एडिसन ने मैसाचुसेट्स विधायिका के लिए विद्युत् मतदान अभिलेखक (इलेक्ट्रिक वोट रिकॉर्डर) का आविष्कार किया था और उसका अमेरिकन पेटेंट दाखिल किया था। 1 जून, 1869 को एडिसन को उसके पहले आविष्कार के लिए पेटेंट प्रदान कर दिया गया था। लेकिन प्रायोगिक परीक्षण के दौरान विद्युत् मतदान अभिलेखक की धीमी गति को देखकर मैसाचुसेट्स विधायिका ने उसे खारिज कर दिया था।

यह एक बड़ा झटका था; लेकिन इससे एडिसन का उत्साह कम नहीं हुआ था। लेकिन इस घटना से एडिसन ने यह सीख ली थी कि अब उसे ज्यादा व्यावहारिक होकर ऐसे आविष्कार करने चाहिए, जिनकी आम जनता में भारी माँग हो।

40,000 डॉलर की शुरुआती पूँजी : इसी उधेड़बुन में वह सन् 1869 में न्यूयॉर्क चला गया था और सैमुअल लॉस गोल्ड इंडिकेटर कंपनी में काम करने लगा था। उसके तारयंत्र परिचालक साथी फ्रेंक्लिन एल. पोप ने उसे कंपनी के एक कमरे में सोने की अनुमति दे दी थी। उसी दौरान जब एक दिन एडिसन ने खराब स्टॉक टिकर (शेयर भाव की सूचना देनेवाला तारयंत्र) को चालू कर दिया था तो वहाँ के प्रबंधक ने उसे 300 डॉलर प्रति माह के वेतन पर यंत्र मरम्मत व रख-रखाव का प्रभारी बना दिया था। इस तरह, एडिसन गरीबी से बाहर आ गया था और उसे अपने आविष्कार पर ज्यादा ध्यान केंद्रित करने का

मौका मिल गया था। जल्द ही एडिसन ने यूनिवर्सल स्टॉक टिकर विकसित कर लिया था, जिसके अधिकार के लिए सैमुअल लॉस गोल्ड इंडिकेटर कंपनी उसे 40,000 डॉलर का भुगतान किया था। उस जमाने में यह बहुत बड़ी रकम थी। इस तरह, सिर्फ 22 वर्ष की उम्र में थॉमस एडिसन अचानक धनी हो गया था।

कुशल संगठनकारी उद्यमी : अपने पहले आविष्कार की असफलता से थॉमस एडिसन सचेत था। अब उसे समझ आ गई थी कि जन-उपयोगी समाधानों से ही उसे आर्थिक सफलता मिलेगी। वह अचानक मिली पूँजी को दैवी मदद के रूप में देख रहा था। अब उसने अपनी स्वाभाविक उद्यमशीलता को नई ऊँचाइयों पर ले जाने की ठानी थी। उसने बिना किसी प्रकार की देरी के तत्काल अगला कदम बढ़ा दिया था और सन् 1870 में नेवार्क (न्यू जर्सी) में लघु प्रयोगशाला व विनिर्माण (मैन्युफैक्चरिंग) इकाई की स्थापना की थी। एडिसन बखूबी जानता था कि जन-उपयोगी समाधानों की खोज के लिए उसे एक अनुसंधान मंडली (रिसर्च टीम) बनानी होगी। इसके लिए उसने अपनी प्रयोगशाला में एक साथ कई मशीन कारीगरों की भरती की थी। इस तरह, एडिसन ने अपने निर्देशन में एक साथ कई समाधानों पर काम शुरू कर दिया था। इस तरह, अनुसंधान में अपना पूरा समय खर्च करने की बजाय एडिसन ने एक कुशल संगठनकर्ता (ऑर्गेनाइजर) के रूप में अपना ध्यान नई कारोबारी संभावनाओं को खोजने पर केंद्रित किया था।

इस बीच एडिसन ने फ्रैंकलिन एल. पोप व जेम्स एश्ले के साथ मिलकर 'पोप, एडिसन एंड कंपनी' नामक एक संगठन बनाया था। उस समूह ने खुद को विद्युत् अभियंताओं (इलेक्ट्रिकल इंजीनियर) व विद्युत् उपकरण निर्माता (इलेक्ट्रिकल डिवाइस मैन्युफैक्चरर) के रूप में प्रचारित किया था। उस समूह का मुख्य लक्ष्य तारयंत्र कंपनियों से नए उपकरणों के विकास व विनिर्माण का ठेका हासिल करना था। यह समूह अपनी प्रयोगशाला में विकसित हो रहे शुरुआती समाधानों व खोजों को तारयंत्र कंपनियों के सामने प्रस्तुत करता था और सबसे अधिक बोली लगानेवाली कंपनी के साथ साझेदारी बनाकर उस परियोजना को आगे बढ़ाता था। चूँकि वेस्टर्न यूनियन टेलीग्राफ कंपनी इस उद्योग की सबसे बड़ी कंपनी थी, इसलिए वह एडिसन समूह द्वारा प्रस्तावित अधिकांश प्रस्तावों

को सबसे ज्यादा बोली लगा कर झटक लेती थी। लेकिन एडिसन ने कंपनियों के बीच प्रतिस्पर्धी बोली का सिलसिला जारी रखा था। उदाहरण के लिए, एडिसन समूह ने वेस्टर्न यूनियन के लिए क्वाड्रुप्लेक्स टेलीग्राफ विकसित किया था, जो एक ही समय में दो दिशाओं में संकेत भेजने में सक्षम था। रेल मार्ग दिग्गज जेसन जे. गोउल्ड को यह उपकरण इतना पसंद आया था कि उसने 1,00,000 डॉलर से अधिक नकद भुगतान सहित ब्रांड व शेयर के साथ एडिसन ने वह आविष्कार खरीद लिया था। हालाँकि बाद में उस सौदे को लेकर वर्षों तक मुकदमेबाजी भी चलती रही थी; लेकिन एडिसन अपनी खोज के लिए मोटी कमाई करने में कामयाब रहा था।

एडिसन की वित्तीय सफलताओं का क्रम लगातार तेज हो चुका था। ऐसे में वर्ष 1871 में 24 वर्ष की उम्र में एडिसन ने अपने से काफी छोटी 16 वर्ष की कर्मचारी मैरी स्टिलवेल से शादी कर ली थी। सिर्फ 13 वर्षों के दांपत्य में एडिसन व मैरी के तीन बच्चे—मरिओ, थॉमस व विलियम हुए थे, जो बाद में आविष्कारक बने थे। सन् 1884 में संदिग्ध ब्रेन ट्यूमर से मैरी की 29 वर्ष की आयु में मौत हो गई थी।

मेनलो पार्क का जादूगर : वैसे तो अपनी उद्यमशीलता के शुरुआती सात वर्षों में ही थॉमस एडिसन ने खुद को तारयंत्र उद्योग के प्रमुख आविष्कारक व सफल उद्यमी के रूप में स्थापित कर लिया था; लेकिन आम जनता में वह अभी भी गुमनाम ही था। इस बीच सन् 1876 में एडिसन मेनलो पार्क (न्यू जर्सी) में बड़ी औद्योगिक अनुसंधान सुविधा (इंडस्ट्रियल रिसर्च फैसिलिटी) का निर्माण किया था। यहाँ पर विभिन्न अनुसंधानों से संबंधित अगल-अलग प्रयोगशालाएँ व विनिर्माण इकाइयाँ स्थापित की गई थीं। साफ है, एडिसन ने अपने निर्देशन में शोध करनेवाले आविष्कारकों सहित अभियंताओं व कारीगरों की बड़ी फौज तैयार कर ली थी। असल में, नई सुविधा में आने के बाद वेस्टर्न यूनियन ने एडिसन को अलेक्जेंडर ग्राहम द्वारा आविष्कार किए गए दूरभाष (टेलीफोन) से प्रतिस्पर्धा के लिए संचार उपकरण (कम्युनिकेशन डिवाइस) विकसित करने के लिए प्रोत्साहित किया था। लेकिन एडिसन ने वैसा नहीं किया था।

हाँ, इसके बदले एडिसन ने 1977 में ध्वनि के यांत्रिक अभिलेखन

(मेकैनिकल रिकॉर्डिंग) व पुनरुत्पादन (रि-प्रोडक्शन) के लिए शब्द-उच्चारण यंत्र (फोनोग्राफ) का आविष्कार जरूर कर लिया था। चूँकि आम जनता में ऐसे किसी यंत्र के आविष्कार होने की दूर-दूर तक कोई आशा नहीं थी, इसलिए फोनोग्राफ की तुलना जादुई यंत्र से की जाने लगी थी और एडिसन को मेनलो पार्क का जादूगर (विजार्ड ऑफ मेनलो पार्क/न्यू जर्सी) के रूप में जाना जाने लगा था। यह आविष्कार वाणिज्यिक रूप से बुरी तरह असफल साबित हुआ था और अगले एक दशक में ही दम तोड़ दिया था, लेकिन इसकी बदौलत एडिसन विश्व स्तरीय प्रतिभाशाली आविष्कारक की पहचान कायम करने में सफल हो गया था।

एडिसन एल्यूमिनेटिंग कंपनी : 1880 का दशक थॉमस एडिसन के लिए काफी व्यस्तताओं का समय रहा। जनवरी 1880 में बिजली बल्ब का पेटेंट जारी जारी किए जाने के बाद एडिसन ने एडिसन एल्यूमिनेटिंग कंपनी की स्थापना की थी, जिसका लक्ष्य विश्व भर के महानगरों में बिजली पहुँचाना और उन्हें रोशन करना था। जी हाँ, इस इस विश्वव्यापी सेवा देनेवाली कंपनी को विकसित कर एडिसन ने साबित किया था कि वह आविष्कारक से अधिक कुशल वित्त प्रबंधक, निवेशक व महत्त्वाकांक्षी उद्यमी था। ध्यान रहे कि एडिसन एल्यूमिनेटिंग कंपनी विश्व की पहली निवेशक स्वामित्व बिजली उपयोगिकता (इन्वेस्टर-ओंड इलेक्ट्रिसिटी यूटिलिटी) थी, जो बाद में जनरल इलेक्ट्रिक कंपनी बन गई थी।

सन् 1981 में, थॉमस एडिसन ने मेनलो पार्क छोड़कर लगातार उन नगरों का दौरा करना शुरू कर दिया, जहाँ बिजली प्रणालियाँ स्थापित हो रही थीं। 1982 में पर्ल स्ट्रीट स्थित बिजली उत्पादन केंद्र ने निचले मैनहट्टन (न्यूयॉर्क) के 59 ग्राहकों को 110 वोल्टेज की बिजली देना शुरू किया था। 1984 में मैरी के देहांत के दो वर्षों बाद 1986 में एडिसन ने अपने से 19 वर्ष छोटी मीना मिलर से शादी कर ली थी। फिर, 1887 में एडिसन ने वेस्ट ऑरेंज (न्यू जर्सी) में एक औद्योगिक अनुसंधान प्रयोगशाला का निर्माण किया था, जो एडिसन एल्यूमिनेटिंग कंपनी की प्राथमिक प्रयोगशाला के रूप में काम करती थी। अब उसका अधिकांश समय वहीं पर प्रकाश प्रौद्योगिकी (लाइटिंग टेक्नोलॉजी) एवं ऊर्जा प्रणालियों (पॉवर सिस्टम) के विकास की निगरानी में लगने लगा था। इस

तरह, एडिसन आविष्कारक से अधिक उद्योगपति व व्यवसाय प्रबंधक के रूप में काम करने लगा था। अब एडिसन के आविष्कारों की पूर्णताओं व भविष्य के विकास के अधिकांश कार्य विश्वविद्यालय से प्रशिक्षित गणितज्ञों व वैज्ञानिकों द्वारा किए जा रहे थे; लेकिन उनसे संबंधित पेटेंट उसी के नाम से जारी हो रहे थे।

विद्युत्-धाराओं का युद्ध : इस बीच सन् 1882 में थॉमस एडिसन ने फ्रांस में कॉण्टिनेंटल एडिसन कंपनी की स्थापना की थी, जहाँ पर विद्युत् उपकरणों की बनावट तैयार करने तथा सुधार के लिए निकोला टेस्ला नामक दूरदर्शी अभियंता को बहाल किया था। जून 1984 में टेस्ला न्यूयॉर्क सिटी में स्थानांतरित हो गया, जहाँ एडिसन ने उसे 'एडिसन मशीन वर्क्स' में काम पर रखा था। वह जल्द ही जटिल समस्याओं के समाधान करने लगा था। लेकिन वायदे के मुताबिक वेतन वृद्धि न किए जाने के कारण टेस्ला ने एडिसन की नौकरी छोड़ दी थी। एडिसन बिजली आपूर्ति व्यवस्था (इलेक्ट्रिसिटी सप्लाई सिस्टम) में डायरेक्ट करंट/डी.सी. का पैरोकार था, जबकि टेस्ला अल्टरनेटिंग करंट/ए.सी. को कम खर्चीला व बेहतर मानता था। एडिसन के साथ काम करते हुए भी टेस्ला इस मुद्दे पर बहस करता रहा था।

नौकरी छोड़ने के कुछ समय बाद सन् 1886 में टेस्ला ने प्रतिस्पर्धी बिजली आपूर्ति कंपनी वेस्टिंगहाउस इलेक्ट्रिक कॉरपोरेशन के लिए काम करना शुरू कर दिया था। उसके बाद एडिसन व टेस्ला के बीच डी.सी. व ए.सी. के मुद्दे पर मतभेद व्यावसायिक युद्ध में बदल गया था। एडिसन की डी.सी. बिजली आपूर्ति व्यवस्था का सबसे बड़ा दोष था कि वह सिर्फ ज्यादा ग्राहक घनत्ववाले क्षेत्रों के लिए ही उपयुक्त थी। यह व्यवस्था विद्युत् उत्पादन संयंत्र के सिर्फ एक मील के दायरे में आनेवाले ग्राहकों को ही बिजली की आपूर्ति कर पाती थी। ऐसे में छोटे नगर व ग्रामीण क्षेत्रों के लिए एडिसन शैली की बिजली आपूर्ति व्यवस्था का खर्च वहन करना संभव नहीं था। साफ है कि ए.सी. बिजली आपूर्ति व्यवस्थावाली कंपनियों ने एडिसन की कंपनी द्वारा छोड़ी जगहों को भरना शुरू कर दिया था।

थॉमस एडिसन ने डी.सी. की जबरदस्त पैरोकारी की थी और ए.सी. के नुकसानों के घातक नमूने भी पेश किए थे। लेकिन 1880 दशक के अंतिम वर्षों में एडिशन की कंपनी के मुकाबले प्रतिस्पर्धी ए.सी. समर्थक कंपनियों ने अधिक लाभ अर्जित करना शुरू कर दिया था। इस बीच, बहुचर्चित वित्त-पोषक व सौदेबाज

> **बहुचर्चित वित्त-पोषक व सौदेबाज जे.पी. मॉर्गन के दबाव में एडिसन ने अपनी विभिन्न कंपनियों के परिचालन को संगठित करने के लिए 24 अप्रैल, 1889 को एडिसन जनरल इलेक्ट्रिक कंपनी का गठन किया था।**

जे.पी. मॉर्गन के दबाव में एडिसन ने अपनी विभिन्न कंपनियों के परिचालन को संगठित करने के लिए 24 अप्रैल, 1889 को एडिसन जनरल इलेक्ट्रिक कंपनी (न्यूयॉर्क) का गठन किया था। अंततः सन् 1892 में निवेशकों के दबाव में जे.पी. मॉर्गन ने एडिसन जनरल इलेक्ट्रिक कंपनी का वेस्टिंगहाउस इलेक्ट्रिक कॉरपोरेशन में विलय का प्रस्ताव रखा था। इस विलय से एडिसन के नाम के बिना जनरल इलेक्ट्रिक कंपनी का गठन हुआ था। नई कंपनी में वेस्टिंगहाउस के निदेशक मंडल के सदस्यों की संख्या अधिक थी और कंपनी का नियंत्रण उनके हाथों में चला गया था। इस तरह, एडिसन को अपनी ही कंपनी से अपना नियंत्रण अधिकार छोड़ना पड़ा था। जनरल इलेक्ट्रिक ने ए.सी. विद्युत् आपूर्ति व्यवस्था को अपना लिया था और इस तरह विद्युत्-धारा युद्ध में थॉमस एडिसन को अपनी हार स्वीकार करनी पड़ी थी।

आविष्कारक एडिसन की वापसी : वेस्ट ऑरेंज की प्रयोगशाला बहुत बड़ी थी और वहाँ का काम एक निश्चित ढाँचे में चल रहा था। अब एडिसन को यह एहसास भी शुरू हो गया था कि उसके अंदर का मूल आविष्कारक अपना काम नहीं कर पा रहा था। उसे लगा था कि वह मुट्ठी भर सहायकों के साथ अंतरंग व असंरचनात्मक वातावरण में सबसे अच्छा काम करता रहा था। इसलिए एडिसन ने अनौपचारिक अनुसंधान की सुविधा भी बना ली थी और व्यक्तिगत अनुसंधानों में भी समय देना शुरू कर दिया था। इस बीच एडिसन ने तारयंत्र प्रणाली में इस्तेमाल के लिए क्षारीय भंडारण (एल्कलाइन स्टोरेज) बैटरी का विकास कर लिया था और दिसंबर 1889 में उसके निर्माण व बिक्री के लिए निजी कारोबार के रूप में एडिसन मैन्युफैक्चरिंग का गठन किया था।

इसी कंपनी के अंतर्गत एडिसन ने चलचित्र (मोशन पिक्चर) कैमरा यानी किनेटोग्राफ विकसित कर लिया था, जिसके लिए सन् 1891 में पेटेंट में जारी हो गया था। उसके बाद फिल्म निर्माण कंपनी एडिसन स्टूडियो स्थापित की गई थी, जिसके अंतर्गत सन् 1892-93 के बीच वेस्ट ऑरेंज (न्यू जर्सी) में

पहले स्टूडियो, 1901 में मैनहट्टन (न्यूयॉर्क) स्टूडियो तथा 1907 में ब्रोंक्स (न्यूयॉर्क) स्टूडियो का निर्माण किया गया था। 23 अप्रैल, 1896 को न्यूयॉर्क के कोस्टर 3 बिअलस म्यूजिक हॉल में विश्व के पहले चलचित्र का प्रदर्शन कर थॉमस एडिसन चलात्रित को प्रक्षेपित करनेवाला पहला व्यक्ति बन गया था। वैसे, एडिसन का फिल्म-निर्माण गतिविधियों से कोई सीधा संबंध नहीं था। वह तो सिर्फ स्वामी की भूमिका में था। सन् 1918 में जब स्टूडियो कारोबार को बंद किया गया था, तब तक कुल 1,200 फिल्मों का निर्माण किया किया था, जिनमें सिर्फ 54 ही पूरी लंबाई की सिर्फ 54 फीचर फिल्में थीं। चलचित्र कैमरा सहित अन्य फिल्म निर्माण उपकरणों का पेटेंट थॉमस एडिसन के नाम था। इसलिए दिसंबर 1908 में सभी प्रमुख अमेरिकी फिल्म कंपनियों को साथ लेकर एडिसन ने मोशन पिक्चर पेटेंट कंपनी का गठन किया था, जिसमें अग्रणी फिल्म वितरक जॉर्ज क्लेइन तथा कच्चा-फिल्म का सबसे बड़ा आपूर्तिकर्ता ईस्टमैन कोडक भी शामिल थे। इस कंपनी को एडिसन ट्रस्ट के रूप में जाना जाता था।

सन् 1901 में जब थॉमस एडिसन सडबरी क्षेत्र (ओंटारियो, कनाडा) में आयोजित औद्योगिक प्रदर्शनी को देखने गया था तो उसे पता चला था कि वहाँ की खानों से बिजली उपकरणों के लिए उपयोगी निकल व कोबाल्ट भंडारों का खनन किया जा सकता था। लेकिन जब यह खनन परियोजना वाणिज्यिक तौर पर सफल नहीं हो सकी तो एडिसन ने उसे सीमेंट उत्पादन संयंत्र में बदल दिया था। 19वीं सदी के पहले दशक में जब मोटर वाहन उद्योग उभरने लगा था, तब एडिसन ने बिजली-चालित कारों के लिए उपयुक्त भंडारण बैटरी का विकास शुरू किया था। लेकिन जब बाद में पेट्रोल-चालित इंजन लोकप्रिय हुआ तो एडिसन ने हेनरी फोर्ड के मॉडल-टी कार के लिए सन् 1912 में बैटरी विकसित की थी, जिसका दशकों तक उपयोग होता रहा था। याद रहे कि हेनरी फोर्ड ने एडिसन एल्युमिनेटिंग कंपनी में काम करते हुए मुख्य अभियंता बना था और फिर मोटर वाहन विकास को आगे बढ़ाया था। इस बीच, प्रथम विश्व युद्ध के दौरान, अमेरिकी सरकार ने एडिसन को नौसेना परामर्श मंडल (नेवल कंसल्टिंग बोर्ड) का प्रमुख बनाया था और उसने कई परियोजनाओं में अहम योगदान किया था।

सभ्यता-विकास व उद्यमशीलता का विराट् पुरुष : 1920 के दशक के

अंत में जब थॉमस एडिसन की आयु 80 वर्ष के आसपास पहुँचने लगी थी तो पेटेंट दाखिल करने का सिलसिला बंद कर दिया था और अपना अधिकतर समय पत्नी के साथ फोर्ट मायर्स (फ्लोरिडा) स्थित सर्दियों के निवास में गुजारने लगा था। वहाँ हेनरी फोर्ड से एडिसन की गहरी मित्रता हो गई थी और वह उसके लिए अनेक परियोजनाओं पर काम करता रहा था। करीब 84 वर्ष की आयु में 18 अक्तूबर, 1931 को एडिसन ने मधुमेह संबंधी जटिलताओं के कारण अपने लेवेलिन पार्क (वेस्ट ऑरेंज, न्यू जर्सी) स्थित निवास में अंतिम साँसें ली थीं। यह घर उसने अपनी दूसरी पत्नी की शादी के उपहार के रूप में सन् 1886 में खरीदा था, जिसके पिछवाड़े में उसे दफनाया गया था। विश्व सभ्यता के विकास में थॉमस एडिसन इतना महत्त्वपूर्ण व्यक्तित्व बन चुका था कि उसकी मृत्यु के बाद उसके सम्मान में समूचे विश्व समुदाय ने अपनी रोशनी मंद कर ली थी। सचमुच, एडिसन का पूरा जीवन ही आविष्कारी व नवाचारी बिजली घर था; लेकिन हम भूल जाते हैं कि वह वित्त, निवेश, संगठन निर्माण व उद्यमशीलता का भी विराट् पुरुष था।

जी हाँ, मृत्यु के समय थॉमस एडिसन की कुल संपत्ति का मूल्य करीब 1.20 करोड़ डॉलर था, जिसका मुद्रास्फीति समायोजित मूल्य अब 17 करोड़ डॉलर से अधिक होगा। अमेरिका के सकल घरेलू उत्पाद (जी.डी.पी.) में एडिसन के योगदान का आकलन करें तो वह अब अरबों डॉलर में होगा। लेकिन विडंबना यह है कि थॉमस एडिसन ने भी विश्व को धनी बनने का असल सूत्र नहीं बताया था, बल्कि यही नैतिक उपदेश देता रहा था कि सोना जूलियस सीजर की निशानी है और ब्याज शैतान का एक आविष्कार है।

अलेक्जेंडर टर्नी स्टीवर्ट : दूरदर्शी व्यापारी, जिसने विश्व का पहला विभागीय भंडार बनाया

आज विश्व भर के लगभग हर क्षेत्र में विभागीय भंडार (डिपार्टमेंटल स्टोर) लोकप्रिय हो चुके हैं। लेकिन क्या आपको पता है कि इसकी शुरुआत कहाँ हुई थी और किसने की थी? शायद नहीं। जी हाँ, सितंबर 1848 में न्यूयॉर्क के मैनहट्टन नगर केंद्र (280 ब्रॉडवे; चैंबर्स स्ट्रीट) में महिला वस्त्रों को समर्पित विश्व का पहला विभागीय भंडार खुला था, जिसका नाम था ए.टी. स्टीवर्ट

ड्राईगुड्स स्टोर। चूँकि वह न्यूयॉर्क का पहला संगमरमर से बना सबसे भव्य वाणिज्यिक भवन था, इसलिए मूल नाम की बजाय 'मार्बल पैलेस' नाम से प्रसिद्ध हुआ था। लेकिन हम उसके निर्माता अलेक्जेंडर टर्नी स्टीवर्ट को भूल चुके हैं, जबकि वह कॉर्नेलियस वेंडरबिल्ट व जोहान जैकब एस्टर के बाद न्यूयॉर्क का तीसरा और सभी समय के अमेरिकियों में सातवाँ सबसे धनी था। पेशेवर जीवन के शिखर (1863) पर स्टीवर्ट को अपने विश्वव्यापी कारोबार से 18.43 लाख डॉलर की वार्षिक आमदनी हो रही थी। मृत्यु के समय (सन् 1876 में) स्टीवर्ट की कुल संपत्ति लगभग 5 करोड़ डॉलर थी, जिसका अमेरिका का सकल घरेलू उत्पाद संयोजित मूल्य करीब 90 अरब डॉलर (फॉर्च्यून/2007) के बराबर है।

स्टीवर्ट को हम इसलिए भी भूल चुके हैं कि वह 19वीं सदी का खुदरा कारोबारी था। इतना ही नहीं, उसके बाद उसके कारोबार व नाम को आगे बढ़ानेवाला भी कोई नहीं था। लेकिन वह न केवल कुशल व्यापारी व उद्यमी था, बल्कि अत्यंत प्रतिभाशाली व दूरदर्शी भी था। उसने महसूस किया था कि जो महिलाएँ अभी भी मार्बल पैलेस में नहीं आ सकी हैं, वे भी संभवत: वहाँ से कपड़े खरीदना चाहती होंगी। और स्टीवर्ट ने तत्काल डाक आदेश सेवा (मेल ऑर्डर सर्विस) कारोबार शुरू कर दिया था, जिससे उसे करोड़ों डॉलर कमाने का मौका मिल गया था। स्टीवर्ट को जब लगा था कि उसे अपने भंडारों में बेचे जानेवाले उच्च गुणवत्तापूर्ण वस्त्रों की रचना के लिए अपनी गाढ़ी कमाई से दूसरी कपड़ा मिलों को बेवजह ज्यादा भुगतान नहीं करना चाहिए तो उसने अपने मिलों की स्थापना कर हजारों लोगों के लिए रोजगार पैदा करने का फैसला कर लिया था। इतना ही नहीं, जब स्टीवर्ट को लगा था कि अपने साथ-साथ कर्मचारी परिवारों का जीवन-स्तर भी सुधारना चाहिए तो उसने लॉन्ग आइलैंड (न्यूयॉर्क) में किफायती आवासों का निर्माण भी किया था। स्टीवर्ट हमेशा बस, कारोबारी साम्राज्य का निर्माण में नहीं, बल्कि रोजगार उपलब्ध कराने में रुचि लेता रहा था।

शुरुआती जीवन : अलेक्जेंडर टर्नी स्टीवर्ट का जन्म 12 अक्तूबर, 1803 को उत्तरी आयरलैंड (अब यूनाइटेड किंगडम) में लगन नदी के किनारे बसे लिस्बर्न (बेलफास्ट के दक्षिण-पश्चिम में) में हुआ था। उसके माता-पिता स्कॉटलैंड मूल के प्रोटेस्टेंट ईसाई थे। स्टीवर्ट के जन्म के तीन सप्ताह बाद ही

उसके किसान पिता की मृत्यु हो गई थी। फिर करीब दो वर्ष बाद उसकी माँ ने दूसरी शादी कर ली थी और स्टीवर्ट को उसके दादा जॉन टोरनी को सौंपकर खुद अपने नए पति के साथ अमेरिका में रहने के लिए चली गई थी। दादा का सपना था कि उसका पोता एक दिन चर्च ऑफ आयरलैंड का मंत्री बने। लेकिन जब स्टीवर्ट उच्च विद्यालय में पढ़ रहा था तो सन् 1916 में उसके दादा की भी मृत्यु हो गई थी। तब ईसाई मित्र मंडली के रॉबर्ट लैंब परिवार ने उसे अपना लिया था, जो बेलफास्ट में किराना दुकान चलाते थे। फिर उच्च विद्यालय की बाकी पढ़ाई पूरी करने के लिए स्टीवर्ट को रॉयल बेलफास्ट एकेडमिकल इंस्टीट्यूशन में दाखिल कराया गया था। वहाँ रहते-पढ़ते और रॉबर्ट लैंब की मदद करते हुए स्टीवर्ट को कारोबारी अनुभव भी हासिल करने का अवसर मिला था।

अमेरिका आगमन : वर्ष 1818 की वसंत ॠतु में जब स्टीवर्ट उच्च विद्यालय से उत्तीर्ण हुआ था, तब तक उसके पास 500 डॉलर की कमाई भी जमा हो गई थी। यह रकम उसे किराने की दुकान में थैला उठाने वाले लड़के के रूप में काम करने के लिए मिला था। अब वह अपना थैला उठाकर अमेरिका के लिए रवाना हो गया था। छह सप्ताह की समुद्री यात्रा के बाद स्टीवर्ट न्यूयॉर्क में अपनी माँ के घर पहुँच गया था। जल्द ही वह रूजवेल्ट स्ट्रीट (मैनहट्टन) स्थित धनी किशोरों के विद्यालय आइजक न्यूटन ब्रैगस एकेडमी में 300 डॉलर प्रतिवर्ष के वेतन पर अनुशिक्षक (ट्यूटर) बन गया था। इसके साथ ही स्टीवर्ट नजदीकी गिरजाघर में भी जाने लगा था, जहाँ उसकी अपनी भावी पत्नी कोर्नेलिया मिशेल क्लिंच से मुलाकात हुई थी। कोर्नेलिया का पिता जहाज उपकरणों का धनी व्यापारी था, जबकि उसका भाई न्यूयॉर्क बंदरगाह का कस्टम कलेक्टर था।

स्टीवर्ट के अगले चार वर्षों (वर्ष 1818 से 1822 तक) के जीवन के बारे में इतिहासकारों को सिर्फ इतना ही पता है कि वह अपने दादा की विरासत (जो 5,000 से 10,000 डॉलर के बीच थी) को हासिल करने के लिए आयरलैंड लौटा था। दादा ने घर, जमीन सहित अपनी सारी संपत्ति स्टीवर्ट के नाम वसीयत कर दी थी। हाँ, उस वसीयत में एक शर्त यह रखी गई थी कि स्टीवर्ट अपनी दादी मार्था स्टीवर्ट को आजीवन प्रतिवर्ष 3 गिन्नी या स्वर्ण मुद्रा के बराबर खर्च का भुगतान करता रहेगा। संभवत: स्टीवर्ट को अपनी दादी की संपत्ति को बेचने में

स्टीवर्ट ने 1 सितंबर, 1823 को 283 ब्रॉडवे में अपना पहला वस्त्र भंडार खोला था, जिसका नाम था ए.टी. स्टीवर्ट एंड कंपनी। 375 डॉलर प्रतिवर्ष किराए पर लिया गया यह भंडार 12.5 फीट चौड़ा व 30 फीट गहरा था।

काफी समय लग गया था। लेकिन चार वर्ष बाद सन् 1823 में जब स्टीवर्ट न्यूयॉर्क लौटा था तो अपने साथ सूखा माल/वस्त्र भंडार (ड्राई गुड्स स्टोर) के लिए जरूरी सभी सामानों—मुख्य रूप से कीमती सूती व मलमल के कपड़े, हौजरी वस्त्र, कढ़ाईदार महिला परिधान आदि—की बड़ी खेप भी लाया था।

पहला वस्त्र भंडार : फिर स्टीवर्ट ने 1 सितंबर, 1823 को 283 ब्रॉडवे (मैनहट्टन, न्यूयॉर्क सिटी) में अपना पहला वस्त्र भंडार खोला था, जिसका नाम था ए.टी. स्टीवर्ट एंड कंपनी। 375 डॉलर प्रतिवर्ष किराए पर लिया गया यह भंडार 12.5 फीट चौड़ा व 30 फीट गहरा था। उस भंडार के पिछले हिस्से को स्टीवर्ट ने अपना आवास बना लिया था। आज के हिसाब से यह भंडार भले ही छोटा लगे, लेकिन 19वीं सदी में यह ठीक-ठाक आकार का था। फिर 16 अक्तूबर, 1823 को स्टीवर्ट ने कोर्नेलिया मिशेल क्लिंच से शादी रचा ली थी और उसे अपने भंडार-आवास में ले आया था।

ध्यान देने की बात यह है कि उस समय कपड़े के अधिकांश व्यापारिक प्रतिष्ठान पर्लस्ट्रीट पर थे, लेकिन स्टीवर्ट ने ब्रॉडवे पर वहाँ से करीब डेढ़ कि.मी. पश्चिम में चैंबर्स स्ट्रीट के पास अपना भंडार खोला था। स्टीवर्ट को भरोसा था कि ग्राहक माल खरीदने के लिए वहाँ तक जरूर पहुँचेंगे, जहाँ उन्हें सबसे अच्छी कीमत मिल सकती थी। जी हाँ, स्टीवर्ट को शुरू से ही पता था कि सफलता की चाभी इसमें नहीं है कि भंडार कहाँ स्थित है, बल्कि इस व्यापारिक कुशलता में है कि कहाँ से थोक भाव में माल खरीदकर कितने सस्ते में बेचा जाए कि प्रतिस्पर्धी हाथ खड़े कर दें। और इसी व्यापार दर्शन व रणनीति को स्टीवर्ट ने मुस्तैदी से लागू किया था।

इतना ही नहीं, अपने भंडार के विज्ञापन के लिए भी स्टीवर्ट ने उस समय का सबसे नवाचारी तरीका अपनाया था। वह अपने भंडार के सामने फुटपाथ पर कपड़ों से भरी पेटियाँ रख देता था, ताकि वहाँ से गुजरनेवाले सभी लोगों

को आसानी से भंडार के बारे में पता चल जाए। इसका नतीजा यह हुआ था कि लगभग हर गुजरनेवाला जिज्ञासावश पेटियों में भरे कपड़ों को देखने लगा था। भले ही उनमें से हर कोई तत्काल खरीदारी नहीं करता था, लेकिन वह कीमतें जरूर पूछ लेता था और फिर जब खरीदारी करने के लिए लौटता था तो अपने साथ कई और को भी ले आता था। इस तरह, कीमतों के आकर्षण में जल्द ही उस भंडार में ग्राहकों की संख्या बढ़ने लगी थी। चूँकि उस भंडार में महिलाओं की जरूरत की अधिकांश वस्तुएँ थीं, इसलिए अधिकांश ग्राहक महिलाएँ होती थीं।

दिलचस्प तथ्य यह है कि अगले आठ वर्षों में स्टीवर्ट न्यूयॉर्क के शीर्ष खुदरा विक्रेता के रूप में उभर चुका था; लेकिन उसने 1831 से पहले अपने भंडार पर विज्ञापन-पट्ट (साइनबोर्ड) नहीं लगाया था। उसका मानना था कि जो भी ग्राहक उसके भंडार से सामान खरीदना चाहता था, वह जानता था कि भंडार कहाँ है। स्टीवर्ट स्वाभाविक बिक्री कर्मी था। वह अच्छी तरह से जानता था कि उसे अनजान, जिद्दी व भोले-भाले लोगों के साथ सौदा करना होगा। ऐसे में, उसके सामने ग्राहकों को ठगने के भी कई मौके आएँगे। इसके उलट, ऐसे भी चालाक ग्राहक मिलेंगे, जिन्हें मौका मिला तो वे भी उसे बेवकूफ बनाएँगे और लागत से कम पर भी सामान बेचने के लिए मजबूर कर देंगे। इस तरह, स्टीवर्ट जानता था कि उसे सचेत रहने की जरूरत थी। लेकिन उसका मानना था कि चाहे ठगने के मौके मिलें, लेकिन दुकानदार को कभी भी अपने ग्राहक को ठगना नहीं चाहिए; बल्कि ग्राहकों को खुश व संतुष्ट करना चाहिए, ताकि वे वापस आएँ। जी हाँ, स्टीवर्ट महान् कारोबार बनाने का मंत्र जानता था कि ग्राहकों की सेवा पर ध्यान केंद्रित करना खुदरा कारोबार का सबसे जरूरी हिस्सा है। इसलिए उसने हमेशा ग्राहकों के साथ दोस्ताना संबंध कायम करने की कोशिश की थी और उन्हें दुबारा वापस आने के लिए प्रोत्साहित किया था।

1837 की दहशत : याद रहे कि सन् 1934 से 1936 के बीच संयुक्त राज्य अमेरिका में आर्थिक विस्तार का दौर था। इस दौरान लाभप्रद कपास निर्यात व ब्रिटिश मुद्रा बाजार में राज्य-समर्थित बंध-पत्रों (ब्रॉण्ड) के विपणन के माध्यम से अमेरिका ने ग्रेट ब्रिटेन से महत्त्वपूर्ण पूँजी निवेश हासिल कर लिया था। इन

बंध-पत्रों ने अमेरिका में परिवहन परियोजनाओं के वित्त पोषण किए थे। इस दौरान चीन व मेक्सिको से भारी मात्रा में चाँदी का आयात भी हुआ था। आयात शुल्क व भूमि सौदों से अमेरिकी सरकार के खजाने में भारी मात्रा में राजस्व आ रहे थे। इसके चलते भूमि, कपास व दासों की कीमतें भी तेजी से बढ़ गई थीं। इस बीच सन् 1835 के वैश्विक जलवायु परिवर्तन के चलते गेहूँ की पैदावार में भी भारी कमी आई थी और ग्रेट ब्रिटेन को अधिकांश खाद्य आयात करना पड़ा था।

ऐसे में, जब वर्ष 1936 के मध्य में बैंक ऑफ इंग्लैंड के निदेशकों को पता चला था कि हाल के वर्षों में नकद आरक्षित निधि (कैश रिजर्व) तेजी से नीचे जा रही थी तो उस घाटे को पूरा करने के लिए उन्होंने धीरे-धीरे ब्याज दरों को 3 से बढ़ाकर 5 प्रतिशत कर दिया था। इसके बाद अमेरिकी बैंकों ने भी अपनी ब्याज दरें बढ़ा दी थीं। इसके चलते तेजी से बढ़ रही अमेरिकी अर्थव्यवस्था को भारी झटका लगा था। फरवरी-मार्च 1837 में कपास की कीमतों में 25 फीसदी की गिरावट आ गई थी और देश भर में आर्थिक दहशत की स्थिति गहराने लगी थी। अप्रैल के पहले तीन सप्ताहों में 250 व्यापारिक प्रतिष्ठानों के काम ठप्प हो जाने से अकेले न्यूयॉर्क के कारोबार को करीब 10 करोड़ डॉलर का घाटा हुआ था। समूचा कपास-कपड़ा कारोबार भारी मंदी की चपेट में आ गया था। 850 बैंकों में से 350 के परिचालन पूरी तरह बंद हो गए थे। पूरे अमेरिका से व्यापारिक प्रतिष्ठानों के दिवालिया होने की खबरें आ रही थीं।

ऐसे में, ए.टी. स्टीवर्ट एंड कंपनी का कारोबार भी प्रभावित हुआ था। लेकिन यहाँ भी स्टीवर्ट ने अपनी व्यापारिक कुशलता का परिचय दिया था। उसने कीमतें गिराकर तेजी से अपना पुराना भंडार खाली कर लिया था। इस तरह, स्टीवर्ट को घाटा तो हुआ था, लेकिन उसके पास पर्याप्त नकदी जमा हो गई थी। फिर उसने धीरे-धीरे दिवालिया हो रहे प्रतिस्पर्धी प्रतिष्ठानों के माल-गोदामों एवं उनकी संपत्तियों को लगभग नगण्य कीमतों पर खरीदना शुरू कर दिया था। इस तरह उसे अपने कारोबार व ग्राहक आधार को बनाए रखने और अच्छे समय का इंतजार करने का मौका मिल गया था। इस बीच, उसने काफी जमीनें में भी खरीद ली थीं। जी हाँ, यही तो निवेश का सार्वभौमिक मंत्र (यूनिवर्सल फॉर्मूला) है—जब गलियों में रक्तपात मचा हो, तब खरीदारी करो। स्टीवर्ट ने

भी यही किया था। करीब छह वर्षों बाद जब अमेरिकी अर्थव्यवस्था पटरी पर लौटी थी तो स्टीवर्ट को भारी मुनाफा कमाने का मौका मिला था।

मार्बल पैलेस : सूखा माल कारोबार के पिछले करीब 23 वर्षों के कारोबार के बाद अब अलेक्जेंडर टर्नी स्टीवर्ट इतना सक्षम हो चुका था कि अपनी महत्त्वाकांक्षी सपने के साकार करने की दिशा में तेजी से कदम बढ़ा सके। 1943 में अमेरिकी अर्थव्यवस्था के पटरी पर वापस आने के बाद एस्टर की कमाई कई गुना बढ़ चुकी थी। ऐसे में, स्टीवर्ट ने सन् 1946 में 280 ब्रॉडवे (चैंबर्स स्ट्रीट व रीड स्ट्रीट के बीच) मैनहट्टन, न्यूयॉर्क सिटी पर पाँच-मजिला विभागीय भंडार भवन का निर्माण शुरू कराया था। यह स्टीवर्ट के शुरुआती भंडार (283 ब्रॉडवे) के सामने है, जहाँ पर इससे पहले अमेरिका की पूर्व फेडरलिस्ट पार्टी का मुख्यालय भवन वाशिंगटन हॉल अवस्थित था। 19वीं सदी में लोकप्रिय हुई इतालवी वास्तुकला शैली पर आधारित यह भंडार न्यूयॉर्क का पहला व्यावसायिक भवन था। अंग्रेजी मूल के अमेरिकन वास्तुकार जॉन बटलर स्नूक ने इस भवन की वास्तु-संरचना की थी, जिसने बाद में मैनहट्टन के मूल ग्रैंड सेंट्रल डिपो (अब ग्रैंड सेंट्रल टर्मिनल) सहित कई और ऐतिहासिक भवनों का निर्माण किया था। करीब दो वर्षों में इस भवन का निर्माण कार्य पूरा हुआ था और सितंबर 1948 में उसे 'ए.टी. स्टीवर्ट ड्राईगुड्स स्टोर' नाम से ग्राहकों के लिए खोला गया था।

'मार्बल पैलेस' नाम से प्रसिद्ध विश्व के पहले विभागीय भंडार भवन को ढलवाँ लोहे (कास्ट आयरन) के ढाँचों व नक्काशीदार खंभों पर खड़ा किया गया था। भूतल (ग्राउंड फ्लोर) के ऊपर चार मंजिलों वाले इस विशाल भंडार भवन के भीतर पर्याप्त प्राकृतिक रोशनी प्रदान करने के लिए छतों को ऊँचा रखा गया था और सबसे ऊपर गोलाकार गुंबद बनाया गया था। इसके अलावा, चारों मंजिलों पर फुटपाथ की तरफ खुलनेवाली बड़ी-बड़ी खिड़कियाँ भी बनाई गई थीं। यह न्यूयॉर्क का पहला व्यावसायिक भवन था, जिसके ऊपर बेशकीमती टकाहो संगमरमर लगाया गया था। टकाहो संगमरमर उच्च गुणवत्ता संगमरमर है, जो सन् 1822 में सबसे पहले ईस्टचेस्टर (वेस्टचेस्टर काउंटी, न्यूयॉर्क) में खोजा गया था। इस तरह यह संयुक्त राज्य अमेरिका में पहला व्यावसायिक भवन भी बन गया था, जिसकी बाह्य सज्जा (एक्स्टेरियर डिजाइन) भी असाधारण थी।

इतिहासकारों ने इस भवन मार्बल पैलेस को विभागीय भंडार का पालना (द क्रैडल ऑफ द डिपार्टमेंटल स्टोर) कहा था, जिसमें आयातित यूरोपीय महिला परिधानों की पेशकश की गई थीं। कपड़ों के अलावा, दूसरी मंजिल पर महिलाओं का पहला फैशन प्रदर्शन स्थल भी था। वहाँ पर बड़ा आदमकद आईना लगाया गया था, जिसमें महिलाएँ विभिन्न कोणों से खुद को देख पाने में सक्षम थीं। स्टीवर्ट पहला व्यक्ति था, जिसने अपने भंडार में निश्चित मूल्य (फिक्स्ड प्राइस) को लागू किया था और फिर विभिन्न प्रकार के फैशन शो व विशेष बिक्री के जरिए इस भंडार को न्यूयॉर्क की संभ्रांत व धनी महिलाओं का सबसे बड़ा आकर्षण बना दिया था। यह विश्व का पहला विभागीय भंडार था, जिसने खुदरा कारोबार को नया स्वरूप प्रदान किया था और उसे नई ऊँचाइयों पर ले गया था। साथ ही, स्टीवर्ट की व्यक्तिगत समृद्धि को आश्चर्यजनक रूप से ऊपर पहुँचा दिया था, जो सन् 1855 में करीब 22.50 लाख डॉलर आँकी गई थी।

आयरन पैलेस : मार्बल पैलेस के नाम से मशहूर ए.टी. स्टीवर्ट ड्राईगुड्स स्टोर की सफलता ने 1850 के दशक के अंतिम वर्षों में आर.एच. मैसी एंड कंपनी (अब मैसीज), लॉर्ड एंड टेलर, बी अल्टमैन एंड कंपनी जैसे विलासिता के सामानों के खुदरा विक्रेताओं को इस क्षेत्र में आकर्षित किया था। इस तरह, यह मैनहट्टन का सबसे प्रमुख खरीदारी केंद्र बन गया था और लेडीज माइल हिस्टोरिक डिस्ट्रिक्ट के रूप में विश्व-प्रसिद्ध हो गया था। लेकिन इस बीच इस भंडार का कारोबार इतना बड़ा हो चुका था कि मार्बल हाउस छोटा पड़ने लगा था। तब स्टीवर्ट के मन में विशाल भंडार परिसर बनाने का विचार आया था, जो विशाल आयरन पैलेस के रूप में सामने आया था। ब्रॉडवे पर बने उस आयरन पैलेस ग्रेस चर्च के लगभग समूचे बाजार खंड (नौवीं स्ट्रीट, दसवीं स्ट्रीट व एस्टर प्लेस के बीच) पर कब्जा कर लिया था। सन् 1862 में स्टीवर्ट ने ए.टी. स्टीवर्ट ड्राईगुड्स स्टोर को आयरन पैलेस में स्थानांतरित किया था और मार्बल पैलेस गोदाम बन गया था। मार्बल पैलेस की तरह ही इतालवी वास्तुकला शैली से निर्मित यह छह मंजिला पूरी तरह ढलवाँ लोहे के ढाँचे पर खड़ा था, इसलिए 'आयरन हाउस' के नाम से मशहूर हुआ था। उस वक्त उसमें विभिन्न प्रकार के विशिष्ट प्रदर्शन के लिए 29 विभाग बनाए गए थे और कुल कर्मचारियों की

संख्या 2,000 से अधिक थी। वर्ष 1877 में इन विभागों की संख्या 33 हो गई थी।

डाक आदेश कारोबार : आयरन पैलेस का शुभारंभ होने के बाद ए.टी. स्टीवर्ट कंपनी का नाम न्यूयॉर्क सिटी से बाहर निकलकर समूचे अमेरिका में फैलने लगा था। तब तक स्टीवर्ट का नाम भी देश के सबसे बड़े धनियों में गिना जाने लगा था। विभिन्न नगरों व महानगरों की संभ्रांत महिलाओं के बीच आयरन पैलेस चर्चा का केंद्र बन चुका था और वे न्यूयॉर्क की विशेष खरीदारी यात्रा कर न्यूयॉर्क पहुँचने लगी थीं। फिर उन्होंने डाक आदेश के जरिए भी सामान मँगाना शुरू कर दिया था। वर्ष 1868 की शुरुआत में स्टीवर्ट के पास ग्रामीण क्षेत्रों की महिलाओं की भी चिट्ठियाँ पहुँचने लगी थीं। स्टीवर्ट ने यहाँ भी दूरदर्शी व कुशल ग्राहक-संबंध प्रबंधन (कस्टमर रिलेशनशिप मैनेजमेंट) को लागू किया था। ग्राहकों का भरोसा जीतने के लिए स्टीवर्ट बिना अग्रिम भुगतान मँगाए ही तत्परता के साथ माँग आदेश को अपना डाक खर्च भेजना शुरू किया था। वह ग्राहकों को संबोधित पत्र में आग्रह करता था कि वे भेजे गए सामान की जाँच कर संतुष्ट होने के बाद ही भुगतान भेजें, अन्यथा उन्हें वापस लौटा दें, ताकि उसकी जगह सही सामान भेजा जा सके।

इस तरह, अगले आठ वर्षों में स्टीवर्ट ने डाक आदेश कारोबार को इतना बड़ा बना लिया था कि उसे सन् 1876 में चिट्ठियों को पढ़ने, उनका जवाब देने और सामान भेजने की व्यवस्था सुनिश्चित करने लिए 20 लिपिकों की नियुक्ति करनी पड़ी थी। उस वर्ष स्टीवर्ट को केवल डाक आदेश (मेल ऑर्डर) से 5 लाख डॉलर का लाभ मिला था। इस बीच स्टीवर्ट का यह कारोबार पूरे देश में इतना फैल चुका था कि सन् 1872 में मोंटगोमेरी वार्ड ने भी यह कारोबार शुरू कर दिया था, जिसे आधुनिक डाक आदेश कारोबार का जनक माना गया था। बाद में सीअर्स सहित कई अन्य कंपनियों ने भी इस कारोबार को अपनाया था।

रेल मार्ग, ग्रीन सिटी व ग्रैंड यूनियन होटल : इस बीच वित्त व व्यापार के क्षेत्र में अलेक्जेंडर टर्नी स्टीवर्ट इतना बड़ा नाम बन गया था कि मार्च 1869 में तत्कालीन राष्ट्रपति यूलीसेस एस. ग्रांट ने उसका नाम खजाना राजकोष सचिव (ट्रेजरी सेक्रेटरी) पद के लिए प्रस्तावित कर दिया था; लेकिन संयुक्त राज्य अमेरिका मंत्री सभा (सीनेट) ने आयात कारोबार से जुड़े होने के चलते उसकी पुष्टि नहीं की थी। 1869-70 में स्टीवर्ट ने 34 स्ट्रीट के उत्तर-पश्चिमी कोने

1869-70 में स्टीवर्ट ने 34 स्ट्रीट के उत्तर-पश्चिमी कोने पर फिफ्थ एवेन्यू में भव्य महल का निर्माण भी कराया था, जो उस समय न्यूयॉर्क के कुलीन परिवारों द्वारा बनाए गए महलों में सबसे बड़ा व सुंदर था।

पर फिफ्थ एवेन्यू में भव्य महल का निर्माण भी कराया था, जो उस समय न्यूयॉर्क के कुलीन परिवारों द्वारा बनाए गए महलों में सबसे बड़ा व सुंदर था। द्वितीय फ्रेंच साम्राज्य वास्तुकला शैली में स्टीवर्ट के महल की बाह्य संरचना संगमरमर की व अग्निरोधक (फायर प्रूफ) थी, जबकि फिफ्थ एवेन्यू के सभी पंक्तिबद्ध महल भूरे पत्थरों से बने थे। सन् 1886 में स्टीवर्ट की विधवा के देहांत के बाद इस महल को मैनहट्टन क्लब को किराए पर दे दिया गया था, जिसे सन् 1901 में क्निकबोकर ट्रस्ट कंपनी के नए परिसर के लिए रास्ता बनाने के लिए तोड़ दिया गया था।

इसी दौरान सन् 1869 में स्टीवर्ट ने अपने कर्मचारियों के आरामदायक व हवादार आवास के लिए किफायती कीमत पर गार्डन सिटी का निर्माण भी किया था, जो मैनहट्टन नगर केंद्र से करीब 30 कि.मी. पूरब में नॉर्थ हैंपस्टीड से ठीक दक्षिण में लॉन्ग आईलैंड के ग्रामीण इलाके में स्थित था। गार्डन सिटी को रेल मार्ग से जोड़ने के लिए स्टीवर्ट ने सन् 1871 में लॉन्ग आईलैंड सेंट्रल रेल रोड का गठन किया था, जिसके तहत अगले दो वर्षों में लॉन्ग आईलैंड सिटी, गार्डन सिटी, ओल्ड बेथपेज व बेबीलोन बंदरगाह के बीच रेल मार्ग बनाया गया था। यह सन् 1876 में लॉन्ग आईलैंड रेल रोल कंपनी का हिस्सा बन गई थी। सन् 1876 में मृत्यु से पहले स्टीवर्ट ने न्यूयॉर्क व न्यू इंग्लैंड में अपनी मिलें भी स्थापित की थीं, जहाँ ऊनी कपड़े तैयार होते थे। 1872 में स्टीवर्ट ने दिवालिया हो गए लीलैंड बंधुओं से 5.32 लाख डॉलर में ब्रॉडवे पर स्थित ग्रैंड यूनियन होटल (साराटोगा स्प्रिंग्स, न्यूयॉर्क) भी खरीदा था। अगले दो वर्षों में स्टीवर्ट ने उसे विश्व के सबसे बड़े पहले होटल के रूप में विकसित कर दिया था। उस वक्त उस होटल में 2,000 मेहमानों के ठहरने की व्यवस्था थी और उसके विशाल भोजन-कक्ष में एक साथ 1,200 मेहमानों को भोजन परोसा जा सकता था।

मृत्यु व विरासत : 10 अप्रैल, 1876 को स्टीवर्ट की मृत्यु हो गई थी। उस समय स्टीवर्ट की संपत्तियों का मूल्य करीब 5 करोड़ डॉलर आँका गया था। वह

कॉर्नेलियस वेंडरबिल्ट व जोहान जैकब एस्टर के बाद न्यूयॉर्क का तीसरा सबसे धनी व्यक्ति था। उसने अपनी सारी संपत्ति अपनी विधवा कोर्नेलिया मिशेल क्लिंच को वसीयत कर दी थी। उसने अपने पुराने वकील व कोर्नेलिया की चचेरी बहन के पति हेनरी हिल्टन को वसीयत प्रबंधक (एक्जीक्यूटर) नियुक्त किया था। कोर्नेलिया ने अपना बाकी जीवन फिफ्थ एवेन्यू महल व ग्रैंड यूनियन होटल में रहते हुए गुजारा था और 25 अक्तूबर, 1986 को निमोनिया से उसकी मौत हो गई थी।

1896 में हेनरी हिल्टन ने फिलाडेल्फिया (पेनसिल्वेनिया) के दिग्गज व्यापारी जॉन वानामेकर (जो बाद में अमेरिका का महाडाकपाल/पोस्ट मास्टर जनरल भी बना) को ए.टी. स्टीवर्ट एंड कंपनी का कारोबार बेच दिया था। तब आयरन हाउस का नाम बदलकर वानामेकरस नाम से विभागीय भंडार का शुभारंभ किया गया था। वानामेकर ने 770 ब्रॉडवे पर वैसा ही विशाल भवन तैयार करवाया था और दोनों भवनों को एक आसमानी पुल से जोड़ दिया था। वानमेकर ने मार्बल पैलेस में भी दो मंजिलें और जोड़ी थीं, जो न्यूयॉर्क सन को बेच दिया था। सन् 1954 में जब मैनहट्टन का खरीदारी केंद्र उत्तर की ओर पलायन करने लगा था, तब वानामेकर ने अपना व्यापार बंद करने का फैसला किया था और उत्तरी हिस्से को बेच दिया था। लेकिन 1956 में मूल भवन आयरन हाउस आग लगने से बरबाद हो गया था। लेकिन उसका जुड़वाँ भवन (770 ब्रॉडवे) बच गया, जिसे कार्यालय के रूप में इस्तेमाल के लिए कई किराएदारों को दे दिया था। सन् 1978 में इसे अमेरिका का राष्ट्रीय धरोहर घोषित कर दिया गया था।

दूसरी तरफ, सन् 1917 में 'न्यूयॉर्क सन' अखबार ने अपने मुख्यालय भवन के इरादे से मार्बल पैलेस को खरीद लिया और उसका नाम बदलकर 'सन बिल्डिंग' रख दिया था। सन् 1965 में इस भवन को अमेरिका की राष्ट्रीय धरोहर घोषित कर दिया गया था। फिर यह भवन न्यूयॉर्क नागरिक प्रशासन की देखरेख में आ गया था, जिसके दो तल खुदरा विक्रेताओं को किराए पर दे दिए गए थे और बाकी तलों में प्रशासन का कार्यालय बन गया था। इस तरह मार्बल पैलेस नाम बदल जाने के बावजूद स्थापना के 167 वर्षों बाद भी अपने मूल निर्माता अलेक्जेंडर टर्नी स्टीवर्ट की शान में खड़ा है।

□

3

किंवदंतियाँ बन चुके चंद पुराने व्यक्तित्व

इस अध्याय में हम बेहद सफल रहे कुछ ऐसे पुराने अमेरिकी व्यक्तित्वों की चर्चा कर रहे हैं, जिन्हें बहुत ही कम समय में अमीर बन जाने का मौका मिला था। उनके मस्तिष्क में बस, कुछ क्रांतिकारी विचार कौंधे और वे देखते-ही-देखते इतने समृद्ध व प्रसिद्ध हुए कि उनकी कहानियाँ किंवदंतियाँ बन गईं। वे बेहद मामूली लोग थे और बहुत ही कम समय में 'कुछ नहीं' से 'बहुत कुछ' बन गए थे। इनकी कहानियाँ इसलिए भी विशेष रूप से रोचक हैं, क्योंकि इनका जीवन इस बात के जीवंत सबूत हैं कि आज का आर्थिक माहौल जितना मुश्किल व कठोर दिखाई पड़ता है, असल में वैसा नहीं है। उन्हें भी हमारी तरह अपनी परिस्थितियों से जूझना पड़ा था।

20वीं शताब्दी यों ही विश्व को आईना दिखनेवाली अमेरिका की शताब्दी नहीं बन गई थी! अमेरिका की सफलता व समृद्धि के प्रतीक बननेवाले इन व्यक्तियों को भी हमारी तरह विपरीत सामाजिक व आर्थिक परिस्थितियों से मुकाबला करना पड़ा था। जी हाँ, उन लोगों ने 19वीं शताब्दी की अमेरिका में व्याप्त ऊँची कीमतों, ऊँचे कर प्रावधानों, ऊँची ब्याज दरों, ऊँची श्रम लागतों व ऊँचे असंतोषों के बीच अपनी सफलता व समृद्धि के राजमार्ग बनाए थे, जिन पर चलकर लाखों सामान्य नागरिकों ने अंग्रेजों के गुलाम अमेरिका को लगभग हर मामले में विश्व-प्रणेता अमेरिका बनाया था। चूँकि उन लोगों की बेहद ऊँची सफलताओं ने न केवल अमेरिका, बल्कि आधुनिक विश्व समुदाय को समृद्ध करने में अहम भूमिकाएँ अदा की थीं, इसलिए वे आज भी सभी के प्रेरणादायी उदाहरण बने हुए हैं।

आरोन मांटगोमेरी वार्ड : आधुनिक डाक आदेश कारोबार के जनक

आज डाक आदेश (मेल ऑर्डर) के जरिए लगभग हर प्रकार की वस्तुओं व सेवाओं का बड़े पैमाने पर वितरण (मास डिस्ट्रीब्यूशन) विशाल विश्वव्यापी कारोबार बन चुका है। शुरू-शुरू में पत्रों, बाद में दूरभाष और फिर इंटरनेट का उपयोग बढ़ने के साथ ही पिछले करीब डेढ़ दशकों में इलेक्ट्रॉनिक-वाणिज्य (ई-कॉमर्स) वेब मंच इस कारोबार को लगातार नई ऊँचाइयाँ प्रदान करती जा रही हैं और विभिन्न प्रकार के नवाचारों व भारी निवेश के समर्थन से अपनाई जा प्रतिस्पर्धी विपणन रणनीतियों से पारंपरिक खुदरा कारोबार (रिटेल बिजनेस) के अस्तित्व के लिए गंभीर चुनौतियाँ प्रस्तुत कर रही हैं। वैसे तो डाक के जरिए वस्तुओं व सेवाओं की खरीद व बिक्री सदियों पुराना कारोबार है, लेकिन आधुनिक युग में डाक आदेश कारोबार को लोकप्रिय बनाने का श्रेय दूरदर्शी अमेरिकी उद्यमी आरोन मांटगोमेरी वार्ड को जाता है। वह पहला दूरदर्शी उद्यमी था, जिसे इस कारोबार में झटपट करोड़पति की संभावना दिखाई दी थी।

वर्ष 1498 में वेनिस के प्रकाशक ऑल्डस मैन्युटिउस ने अपनी मुद्रित पुस्तकों को बेचने के लिए एक सूची-पत्र प्रकाशित किया था। फिर सन् 1667 में अंग्रेज माली विलियम लुकास ने बीजों की बिक्री के लिए एक सूची-पत्र प्रकाशित किया था।

वर्ष 1498 में वेनिस (इटली) के प्रकाशक ऑल्डस मैन्युटिउस ने अपनी मुद्रित पुस्तकों को बेचने के लिए एक सूची-पत्र (कैटलॉग) प्रकाशित किया था। फिर सन् 1667 में अंग्रेज माली विलियम लुकास ने बीजों की बिक्री के लिए एक सूची-पत्र (कैटलॉग) प्रकाशित किया था। ब्रिटिश उपनिवेशकालीन अमेरिका में, वर्ष 1744 में, बेंजामिन फ्रैंकलिन ने सूची-पत्र के जरिए वैज्ञानिक व शैक्षिक पुस्तकों की बिक्री शुरू की थी। 1840 के दशक में ब्रिटेन में राष्ट्रीय डाक सेवा (नेशनल पोस्टल सर्विस) के विस्तार के बाद ब्रिटिश उद्यमी प्राइस जोन्स ने सन् 1861 में न्यूटाउन (वेल्स) में पहले आधुनिक डाक आदेश कारोबार की मेल स्थापना की थी। 1845 में संयुक्त राज्य अमेरिका में विक्रय भंडार टिफनी एंड कंपनी (न्यूयॉर्क) ने 'ब्लू बुक' नामक सूची-पत्र के जरिए लेखन-सामग्री व रोचक वस्तुओं (स्टेशनरी एंड फैंसी गुड्स) पहली डाक

आदेश बिक्री सेवा शुरू की थी। लेकिन बाजार से थोक के भाव में उपभोक्ता सामग्रियों की खरीदकर बिना किसी बिचौलिए के अपेक्षाकृत सस्ती दरों पर सूची-पत्र के जरिए सीधे ग्राहकों तक तक पहुँचाने का आधुनिक कारोबार आरोन मांटगोमेरी वार्ड ने 1872 में शिकागो में मांटगोमेरी वार्ड एंड कंपनी की स्थापना कर शुरू किया था।

दक्षिण-पूर्वी अमेरिकी राज्य न्यू जर्सी के एक छोटे शहर चैथम (मॉरिस काउंटी) में जब 17 फरवरी, 1844 को आरोन मांटगोमेरी वार्ड का जन्म एक ऐसे परिवार में हुआ था, जिसके पूर्वजों ने फ्रांसीसी व भारतीय युद्धों के साथ ही अमेरिकी क्रांति के दौरान अधिकारियों की भूमिकाएँ अदा की थीं। जब वह करीब नौ वर्ष का था तो उसके माता-पिता बेहतर आमदनी की तलाश में परिवार सहित नाइल्स (मिशिगन) में स्थानांतरित हो गए थे। करीब 14 वर्ष की उम्र में जब आरोन सरकारी विद्यालय में पढ़ रहा था, तभी से उसने अपने विशाल परिवार के भरण-पोषण में पिता की मदद करने के इरादे से काम करना शुरू कर दिया था। आरोन ने अपने संक्षिप्त संस्मरण में लिखा है कि लकड़ी के बैरल बनानेवाली एक फैक्टरी में आरा मशीन चलाकर प्रति दिन 25 सेंट से पहली कमाई शुरू की थी। फिर ईंट भट्‌ठा पर प्रतिदिन 30 सेंट की मजदूरी पर ईंट लगाने का काम किया था।

वैसे तो आरोन बचपन से ही काफी ऊर्जावान् व उत्साही था, लेकिन शुरुआती कमाई ने उसमें महत्त्वाकांक्षा को जाग्रत् किया था। यही कारण था कि उसने बेहतर कमाई के लिए पास के ही दूसरे शहर सेंट जोसेफ (बेरियन काउंटी, मिशिगन) स्थित जूता भंडार में काम करना शुरू किया था। उस समय आसपास के क्षेत्रों में फलों के बगीचों की भरमार थी और सेंट जोसेफ फलों का बिक्री केंद्र था। एक निष्पक्ष बिक्रीकर्ता होने के कारण नौ महीने के भीतर आरोन का वेतन 6 डॉलर प्रतिमाह हो गया था और उसे आवास की सुविधा भी मिल गई थी। उस जमाने में यह एक अच्छी-खासी कमाई थी। अपनी लगन, मेहनत व ईमानदारी की बदौलत तीन साल के भीतर आरोन उस जूता भंडार में मुख्य लिपिक व महाप्रबंधक बन गया था और उसका वेतन 100 डॉलर प्रतिमाह के स्तर पर पहुँच गया था। उसके बाद आरोन ने एक प्रतिस्पर्धी भंडार में ज्यादा वेतन पर अगले दो वर्षों तक काम किया था।

इन्हीं पाँच वर्षों के दौरान आरोन ने खुदरा बिक्री के सारे गुर सीखे थे, जिसके लिए वह बाद में प्रसिद्ध हुआ था।

वर्ष 1885 में आरोन मांटगोमेरी वार्ड शिकागो स्थानांतरित हो गया था, जहाँ उसने लैंप विक्रेता कंपनी केस एंड सोबिन के लिए काम शुरू किया था। अगले कुछ समय तक वह देश भर में घूम-घूमकर आढ़त (कमीशन) पर उस कंपनी के सामानों की बिक्री करता रहा था। 1860 के दशक में शिकागो सूखे माल (ड्राई गुड्स) यानी धागा, कपड़ा, वस्त्र व संबंधित सामानों का थोक व्यापार केंद्र (होलसेल ट्रेड सेंटर) था। जाहिर है कि आरोन को उस कारोबार में ज्यादा संभावना दिखाई दी थी और वह प्रमुख सूखा माल विक्रेता फील्ड पामर एंड लीटर (बाद में जिसका नाम 'मार्शल फील्ड एंड कंपनी' हो गया) में शामिल हो गया था। दो वर्षों बाद आरोन ने प्रतिस्पर्धी सूखा माल थोक विक्रेता विल्स, ग्रेग एंड कंपनी के लिए काम करने लगा था।

रेल-यात्राओं के थकाऊ दौर में जब ओरोन दक्षिण अमेरिका के जनजातीय समुदायों के बीच घूम रहा था तो उसके दिमाग में डाक आदेश के जरिए सामानों की बिक्री का क्रांतिकारी विचार कौंधा था। वह एक समय था, जब शहर की आरामदायी वस्तुओं के लिए ग्रामीण उपभोक्ता तरसते थे और वे अकसर एकाधिकारवादी निर्माताओं के द्वारा सताए जाते थी। काफी इंतजार के बाद कई बिचौलियों के हाथों से गुजरती हुई यदि वस्तुएँ उन तक पहुँचती भी थीं तो उनके लिए उनसे वास्तविक मूल्य से काफी अधिक कीमत वसूल की जाती थी। इतना ही नहीं, मूल्य के मुकाबले उन वस्तुओं की गुणवत्ता भी दोयम दर्जे की होती थीं। किसान व ग्रामीण परिवार के वे लोग इस ठगी को समझते भी थे, लेकिन उनके सामने उस शोषण अर्थव्यवस्था का कोई विकल्प मौजूद नहीं था। अंग्रेजी में एक बहुत लोकप्रिय कहावत है—आवश्यकता आविष्कार की जननी है (नेसेसिटी इज द मदर ऑफ इन्वेंशन) यानी जब किसी चीज की आवश्यकता अनिवार्य हो जाती है, तब आप उसे प्राप्त करने के तरीके खोजने के लिए मजबूर हो जाते हैं। हालाँकि अमेरिकी ग्रामीण निवासियों ने अपनी अनिवार्य आवश्यकता को पूरी करने के लिए अपने स्तर पर कुछ नहीं किया था, लेकिन उस मजबूरी ने आरोन को अपनी उबाऊ यात्राओं से मुक्त होने तथा अपने लिए आमदनी का नया स्रोत खोजने के लिए जरूर मजबूर

कर दिया था। अब तक आरोन काफी अनुभवी हो चुका था, इसलिए उसके लिए यह समझ पाना कतई मुश्किल नहीं था कि यदि गुणवत्तापूर्ण वस्तुओं को नकद में सीधे निर्माताओं से खरीदा जाए और उन्हें डाक-सेवा के जरिए बेहतर कीमत पर ग्रामीण इलाकों के उपभोक्ताओं तक पहुँचाया जाए तो झटपट करोड़पति बन पाना बहुत मुश्किल काम नहीं था।

जी हाँ, इस तरह आरोन ने बिचौलिया-मुक्त आधुनिक डाक आदेश कारोबार को स्थापित करने का फैसला कर लिया था। आरोन ने ग्राहकों से डाक द्वारा माँग आदेश (डिमांड ऑर्डर) भेजने का आमंत्रण भेजा था, फिर उनकी खरीद वस्तुओं को रेल-डाक सेवा के जरिए संबंधित ग्राहकों के सबसे नजदीकी रेलवे स्टेशनों पर पहुँचाना शुरू किया था। मौखिक प्रचार (वर्ड्स ऑफ माउथ) के जरिए ज्यों-ज्यों ग्रामीण ग्राहकों के बीच आरोन द्वारा शुरू की गई सेवा की जानकारी बढ़ती गई थी, वैसे-वैसे माँग-आदेश भी बढ़ने लगे थे। लेकिन आरोन के पास पूँजी का अभाव था और उसे थोक बाजार से बेहतर कीमतों पर वस्तुओं की खरीदारी करने में दिक्कत आ रही थी। जैसा कि अकसर हर नए व क्रांतिकारी विचार के साथ होता है, आरोन के कारोबार में भी किसी परिचित, चाहे वे निजी या कारोबारी दोस्त थे या फिर सगे-संबंधी, ने उसके उत्साह को बढ़ाने के लिए कोई सहयोग का हाथ नहीं बढ़ाया था।

इतना ही नहीं, इसी दौरान 'द ग्रेट शिकागो फायर' नाम से चर्चित भीषण अग्निकांड (8-10 अक्तूबर, 1971) हुआ, जिसमें 300 लोगों की मौत हो गई थी और शिकागो का 3.3 वर्ग कि.मी. क्षेत्रफल का लगभग सबकुछ जलकर राख हो गया था। आरोन का पहला भंडारित माल भी इस अग्निकांड की भेंट चढ़ गया था, लेकिन वह लक्ष्य पर अडिग रहा और अपने कारोबार पर उसका कोई असर नहीं होने दिया। फिर आरोन ने अगस्त 1872 में दो साथी कर्मचारियों तथा कुल 1,600 डॉलर की पूँजी से मोंटगोमरी वार्ड एंड कंपनी का गठन किया था। उसने माल भेजने के लिए शिकागो के नॉर्थ क्लार्क स्ट्रीट पर एक कमरा किराए पर लिया था और 163 सामान्य वाणिज्य वस्तुओं (जनरल मर्चेंडाइज) की जानकारियों वाला एक सूची-पत्र भी प्रकाशित किया था। दिलचस्प तथ्य यह है कि हरेक ग्राहक को भेजे जाने वाला उक्त सूची-पत्र व उसकी प्रतियाँ आरोन ने हाथ से लिखे थे और यह काम वह वर्ष 1880 तक करता रहा था। उसके

बाद सूची-पत्र लिखने का काम विभागीय अधिकारियों ने करना शुरू किया था, लेकिन आरोन उत्पादों के विवरण की शुद्धता की जाँच स्वयं ही करता रहा था।

एक साल बाद ही आरोन के दो साथी-कर्मचारी-साझीदार उसका साथ छोड़ गए थे, लेकिन उसने अपना काम जारी रखा था। कुछ समय बाद आरोन के भावी साले जॉर्ज रॉबिन्सन थोर्न ने उसके कारोबार में हाथ बँटाना शुरू कर दिया था। इस युवा कंपनी के लिए महत्त्वपूर्ण मोड़ था, जो बहुत तेजी से बड़ी व समृद्ध होने लगी थी। आरोन के फैलते कारोबार ने ग्रामीण क्षेत्रों के स्थानीय खुदरा विक्रेताओं के कारोबार पर विपरीत असर डालना शुरू कर दिया था और वे एकजुट होकर सार्वजनिक रूप से उसके सूची-पत्र को जलाकर अपना विरोध जताने लगे थे। लेकिन इसका असर उलटा हुआ था। स्थानीय विक्रेताओं से परेशान ग्राहकों ने मोंटगोमरी वार्ड एंड कंपनी द्वारा भेजे जानेवाले सूची-पत्रों को प्यार से 'विश-बुक' (इच्छा-पुस्तक) कहना शुरू कर दिया था और धीरे-धीरे समूचे अमेरिका के ग्रामीण ग्राहकों का पसंदीदा डाक आदेश सेवा का जरिया बन गया था। लेकिन मांटगोमेरी वार्ड एंड कंपनी के सूची-पत्र को ऐतिहासिक दर्जा तब मिला था, जब सन् 1946 में न्यूयॉर्क के पुस्तक-प्रेमियों के संगठन ग्रोलिएर क्लब ने वेबस्टर डिक्शनरी के साथ-साथ लोगों के जीवन व सभ्यता पर उनके प्रभाव के लिए चुने 100 अमेरिकी पुस्तकों में उसे भी शामिल कर एक विशेष प्रदर्शनी का आयोजन किया था।

जाहिर है कि अन्य कारोबारियों ने भी मोंटगोमरी वार्ड एंड कंपनी के लोकप्रिय सूची-पत्र की नकल शुरू कर दी थी, जिनमें सियर्स, रोबक एंड कंपनी (जो अब वॉलमार्ट, टारगेट, बेस्ट बाय व होम डिपो के बाद पाँचवीं सबसे बड़ी अमेरिकी विभागीय भंडार/ डिपार्टमेंटल स्टोर कंपनी है) के संस्थापक रिचर्ड वॉरेन सियर्स प्रमुख थे। सियर्स ने सन् 1896 में पहला सामन्य सूची-पत्र 1896 में भेजना शुरू किया था। उसके बाद कई और कंपनियों ने डाक आदेश सेवा शुरू की थी और सन् 1971 में इस क्षेत्र की अमेरिकी कंपनियों का डाक-बिक्री राजस्व 25 करोड़ डॉलर के स्तर तक पहुँच गया था। हालाँकि शिकागो स्थित 41 एकड़ में फैले सियर्स के मुख्यालय परिसर स्थित 14 एकड़ में फैले सियर्स मर्चेंडाइज बिल्डिंग टावर (925, साउथ होम एवेन्यू लौंडाले) को सन् 1978 में अमेरिका का ऐतिहासिक मील-पत्थर का दर्जा दिया गया

शिकागो स्थित 41 एकड़ में फैले सियर्स के मुख्यालय परिसर स्थित 14 एकड़ में फैले सियर्स मर्चेंडाइज बिल्डिंग टावर को सन् 1978 में अमेरिका का ऐतिहासिक मील-पत्थर का दर्जा दिया गया था

था, लेकिन 20 वीं सदी के शुरुआती दशकों तक शिकागो में मिशिगन एवेन्यू व मैडिसन स्ट्रीट के कोने पर स्थित मोंटगोमरी वार्ड टावर ही पर्यटकों के प्रमुख आकर्षण का केंद्र रहा था। 8 दिसंबर, 1913 को मोंटगोमरी वार्ड की 69 साल की उम्र में मृत्यु हो गई थी और उसकी पत्नी ने उसकी परिसंपत्तियों का बड़ा हिस्सा नॉर्थ-वेस्टर्न विश्वविद्यालय (शिकागो) एवं अन्य शैक्षिक संस्थानों को दान कर दिया था।

[1990 के दशक में वॉलमार्ट व टारगेट जैसे खुदरा दिग्गजों की गलाकाट प्रतिस्पर्धा से मुकाबले में मोंटगोमरी वार्ड एंड कंपनी ज्यादा समय तक टिक नहीं सकी। क्रिसमस में अपेक्षा से काफी कम बिक्री के बाद 28 दिसंबर, 2000 को कंपनी ने अपने 250 विभागीय भंडारों का परिचालन बंद कर दिया था और 37,000 कर्मचारियों की छँटनी कर खुद दिवालिया घोषित कर दिया था। फिर मई 2001 के अंत तक न्यायालय की निगरानी में कंपनी की सारी अचल संपत्तियों का मौद्रीकरण (लिक्विडेशन) कर दिया था। वर्ष 2004 में सूची-पत्र के जरिए प्रत्यक्ष विपणन (डायरेक्ट मार्केटिंग) सेवा देनेवाली कंपनी—डायरेक्ट मार्केटिंग सर्विसेज कंपनी इनकॉरपोरेशन/डी.एम.एस.आई. (आयोवा) ने एक अज्ञात राशि में मांटगोमेरी वार्ड व वार्ड ट्रेडमार्क सहित मूल कंपनी के अधिकांश बौद्धिक संपदा अधिकार (इंटेलेक्चुअल प्रॉपर्टी राइट्स) खरीदे थे और वार्ड.कॉम नामक ई-वाणिज्य वेबसाइट के जरिए मूल सूची-पत्र आधारित वस्तुओं की बिक्री शुरू की थी। जुलाई 2008 में स्विस कॉलोनी/कॉलोनी ब्रांड्स इनकॉरपोरेशन (मोनरो, विस्कॉन्सिन) ने नीलामी के जरिए डी.एम.एस.आई. से वार्ड.कॉम व मांटगोमेरी वार्ड से संबंधित सारे अधिकार खरीद लिये थे।]

एडवर्ड जॉन नोबल : लाइफ सेवर्स कैंडी के छेद को भुनानेवाला दूरदर्शी उद्यमी

दूसरे की खोजी हुई चीजों या विचारों से सौभाग्य-निर्माण करने वाली शख्सियतों की सूची काफी बड़ी हो सकती है। उदाहरण के लिए राइट बंधुओं को

विश्व के पहले सफल हवाई जहाज की खोज व निर्माण करने और 17 दिसंबर, 1903 को सबसे पहली नियंत्रित, संचालित व निरंतर बनी रहनेवाली हवा से ज्यादा भारी मानव उड़ान भरने का श्रेय दिया जाता है। लेकिन इससे काफी पहले फ्रांस में पले-बढ़े ब्राजील मूल के धनी कॉफी उत्पादक परिवार के वारिस अल्बर्टो सैंटोस ड्यूमोंट ने 19 अक्तूबर, 1901 को ही अपने हवा से हलके विमान में एफिल टॉवर का चक्कर काटने का कीर्तिमान बना चुका था। लेकिन राइट बंधुओं ने अपने विमान को उन्नत बनाने का क्रम तब तक जारी रखा था, जब तक कि उन्हें हवाई उड़ान के सच्चे पथ-प्रदर्शकों के रूप में स्वीकार नहीं कर लिया गया था। इसी तरह हेनरी फोर्ड ने मोटर वाहन का आविष्कार नहीं किया था, लेकिन उसने बड़े पैमाने पर उत्पादन करनेवाली ऐसी सटीक प्रणाली को विकसित किया था, जिससे आम जनता के लिए भारी संख्या में सस्ती कारें बना पाना संभव हो गया था। लेकिन दूसरों के आविष्कार को भुनानेवाले उद्यमियों के बीच सबसे अधिक चर्चित एडवर्ड जॉन नोबल (न्यूयॉर्क) हुआ, जिसे क्लेरेंस ए. क्रेन (ओहियो) द्वारा खोजी गई अपेक्षाकृत ज्यादा टिकाऊ जीवन-रक्षक पेटी जैसी गोल कैंडी के छेद में झटपट करोड़पति बनने का कारोबारी विचार सूझा था।

मध्य-पश्चिमी अमेरिकी प्रांत ओहियो के ग्रामीण इलाके गर्रेट्सविले में पले-बढ़े क्लेरेंस ए. क्रेन के पिता ने मेपल पेड़ के रस से एक पारंपरिक मीठा पदार्थ मेपल सुगर तैयार करने का काम शुरू किया था। किशोरावस्था से ही वह पिता के कारोबार में सक्रिय भूमिका अदा करने लगा था और एक समृद्ध कारोबारी बन गया। 1903 में उसने वॉरेन (ट्रूमबुल काउंटी, ऑहियो) में स्वतंत्र रूप से मेपल सुगर का कारोबार शुरू किया था और तेजी से विश्व के सबसे बड़े मेपल सुगर निर्माता के रूप में उभरकर सामने आया था। 1906 में क्लेरेंस ए. क्रेन ने अपना कारोबार बेच दिया था, लेकिन अगले दो वर्षों तक क्लीवलैंड (ओहियो) में उस कंपनी के बिक्रीकर्मी का काम करता रहा था।

1911 में क्रेन ने क्लीवलैंड में क्वीन विक्टोरिया चॉकलेट कंपनी की स्थापना कर चॉकलेट कैंडी का उत्पादन शुरू किया था। 1912 में क्रेन बिल्कुल नई तरह की कैंडी विकसित कर पाने में सफल हो गया था। उसने महसूस किया था कि गरमियों में लोग इसलिए चॉकलेट खरीदने से मना कर देते थे, क्योंकि वह गरमी के चलते आसानी से पिघल जाता था। नई कैंडी के उत्पादन के लिए

चॉकलेट कैंडी निर्माता क्रेन ने दवा निर्माताओं द्वारा सपाट गोलियाँ बनानेवाली मशीन का उपयोग किया था। लेकिन उस मशीन से सपाट कैंडी बनाने में कुछ दिक्कतें पेश आ रही थीं। कारीगरों ने क्रेन को सुझाया था कि यदि सपाट कैंडी के बीच में छेद की मुहर लगाकर बीच के हिस्से को बाहर निकाल दिया जाए तो कैंडी ज्यादा टिकाऊ हो सकती थी। इस तरह बीच में गोल छेदवाली जो नई कैंडी तैयार हुई थी, वह बिल्कुल एक जीवन-रक्षक पेटी (लाइफ सेवर) के समान दिखती थी। इसलिए क्रेन ने उस कैंडी को 'लाइफ सेवर्स' पुकारा था।

शुरू में लाइफ सेवर्स का उत्पादन केवल पुदीना स्वाद (पेपरमिंट फ्लेवर) में किया गया था। क्रेन ने उस कैंडी को 'पेप-ओ-मिंट लाइफ सेवर्स' ब्रांड नाम से बाजार में उतारा था और उसे फॉर दैट स्टोर्मी ब्रेथ (उस तूफानी साँप के लिए) सूत्र शब्द (कैच-फ्रेज) के साथ प्रचारित किया था। मूल रूप से क्रेन ने गत्ते की नली (कार्डबोर्ड ट्यूब) में कैंडी रखा था और उस गत्ता-डब्बे के आवरण पर नाविक की तसवीर छपवाई, जो युवती को जीवन-रक्षक पेटी उछाल रहा था। लेकिन दिलचस्प तथ्य यह है कि क्लेरेंस क्रेन को उस बिल्कुल नई प्रकार की कैंडी में कुछ क्रांतिकारी नहीं दिखा था और वह उसे भी अपनी अन्य चॉकलेट कैंडी की तरह ही समूचे अमेरिका में बेचने की कोशिश करता रहा था। जब क्रेन को पता चला था कि लाइफ सेवर्स असल में सोने का खजाना था, तब तक काफी देर हो चुकी था और उसका सौभाग्य किसी और के कब्जे में जा चुका था।

उस समय एडवर्ड जॉन नोबल न्यूयॉर्क सिटी के एक विज्ञापन प्रतिष्ठान में काम कर रहा था। न्यूयॉर्क प्रांत के छोटे शहर गवर्नर (सेंट लॉरेंस काउंटी) में पले--बढ़े उसने सरकारी विद्यालय में शुरुआती पढ़ाई करने के बाद सिरैक्यूज विश्वविद्यालय (सिरैक्यूज, ओनोंडागा काउंटी, न्यूयॉर्क) व येल विश्वविद्यालय (न्यू हेवन, कनेक्टिकट) से उच्च शिक्षा प्राप्त की थी। प्रथम विश्व युद्ध (28 जुलाई, 1914 से 11 नवंबर, 1918 तक) से कुछ समय पहले 1913 में जब एडवर्ड नोबल न्यूयॉर्क के एक विभागीय भंडार में खरीदारी कर रहा था तो संयोग से उसकी नजर लाइफ सेवर्स कैंडी पर पड़ी थी। चूँकि वह कैंडी उसके लिए बिल्कुल नई तरह की थी, इसलिए उसने अपनी जिज्ञासा शांत करने के लिए उसके कुछ पैकेट खरीद लिये थे। एडवर्ड नोबल को उस कैंडी

का स्वाद भी पसंद आया था और उसका असामान्य नाम व सूत्र-शब्द भी। लेकिन वह इस तथ्य से परेशान हो उठा था कि जब उस कैंडी के आकार, स्वाद, नाम व प्रचार के शब्द इतने आकर्षक थे तो वह व्यापक रूप से क्यों नहीं जानी-पहचानी जा रही थी?

चूँकि एडवर्ड नोबल विज्ञापन क्षेत्र का था, इसलिए उसे यह समझते देर नहीं लगी थी कि इसका असल कारण उत्पाद को विज्ञापित नहीं किया जाना ही था। जाहिर है कि उसे लाइफ सेवर्स कैंडी का निर्माता संभावनाशील विज्ञापनकर्ता ग्राहक नजर आया था। लिहाजा वह उत्पाद प्रोत्साहन योजना (प्रोडक्ट प्रमोशन स्कीम) बेचने के इरादे से अगली रेलगाड़ी से क्लीवलैंड में क्लेरेंस ए. क्रेन से मुलाकात के लिए रवाना हो गया था। जाहिर है कि क्रेन से मुलाकात के दौरान नोबेल ने लाइफ सेवर्स के आकार व स्वाद की जमकर तारीफ की थी, उसको प्रचारित-प्रोत्साहित करने के लिए कई योजनाएँ प्रस्तुत की थीं और ग्राहक को मनाने-पटाने के अपने सारे विपणन कौशल (मार्केटिंग स्किल) उपयोग किए थे। लेकिन वह हैरान था कि उसकी बातों का क्रेन पर कोई असर नहीं हुआ। उलटे नोबेल की बातों से क्रेन इतना खीझ गया था कि उसका दुर्भाग्य अचानक इन शब्दों में सामने आ गया था, ''यदि तुम्हें लाइफ सेवर्स इतना अच्छा लगता है तो तुम उस चीज का उत्पादन खुद ही क्यों नहीं कर लेते?''

नोबेल के लिए यह वाक्य बिजली के झटके से कम नहीं था और वह आश्चर्यचकित था कि सोने की खान जैसी अपार संभावनाओंवाले उत्पाद का स्वामी व निर्माता ऐसे बहकी बातें क्यों कर रहा था? क्या क्रेन सचमुच अपने मुँह से अचानक निकली बात के प्रति गंभीर था या उसे सिर्फ टालने की कोशिश कर रहा था? नोबेल तब और भी हैरान हुआ था, जब उसने क्रेन को और ज्यादा कुरेदा था। सचमुच क्रेन महज कुछ हजार डॉलर में लाइफ सेवर्स का रासायनिक सूत्र (केमिकल फॉर्मूला) सहित व्यापर-चिह्न (ट्रेडमार्क) व बिक्री व विपणन अधिकार भी बेचने का इच्छुक था। जी हाँ, क्रेन केवल 2,900 डॉलर में सारे अधिकार बेचने को राजी हो गया था। नोबेल को समझ आते देर नहीं लगी थी कि झटपट करोड़पति बनने का उद्यम उसे लगभग मुफ्त में मिल रहा था। उसने तत्काल पेशगी रकम क्रेन के सामने रख दी थी। फिर एक दोस्त के साथ

मिलकर पूरी रकम चुकता किया था और क्लेरेंस ए. क्रेन का अपार सौभाग्य अपने नाम कर लिया था। लाइफ सेवर्स के बदले कौड़ियों जैसी रकम रखकर क्रेन के पास जीवन भर पछताने के अलावा और कोई विकल्प नहीं बचा था।

शुरू-शुरू में नोबेल के साझीदार दोस्त को भी अपने निवेश के बारे में शक था, लेकिन जल्द ही उसकी निराशा भाप की तरह उड़ गई थी। 12 वर्षों बाद जब उस साझीदार ने अपना हिस्सा बेचा था तो उसने छोटी सी रकम के बदले 2,00,000 डॉलर का मुनाफा अर्जित किया था।

जी हाँ, लाइफ सेवर्स की बात ही कुछ निराली थी कि उसने अमेरिकी जनता को पकड़-सा लिया, बहुत ही मजबूती के साथ पकड़ा और तेजी से पकड़ा। जैसा कि नई कंपनियों को कई प्रकार की समस्याओं से गुजरना पड़ता है, लेकिन एडवर्ड नोबेल को कुछ शुरुआती दिक्कतों के अलावा ऐसा कुछ भी नहीं झेलना पड़ा। उसे जिन दिक्कतों का सामना करना पड़ा था, उसमें सबसे कठिन थी कैंडी को लपेटने की सामग्री (पैकेजिंग मैटेरियल) की खोज। क्रेन इसके लिए गत्ते की बेलनाकार नली का इस्तेमाल करता रहा था, जो भंडारों की ताक पर ज्यादा समय तक रखे जाने के बाद कैंडी में मौजूद पुदीना तेल (पेपरमिंट ऑयल) को सोख लेता था, जिससे लाइफ सेवर्स के स्वाद का असल स्वाद बिगड़ जाता था। कुछ प्रयोगों के बाद नोबेल ने कैंडी को पहले एल्युमीनियम की पत्ती (फॉयल) से लपेटने और उसके बाद उस पर कागज चढ़ाने का फैसला किया था। जी हाँ, यह पैकेजिंग बिल्कुल वैसी ही थी, जैसी कि आजकल की जाती है।

इस समस्या से निपटने के बाद नोबेल में अपनी विज्ञापन प्रतिभा को अमल में लाना शुरू किया था। उसे बिल्कुल याद आ रहा था कि किस तरह उसने आवेग में आकर लाइफ सेवर्स को भंडार की ताक से उठाया था। इस तथ्य को ध्यान में रखकर उसने विशेष बनावट वाले गत्ते के आकर्षक डब्बे की रचना की, जिसे भंडारों, रेस्तराँओं, मदिरालयों (बार) व अन्य प्रतिष्ठानों में बिल्कुल रोकड़ बही मशीन यानी कैश रजिस्टर की बगल में रखा जा सके। उसने लाइफ सेवर्स के एक रोल की कीमत 5 सेंट तय की थी और सबसे पहले उसे न्यूयॉर्क के मदिरालयों में बेचना शुरू किया था। मदिरालय के ग्राहक बियर या व्हिस्की की दुर्गंध को मिटाने के लिए पुदीना खुशबूवाले

लाइफ सेवर्स को तत्काल पसंद करना शुरू कर दिया था। एक सप्ताह के भीतर नोबेल को दोहराने के आदेश मिलने लगे थे। फिर नोबेल ने लाइफ सेवर्स को बेचने का विचार यूनाइटेड सिगार स्टोर्स के सामने रखा था, जिसके देश भर में 1,000 से अधिक भंडार थे। ज्यों ही धन की आमद बढ़ी थी, नोबेल ने उसे अखबारों व पत्रिकाओं में विज्ञापन के लिए खर्च करना शुरू कर दिया था।

आज भी कोई निश्चित तौर पर यह नहीं बता सकता है कि आखिरकार लाइफ सेवर्स को अमेरिकी जनता ने इतना ज्यादा और इतनी तेजी से क्यों पसंद किया था। स्वाद? शायद, लेकिन उस समय बाजार में पुदीना के स्वादवाली कई प्रकार की उतनी ही अच्छी कैंडियाँ उपलब्ध थीं। तो क्या लोग उसके असामान्य आकार को पसंद कर रहे थे या फिर उसकी आकर्षक पैकेजिंग को? तो क्या इसलिए कि लाइफ सेवर्स के बेलनाकार छोटे पैकेट को आसानी से जेब में रखा जा सकता था या बाहर निकालकर कैंडी के ऊपर चढ़े एल्युमीनियम पट्टी को खोला या लपेटा जा सकता था? जी हाँ, किसी को भी सही-सही पता नहीं है कि लाइफ सेवर्स इतना ज्यादा और इतनी तेजी से अमेरिका में क्यों लोकप्रिय हुआ? लेकिन यह हकीकत है कि बहुत ही कम समय में अमेरिका में बिकनेवाली पुदीना या अन्य फलों के स्वाद वाली 80 प्रतिशत कैंडियाँ लाइफ सेवर्स ब्रांड की थीं। जी हाँ, कहा तो यही जाता है कि एडवर्ड नोबेल लाइफ सेवर्स की छेद बेच पाने में सौभाग्यशाली रहा और क्रेन से लाइफ सेवर्स खरीदने के चार वर्षों बाद ही वह करोड़पति बन चुका था। (वर्ष 1956 के बाद लाइफ सेवर्स ब्रांड का कई बड़ी कंपनियों में विलय या अधिग्रहण होता रहा, जो 2008 में शीर्ष अमेरिकी बहुराष्ट्रीय निजी कंपनी 'मार्क' का हिस्सा बन गई। दूसरी तरफ क्रेन आजीवन कैंडी कारोबार से जुड़ा रहा, लेकिन उसे मामूली कामयाबी ही हासिल हो सकी।)

चार्ल्स ब्रेस डैरो : पटल-खेल मोनोपोली के दावेदार आविष्कारक

संयुक्त राज्य अमेरिका में फिलाडेल्फिया प्रांत के उत्तर-पश्चिम में स्थित उप-नगर जर्मनटाउन में जनमा, पला-बढ़ा चार्ल्स ब्रेस डैरो पेशे से घरेलू हीटर बेचनेवाला था। लेकिन 1930 के दशक में जब काला मंगलवार (24 अक्तूबर, 1924) को अमेरिकी शेयर बाजार में भारी गिरावट आई थी और विश्व व्यापी

कहा जाता है कि एडवर्ड नोबेल लाइफ सेवर्स की छेद बेच पाने में सौभाग्यशाली रहा और क्रेन से लाइफ सेवर्स खरीदने के चार वर्षों बाद ही वह करोड़पति बन चुका था।

आर्थिक महामंदी (द ग्रेट डिप्रेशन) का दौर शुरू हुआ था, तब हजारों कंपनियों का संचालन बंद हो गया था और लाखों अन्य पेशेवरों की तरह डैरो की नौकरी भी छूट गई थी। अगले तीन वर्षों तक वह लगातार नौकरियाँ बदल रहा था। सन् 1933 में जब उसकी पत्नी दूसरे बच्चे को जन्म देने वाली थी तो डैरो को अपने घर का चूल्हा जलाए रखने के लिए बिजली उपकरण ठीक करने, कंक्रीट बिछाने और यहाँ तक कि धनी लोगों के कुत्ते को टहलाने तक का काम करना पड़ा था।

यही वह घोर संकट का दौर था, जब चार्ल्स डैरो के पास काफी खाली समय होता था और 1933 की ठंड के दौरान उसके दिमाग में अचानक ही आसमानी बिजली की तरह एक क्रांतिकारी विचार कौंधा था कि कितना अच्छा होता कि वह धनी हो जाता, सिर्फ साधारण धनी नहीं, बल्कि बेशुमार दौलत का मालिक! तभी उसने सोचा था कि यदि उसने इस नहीं, उस तरह के शेयरों में निवेश किया होता तो क्या होता? फिर उसने कल्पना की थी कि वह महामंदी के बाद रियल एस्टेट का बड़ा कारोबारी बन सकता था, यदि वह ऐसा नहीं वैसा करे! अगले ही क्षण डैरो ने सोचा था कि क्यों न इस तरह की अच्छी उम्मीदों को प्रोत्साहित करनेवाले खेल की रचना की जाए, जो उसके जैसे लाखों अमेरिकी बेरोजगार पेशेवरों व समूची मध्यम वर्गीय जनता को सुकून दे सकेगा। डैरो को लगा था कि इस खेल के जरिए काल्पनिक ही सही, नकदी के घोर संकट में जी रहे लोगों को भारी रकम से सौदा करने का मौका दिया जाए तो वह उन्हें बहुत पसंद आएगा। इस तरह, डैरो ने रियल एस्टेट की खरीद, बिक्री व किराया के कारोबार पर आधारित लाखों-करोड़ों के सौदेवाले खेल की रचना करने का मन बनाया था।

चूँकि चार्ल्स डैरो अभियंता था, इसलिए उसे विभिन्न प्रकार के औजारों व मानचित्रों की अच्छी-खासी समझ थी और वह मौज-मस्ती के लिए अकसर लकड़ियों, गत्ता आदि बेकार सामानों से से जिगसा' पजल (टुकड़ा-जोड़ पहेली) व अन्य खेलों की रचना किया करता था। अब उसने मोमजामा (आयलक्लॉथ)

के गोल टुकड़े पर पर गलियों व भूखंडों (प्लॉट्स) का रेखांकन करना शुरू कर दिया था। उसने गलियों को असली नाम दिया था। उसने स्थानीय भंडार से प्राप्त मुफ्त पेंट नमूनों से योजनाबद्ध अचल संपत्तियों की रचना की। फिर रद्‌दी ढली लकड़ी के टुकड़ों को काट-छाँटकर घरों जैसे दिखनेवाले नमूने बनाए। फिर बेकार पड़े पतले गत्ते (कार्डबोर्ड) से स्वत्व-विलेख (टाइटल डीड) जैसी शक्ल बनाई। उस समय तक डैरो के दिमाग में उस दिलचस्प खेल को बेचने का विचार नहीं आया था। वह तो बस, शाम के खाली समय में अपने परिवार व दोस्तों के साथ खेलने के लिए उसकी रचना की थी। चूँकि उस समय दूरदर्शन नहीं था, इसलिए घरेलू खेल ही पारिवारिक मनोरंजन के साधन थे। डैरो ने एक जोड़ी पासे, बच्चों से उधार लिए कुछ सिक्कों व रंगीन बटन का उपयोग कर शाम में या फिर सप्ताहांत में पत्नी व दोस्तों के साथ उस खेल को खेलना शुरू किया था। ज्यों-ज्यों वे खेलते गए थे, उसमें सुधार करते चले गए; कुछ नए नियम जोड़े और खेल को लगातार कठिन बनाते चले गए। जल्दी ही, उस छोटे से उप-नगर में डैरो के खेल की चर्चा तेज होने लगी और अंततः वहाँ के लोगों के बीच सनसनीखेज खेल बन गया था। फिर डैरो ने उस खेल को 'मोनोपोली' नाम दिया था।

कुछ समय बाद दोस्तों ने अपने लिए खेल तैयार करने के लिए डैरो से आग्रह करना शुरू किया और वह अलग-अगल कीमतों पर उसके लिए उसकी रचना करने लगा था। जल्द ही डैरो अग्रिम आदेश पर अपने हाथों से प्रतिदिन दो खेल समूह (गेम सेट) तैयार करने लगा था। 100 खेल समूहों का हस्त-निर्माण करते-करते डैरो बुरी तरह ऊब गया था, जबकि आदेशों की संख्या लगातार बढ़ती जा रही थी। उसी समय मुद्रण व्यवसाय से जुड़े एक दोस्त ने डैरो को मोनोपोली का पटल (बोर्ड) छापने का प्रस्ताव रखा था, जिसे उसने राहत की साँस लेकर स्वीकार कर लिया था। इस तरह छपे हुए पटल के सहारे डैरो अब प्रतिदिन चल खेल-समूह तैयार करने लगा था, लेकिन सारी माँगें पूरी कर पाना उसके अकेले के लिए संभव नहीं था। जब उसने कुछ स्थानीय खुदरा विक्रेताओं सहित फिलाडेल्फिया के कुछ बड़े विभागीय भंडारों को अपने खेल-समूह में दिखाया तो वे चकित हो गए थे। फिर जब एक बड़े भंडार ने डैरो को थोक-आदेश दिया था तो उसे पहली बार यह एहसास हुआ था कि उसने संयोगवश

जिस चीज की रचना की थी वह उसकी सोच से काफी बड़ी थी। मोनोपोली की रचना हुए अभी कुछ महीने ही हुए थे, लेकिन उसकी माँग इतनी ज्यादा हो गई थी कि डैरो के लिए घरेलू कार्यशाला में उसे पूरा कर पाना असंभव हो गया था। डैरो ने मोनोपोली का स्वत्वाधिकार पंजीकृत करा लिया और उत्पादन का सारा काम अपने मुद्रक दोस्त के परिसर में स्थानांतरित कर दिया।

अभी कुछ ही महीने हुए थे कि डैरो का मुद्रक दोस्त भी माँग पूरी करने में असक्षम साबित होने लगा। अब फिलाडेल्फिया सहित अन्य बड़े नगरों के बड़े भंडारों से 100, 200 व 300 के थोक समूह में आदेश आने शुरू हो गए थे। चूँकि उन भंडारों को तेजी से आपूर्ति नहीं हो पा रही थी, इसलिए वे ग्राहकों को संतुष्ट नहीं कर पा रहे थे। डैरो खुद ही सामानों की खरीदारी, बीजक (इनवॉइस) लेखन व माल ढुलाई की देखरेख कर रहा था। कोई नया कारोबार इतनी तेजी से शायद ही बढ़ता है, इसलिए डैरो को यह एहसास होते ज्यादा समय नहीं लगा था कि उसके हाथ में शेर की पूँछ आ गई थी, जिसे ज्यादा समय तक सँभालने की कोशिश कर अपनी जान गँवाने का खतरा मोल लेना जैसा काम होगा। यही कारण था कि वह हिस्सेदारी बेचकर पूँजी जुटाने और फिर कारोबार संचालन से झंझट में नहीं पड़ना चाहता था।

लिहाजा, डैरो ने मन बनाया था कि वह रॉयल्टी के आधार पर मोनोपोली के उत्पादन-वितरण-बिक्री का अनुज्ञा-पत्र (लाइसेंस) किसी बड़ी खेल-निर्माता कंपनी को जारी कर देगा। उसने आकलन किया था कि अमेरिका के सबसे बड़े टेबल गेम निर्माता पार्कर ब्रदर्स (सलेम, एसेक्स काउंटी, मैसाचुसेट्स) ही मोनोपोली की माँग पूरी कर पाने में सक्षम हो सकता था। लेकिन जब डैरो ने पार्कर ब्रदर्स के सामने अपना प्रस्ताव रखा था तो उसने गंभीरता से मोनोपोली का अध्ययन करने के बाद कुल 52 मौलिक खामियाँ (फंडामेंटल एरर) निकाले थे और प्रस्ताव को ठुकरा दिया था। डैरो मायूस जरूर हुआ था, लेकिन उसमें विस्फोटक तेजी से बढ़ रहे कारोबार को जिंदा बनाए रखने के लिए दृढ़ संकल्प था। घर लौटकर उसने मुद्रक को 5,000 खेल-समूह बनाने का आदेश दिया था। पार्कर ब्रदर्स द्वारा 52 कमियाँ ढूँढ़ निकालने के बावजूद लोग मोनोपोली खेलने के लिए पागल-से हुए जा रहे थे। सन् 1934 के क्रिसमस का मौसम आने वाला था और डैरो ने मुद्रक द्वारा

उत्पादन शुरू किए जाने से पहले भंडारों को 500 मोनोपोली खेल समूह बेच दिए थे। आपूर्ति सुनिश्चित करने लिए डैरो रोजाना 14 घंटे काम कर रहा था।

पार्कर ब्रदर्स, विशेष रूप से क्रिसमस के मौके पर, घरेलू खेलों पर पैनी नजर रखा करता था। जाहिर था कि कंपनी मुख्यालय में मोनोपोली की धुआँधार बिक्री खबर मिलने में देर नहीं लगी औ़र शीर्ष प्रबंधन पछताने लगा था। उसने डैरो के प्रस्ताव को ठुकराकर कोई बड़ी भूल कर ली थी। अब उन लोगों को मोनोपोली में 52 मौलिक खामियाँ बुरी नहीं लग रही थीं। बहादुरी के साथ पार्कर ब्रदर्स ने अपनी गलती स्वीकार की थी और कंपनी प्रवक्ता को आकर्षक रॉयल्टी कॉण्ट्रेक्ट के साथ चार्ल्स डैरो के पास भेजा था।

क्रिसमस की माँग को पूरी करते-करते बुरी तरह थक चुके डैरो भी मानो इसी का इंतजार कर रहा था। उसने तत्काल उस अनुबंध हस्ताक्षर कर दिए थे। पार्कर ब्रदर्स ने मोनोपोली को राष्ट्रीय स्तर प्रचारित-प्रोत्साहित किया था और सन् 1935 के क्रिसमस के मौके पर कंपनी अपने इतिहास की सबसे बड़ी बिक्री मोनोपोली से हासिल की थी। माँग आदेश इतने ज्यादा थे कि उतनी बड़ी व अनुभवी कंपनी की व्यवस्था भी चरमरा गई थी। उसी वर्ष 31 अगस्त को चार्ल्स डैरो ने मोनोपोली का पेटेंट का दावा दाखिल कर दिया था, जिसे 31 दिसंबर को स्वीकृति प्रदान कर दी गई थी। अगले तीन वर्षों में डैरो करोड़पति बन चुका था और उसने 46 वर्ष की उम्र में सेवानिवृत्ति की घोषणा कर दी थी। आजीवन उसके खाते में रॉयल्टी की भारी-भरकम रकम आती रही थी, क्योंकि मोनोपोली कई भाषाओं में प्रकाशित होकर विश्व भर में लोकप्रिय होती चली गई थी। याद रहे कि डैरो से पहले भी मोनोपोली से मिलते-जुलते खेलों का आविष्कार किया जा चुका था; लेकिन खेल की रचना कर इतने कम समय में करोड़पति बनने का कीर्तिमान चार्ल्स डैरो के नाम ही है। उसकी मृत्यु के बाद उसकी पत्नी व उसके वारिस को भी रायल्टी मिलना जारी रहा था।

मागरिट मुनर्लीन मिशेल : एकमात्र उपन्यास से सर्वाधिक सफल हुई पहली रचनाकार

चार्ल्स डैरो की ही तरह मागरिट मुनर्लीन मिशेल को भी अपने एकमात्र गौरवशाली रचना-कर्म से आर्थिक सौभाग्य व प्रसिद्धि की प्राप्ति हुई थी। डैरो

की तरह मिशेल भी साधारण अमेरिकी मध्य वर्ग की थी और उसकी रचना के सफल होने से पहले उसकी भी कोई खास सामजिक पहचान नहीं थी। डैरो की तरह मिशेल भी चौंधियानेवाली गति से सफलता के उच्चतम शिखर तक पहुँची थी। हाँ, डैरो की तरह मिशेल को दुबारा और कोई काम करने की जरूरत नहीं पड़ी। असल में, दोनों अपनी पहली ही रचना से मिली अपार सफलता में इतने डूब गए कि कोई और रचना कर पाना उनके लिए संभव ही नहीं हो सका। दोनों की कहानियों में एक बहुत बड़ा अंतर यह है कि डैरो को घरेलू खेल मोनोपोली की रचना करने में महज कुछ दिन लगे थे; जबकि मिशेल को अमेरिकी गृह-युद्ध पर आधारित ऐतिहासिक उपन्यास 'गोन विथ द विंड' (हवा के साथ उड़ गई) लिखने में तीन वर्षों तक दिन-रात एक करना पड़ा था। इतना ही नहीं, डैरो ने तो तत्काल अपनी रचना को सार्वजनिक कर दिया था, जबकि मिशेल ने उपन्यास-लेखन संपन्न करने के बाद पांडुलिपि को अगले कई वर्षों तक इसलिए छिपाए रखा था कि कहीं वह असफल न हो जाए। हालाँकि जब 'गोन विथ द विंड' बाजार में आई तो इतने बड़े स्तर पर सफल हुई कि वह झटपट सफल हुई किंवदंतियों में शुमार हो गई।

मागरेट मिशेल दक्षिण-पूर्वी अमेरिकी प्रांत जॉर्जिया के प्रमुख शहर अटलांटा में धनी व राजनीतिक रूप से प्रमुख एक परिवार में वर्ष 1900 में पैदा हुई थी। उसके पिता यूजीन म्यूज मिशेल वकील थे और उसकी माँ मेरी इसाबेल स्टीफंस नारी मताधिकारवादी कार्यकर्ता थी। मागरेट मिशेल का बचपन अटलांटा नगर केंद्र के पूर्व में स्थित पुराने व समृद्ध इलाके जैक्सन हिल में बीता था। जैक्सन हिल की तलहटी पर डार्कटाउन नामक इलाका था, जहाँ अफ्रीकी-अमेरिकी नागरिकों के घर व कारोबार थे। मागरेट तब सिर्फ पाँच साल की ही थी, जब सन् 1906 (22 से 24 सितंबर तक) डार्कटाउन में भयानक जातीय दंगे भड़क उठे थे। अश्वेत पुरुषों द्वारा श्वेत महिलाओं के यौन उत्पीड़न की खबर से भड़के करीब 10 हजार श्वेत समुदाय के युवकों ने डार्कटाउन पर हमला बोल दिया था, जिसमें आधिकारिक तौर पर 25 अफ्रीकी-अमेरिकी नागरिकों की मृत्यु हो गई थी। उसके बाद मागरेट के परिवार ने जैक्सन हिल को छोड़ने का मन बना लिया था और सन् 1912 में वे लोग पीचट्री स्ट्रीट के पूर्व में स्थानांतरित हो गए थे।

जब मागरिट छह वर्ष की थी तो उसकी माँ ने उसे अमेरिकी गृह-युद्ध (1861-65) के ऐतिहासिक स्थल शेरमेन सेंटिनल्स में घुमाया था, जो केंद्रीय सेना के मेजर जनरल विलियम टेकुमसेह शर्मन के सैन्य अभियान (5 नवंबर से 21 दिसंबर, 1964 तक), जो 'शर्मन का सागर तक कूच', के नाम से जाना जाता है, के दौरान जॉर्जिया में जला दिए गए घरों, फैक्टिरियों व बागानों के अवशेष हैं। उसी वर्ष गरमी की छुट्टियों में मागरिट ने जोंसबोरो (क्लेटन काउंटी, जॉर्जिया) स्थित अपने परदादा के बागान घर (प्लांटेशन होम) को देखने गई थी। वहाँ तब भी उसके कुछ रिश्तेदार रहते थे, जिन्होंने अटलांटा सैन्य अभियान में अंतिम झड़प के दृश्य अपनी आँखों से देखे थे। जाहिर है, मागरिट को उनसे गृह-युद्ध की घटनाओं को सुनने का मौका मिला था। इस तरह बचपन में ही मागरिट के दिलो-दिमाग में अमेरिकी गृह-युद्ध की यादें छा गई थीं।

सन् 1906 डार्कटाउन में भयानक जातीय दंगे भड़क उठे थे। अश्वेत पुरुषों द्वारा श्वेत महिलाओं के यौन उत्पीड़न की खबर से भड़के करीब 10 हजार श्वेत समुदाय के युवकों ने डार्कटाउन पर हमला बोल दिया था, जिसमें आधिकारिक तौर पर 25 अफ्रीकी-अमेरिकी नागरिकों की मृत्यु हो गई थी।

किशोरी मागरिट एक उत्साही पाठक भी थी और वह अधिकतर लड़कों की कहानियाँ पढ़ती थी। जब यूरोप में प्रथम विश्व युद्ध (1914 से 1918 तक) जारी था, तब मागरिट मिशेल अटलांटा के लड़कियों के स्कूल वाशिंगटन सेमिनरी (अब वेस्टमिंस्टर स्कूल) में पढ़ाई कर रही थी। वह विद्यालय की नाटक मंडली में काफी सक्रिय थी और अधिकतर पुरुष पात्रों की भूमिकाएँ निभाती थी। जून 1918 में वाशिंगटन सेमिनरी से पढ़ाई पूरी करने के बाद मागरिट हार्वर्ड स्नातक युवा सैन्य अधिकारी लेफ्टिनेंट क्लिफर्ड वेस्ट हेनरी के प्यार में घिर गई थी। लेकिन जब वह स्वतंत्र महिलाओं के उत्तरवादी कला महाविद्यालय स्मिथ कॉलेज (नॉर्थम्पटन हैंपशायर काउंटी, मैसाचुसेट्स) में दाखिल हो चुकी थी, तब 14 सितंबर को हेनरी फ्रांस में एक सैन्य काररवाई में प्राणघातक रूप से घायल हो गया था और 17 अक्तूबर को उसका निधन हो गया था। इस घटना से मागरिट को काफी मानसिक आघात पहुँचा था, क्योंकि वह क्लिफर्ड को बहुत प्यार करती थी।

वैसे तो, मार्गरेट की मनोरोग विज्ञान के क्षेत्र में अपना पेशेवर जीवन गढ़ने की अस्पष्ट आकांक्षा थी, लेकिन श्लैष्मिक ज्वर (इन्फ्लुएंजा) महामारी (जनवरी 1918 से दिसंबर 1920 तक) से विश्व भर में 5 करोड़ लोगों के साथ-साथ 25 जनवरी, 1919 को उसकी माँ को भी अपनी चपेट में ले लिया था और उसका जीवन पटरी से उतर गया था। स्मिथ कॉलेज में एक औसत छात्रा मार्गरेट ने शिक्षा के किसी भी क्षेत्र में उत्कृष्टता प्राप्त नहीं की थी। हालाँकि अंग्रेजी प्राध्यापक ने उसकी लेखन-क्षमता की प्रशंसा की थी, लेकिन उसे खुद अपनी लेखन प्रतिभा के प्रति कोई ज्यादा भरोसा नहीं था। लिहाजा, महाविद्यालय में प्रथम वर्ष पूरा करने के बाद मार्गरेट पिता के घरेलू कामकाज की देखभाल के लिए अटलांटा वापस आ गई थी और फिर कभी महाविद्यालय वापस नहीं गई।

अक्तूबर 1919 में जब मार्गरेट अपेंडेक्टॉमी, यानी उपांत्र (वर्मीफॉर्म एपेंडिक्स) की शल्य-क्रिया के बाद फिर से स्वस्थ होने लगी थी तो उसे यह एहसास होने लगा था कि माँ की मृत्यु के बाद पिता के घर का कामकाज सँभालने का एक औरत के जीवन में कोई महत्त्व नहीं है और उसके मन में एक बार फिर से लेखन की रुचि जाग्रत् होने लगी थी। इसके साथ ही, मार्गरेट में यौवन को खुलकर जीने की लालसा भी जाग्रत् हुई थी और उसने एक बार फिर से नाटक व नृत्य कार्यक्रमों में हिस्सा लेना शुरू कर दिया था। 1921 के अटलांटा के नवोदित परोपकारी नृत्य सभा (डेब्यूटांटे चैरिटी बॉल) में मार्गरेट ने अपाचे नृत्य का प्रदर्शन किया था, जिसमें उसके द्वारा पुरुष साथी के साथ चुंबन के दृश्य को देखकर वहाँ मौजूद अटलांटा का संभ्रांत समाज हैरान रह गया था। उस समय अपाचे व टैंगो जैसे नृत्य अपने कामुकता के तत्त्वों के लिए लज्जाजनक नृत्य माने जाते थे और उच्च वर्गीय समाज में उनका सार्वजनिक प्रदर्शन नहीं किया जाता था।

अप्रैल 1922 में मार्गरेट लगभग रोजाना युवकों के साथ देखी जाती थी, जिसमें एक था बेरियन रेड अपशॉ, जिससे उसकी मुलाकात एक नृत्य सभा में हुई थी और दूसरा था रेड के साथ रहनेवाला जॉन आर. मार्श, जो एसोसिएटेड प्रेस में कॉपी एडिटर था। संयुक्त राज्य अमेरिका नौसेना अकादमी से दो बार निकाले जाने के बाद रेड अपशा जॉर्जिया पहाड़ों के बाहर अवैध शराब बेचकर

पैसे कमाता था। लेकिन परिवार द्वारा मना किए जाने के बावजूद मार्गरेट ने 2 सितंबर, 1922 को रेड के साथ शादी रचा ली थी। हालाँकि रे अटलांटा में ही पला-बढ़ा था, लेकिन कुछ वर्ष पहले उसका परिवार रेले (उत्तरी कैरोलिना) में जा बसा था, इसलिए मार्गरेट उसके साथ अपने पिता के घर में ही रहने लगी थी। अपशा' की शराबखोरी व हिंसक गुस्से के चलते मार्गरेट को शारीरिक व भावनात्मक दुर्व्यवहार का सामना करना पड़ा था। कुछ ही महीने बाद दिसंबर में दोनों का रिश्ता खत्म हो गया था। रेड उसे छोड़कर चला गया था। जॉन मार्श ने रेड को कुछ कर्ज दिया था। मार्गरेट ने उस पर दुर्व्यवहार का आरोप न लगाने का फैसला किया था और अंततः 16 अक्तूबर, 1924 को मार्गरेट व रेड का विधिवत् तलाक हो गया था। इस दौरान मार्गरेट को भावनात्मक रूप से मजबूत बनाने और पढ़ने-लिखने के प्रति उसकी रुचि को जाग्रत् करने में जॉन मार्श ने अहम भूमिका अदा की थी। लिहाजा 4 जुलाई, 1925 को 24 वर्ष की मार्गरेट और 29 वर्ष के मार्श ने शादी रचा ली थी। कुछ समय बाद दोनों ने क्रिसेंट अपार्टमेंट (990 पीच ट्री स्ट्रीट, मिडटाउन, अटलांटा) में अपना घर खरीद लिया था, जो अब मार्गरेट मिशेल हाउस के रूप में अमेरिका की ऐतिहासिक स्थलों की राष्ट्रीय सूची में शामिल ऐतिहासिक संग्रहालय है।

जी हाँ, मार्श ने मार्गरेट के अंदर के लेखक को जिंदा कर दिया था। तलाक प्रक्रिया के दौरान जब मार्गरेट का साथ न तो अपना परिवार दे रहा था और न ही समाज उसे अच्छी नजरों से देख रहा था, तो उसने अपने जीवन-यापन के लिए लेखन-प्रतिभा का उपयोग करने का मन बनाया था। उसे एक स्थानीय समाचार-पत्र 'अटलांटा जर्नल' की रविवारीय पत्रिका में विशेष लेख (फीचर आर्टिकल) लिखने की नौकरी मिल गई थी। उसने कई विषयों पर लेख लिखे थे और कई सामाजिक व फिल्म शख्सियतों के साक्षात्कार किए थे। लेकिन सन् 1922 में शुरू हुआ मार्गरेट का पत्रकारीय पेशेवर जीवन चार वर्षों से कम समय में ही तब विराम पर आ गया था, जब मार्श से शादी के कई महीनों बाद उसका आखिरी लेख 9 मई, 1926 को प्रकाशित हुआ था। इस दौरान 'अटलांटा जर्नल' में मार्गरेट के कुल 129 विशेष लेख, 85 समाचार कथाएँ और कई पुस्तक समीक्षाएँ प्रकाशित हुई थीं। असल में, मार्गरेट के

टखने में चोट आ गई थी, जिसे पूरी तरह ठीक क़रने लिए पूर्ण आराम की जरूरत थी; लिहाजा, उसने नौकरी छोड़कर पूर्णकालिक पत्नी के रूप में जीवन जीने का फैसला किया था।

असल में, 20 वर्ष की उम्र से मार्गरेट के मन में अपने यौवन को खुलकर जीने की तमन्ना जाग्रत् हुई थी और उसने न्यूयॉर्क सिटी की किताब की दुकानों से कामुक साहित्य (इरोटिका) का संग्रह व अध्ययन शुरू कर दिया था। सन् 1925 आते-आते मार्गरेट व उसके दोस्त काफी भड़कीले हो चुके थे। नवविवाहित मार्श व मार्गरेट सहित उनके सामाजिक समूह के वयस्क हर प्रकार की यौन अभिव्यक्तियों (सेक्सुअल एक्सप्रेशन) के सभी रूपों में बढ़-चढ़कर रुचि लेने लगे थे। बाद की स्मृति रचनाओं में मार्गरेट की सहेलियों ने खुलासा किया था कि उसकी पसंदीदा रचनाओं में सन् 1748 में प्रकाशित अंग्रेजी उपन्यासकार के प्रसिद्ध कामुक उपन्यास 'फैनी हिल' या 'ए वीमेन ऑफ प्लेजर' (उपभोगी स्त्री का संस्मरण); पंद्रहवीं सदी का अरबी यौन नियमावली (सेक्स मैनुअल) 'द परफ्यूम्ड गार्डन ऑफ सेंसुअल डिलाइट' (कामुक आनंद का सुगंधित उद्यान); प्रेम, सौंदर्य, खुशी व प्रजनन की यूनानी देवी एफ्रोडाइट के नाम से पियरे लुइस का सन् 1896 में प्रकाशित फ्रेंच भाषा का उपन्यास 'एफ्रोडाइट : एनसिएंट मोराल्स' आदि शामिल थीं। इतना ही नहीं, मार्गरेट ने पलायन वादी अमेरिकी लेखक जेम्स ब्रांच काबेल की फंतासी कथाओं के प्रति रुचि ले रही थी, जिसकी धारणा थी कि सच्चाई न केवल कला के खिलाफ, बल्कि मानव कल्याण के खिलाफ, एक अक्षम्य पाप है। वह यौन-क्रिया विद्या (सेक्सोलॉजी) के बारे में किताबें पढ़ती थी और मानव कामुकता का अध्ययन करनेवाले एक ब्रिटिश चिकित्सक हैवलॉक एलिस के केस स्टडी में विशेष रुचि लेती थी। यह वही समय था, जब मार्गरेट ने अपने पति मार्श के प्रोत्साहन पर अपनी शास्त्रीय रचना 'गोन विथ द विंड' का लेखन शुरू किया था।

मार्गरेट द्वारा इस उपन्यास का लेखन शुरू किए जाने के बारे में कई तरह की मनगढ़ंत बातें भी कही गईं। उदाहरण के लिए, बाद के संस्मरणों में उसके साथ शराबखोरी करनेवाली मंडली के कुछ सदस्यों ने यहाँ तक कह दिया कि चूँकि दो शादियों के बावजूद मार्गरेट कोई बच्चा पैदा नहीं कर सकी

थी, इसलिए उसने उपन्यास ही रच दिया। खैर, ये बातें भले ही ठीक न हों, लेकिन यह एक सटीक अनुमान हो सकता है कि बच्चा नहीं होने के चलते और टखने की चोट को भरने के लिए नौकरी छोड़ देने के बाद मारग्रेट के पास काफी खाली समय व एकांत था। जाहिर है कि वह बचपन से काफी पढ़ाकू थी, अत: वह और अधिक पढ़ना शुरू कर अपना वक्त गुजारने लगी थी। एक संस्मरण में उसके पति के हवाले से यह कहा गया है कि मारग्रेट की कभी न पूरी हो पा रही पढ़ने की भूख को मिटाने के लिए स्थानीय पुस्तकालय से बाँहों में भर-भरकर किताबें ढो-ढो कर मार्श इतना परेशान हो गया था कि उसके मुँह से एक दिन अचानक यह बात निकल पड़ी थी, "भगवान् के लिए पैगी, क्या तुम उन हजारों पढ़ने की बजाय एक किताब नहीं लिख सकतीं?" जी हाँ, मार्गरेट का घरेलू नाम 'पेगी' था। इतना ही नहीं, मार्गरेट की लेखन प्रतिभा को प्रोत्साहित करनेवाले उसकी नई साहित्यिक प्रयासों में मदद के लिए बाकायदा रेमिंगटन पोर्टेबल नंबर-3 टाइपराइटर भी खरीद लाया था।

संभवत: यह मार्श का उकसावा ही था कि अपने एकाकीपन को दूर करने के लिए मार्गरेट ने बचपन से सुनती आ रही अमेरिकी गृह-युद्ध व पुनर्निर्माण युग की घटनाओं पर आधारित कहानी को ही अपनी रचना का विषय बनाया था और उसे व्यापकता के साथ लिखना शुरू किया था। 'गोन विथ द विंड' गृह-युद्ध के दौरान जॉर्जिया प्रांत के क्लेटन काउंटी व अटलांटा की पृष्ठभूमि में रची गई एक समृद्ध बागान मालिक की शोषित बेटी स्कारलेट ओहारा नामक युवती की संघर्षपूर्ण महागाथा है, जिसे मेजर जनरल शर्मन के ऐतिहासिक सैन्य अभियान 'शर्मन का सागर तक कूच' के कारण हुई तबाही के बाद खुद को गरीबी के पंजे से बाहर लाने के लिए हर साधन का उपयोग करना पड़ा था। वैसे तो इस उपन्यास में गुलामी व अफ्रीकी अमेरिकियों के चित्रण के साथ-साथ नस्लीय विशेषणों (रेसिअल एपिथेट) व जातीय कलंकों (एथनिक स्लर) के उल्लेख को विवादास्पद माना जाता रहा है, लेकिन बाद के श्वेत-अश्वेत दो समुदायों से जुड़े लेखकों के लिए यह पुस्तक एक संदर्भ बिंदु बन गया था। अमेरिकी विश्वविद्यालयों के विद्वान् अपने लेखन में उस उपन्यास का उल्लेख करने के अलावा उसकी व्याख्या व शोध भी करने लगे थे। इस प्रकार 'गोन

'गोन विथ द विंड' गृह-युद्ध के दौरान जॉर्जिया प्रांत के क्लेटन काउंटी व अटलांटा की पृष्ठभूमि में रची गई एक समृद्ध बागान मालिक की शोषित बेटी स्कारलेट ओहारा नामक युवती की संघर्षपूर्ण महागाथा है।

विथ द विंड' उपन्यास अमेरिका की लोकप्रिय संस्कृति में समाहित होता चला गया था।

करीब-करीब 2,000 अंकित पृष्ठों की इस कथा को लिखते-लिखते मार्गरेट को तीन वर्ष से अधिक समय लगा था। सन् 1929 के अंतिम महीनों तक जब तक उपन्यास की संपूर्ण पांडुलिपि तैयार हुई थी, उससे पहले अमेरिकी शेयर बाजार में भारी गिरावट आने का क्रम शुरू हो चुका था, जो समूचे विश्व को आर्थिक महामंदी की ओर धकेल रहा था। ऐसे में, अगले छह वर्षों तक 'गोन विथ द विंड' की भारी-भरकम पांडुलिपि लिफाफों में पड़ी-पड़ी पीली होती रही थी। पांडुलिपि के प्रकाशित नहीं होने के पीछे कई बातें कही जाती हैं। कहा जाता है कि जब मार्गरेट ने न्यूयॉर्क के एक प्रकाशक के विचार के लिए उपन्यास को भेजा था तो उसने भारी-भरकम आकार को देखकर ही पांडुलिपि को तत्काल वापस भेज दिया था। लेकिन बाद में मारग्रेट ने इस तरह की किसी घटना का खंडन कर दिया था। लेकिन बाद में इस उपन्यास की पांडुलिपि के छह वर्षों पड़े-पड़े पीले पड़ते जाने के बारे में सबसे विश्वसनीय टिप्पणी मैकमिलन पब्लिशर्स के उस संपादक हेरॉल्ड लैथम की मानी गई थी, जिसने सबसे पहले उस महागाथा की संभावनाओं का आकलन किया था और फिर उसके प्रकाशन में अहम भूमिका अदा की थी।

हेरॉल्ड लैथम ने कहा था कि मार्गरेट मिशेल ने किसी भी व्यक्ति को अपनी पांडुलिपि विचार के लिए नहीं सौंपी थी; बल्कि वह बस, यों ही पड़ा-पड़ा पीला होता रहा था। असल में, वर्ष 1935 में, लैथम मैकमिलन के लिए संभावित किताबों की तलाश में अटलांटा आया हुआ था और संयोगवश उसे लंबे समय तक ठंडे बस्ते में पड़ी मार्गरेट की उस पांडुलिपि के बारे में जो कुछ सुनने को मिला, वह आशाजनक था। लिहाजा, वह मार्गरेट से मिला था और पांडुलिपि दिखाने का आग्रह किया था। पहले तो मार्गरेट ने ऐसी किसी पांडुलिपि के होने के बारे में साफ मना कर दिया था, लेकिन ठोस

दिलचस्पी को भाँपकर उसने लैथम को पांडुलिपि सौंप दी थी। लैथम को उस भारी-भरकम पांडुलिपि को समेटकर ले जाने के लिए बाकायदा एक सूटकेस खरीदना पड़ा था, जिसे उसने बड़ी कठिनाई से घसीटकर रेलगाड़ी में चढ़ाया था। लैथम को यह समझने में ज्यादा वक्त नहीं लगा था कि वह अपने सूटकेस में कोई साधारण चीज नहीं, बल्कि डायनामाइट ढोकर लाया था। हालाँकि अभी भी उस उपन्यास की विशेषताओं को लेकर विवाद बना हुआ है और उसके बारे में कहीं से कोई संतोषजनक उत्तर नहीं आ सका है; फिर भी, यह ऐतिहासिक तथ्य है कि उसमें कुछ ऐसा जरूर था, जिसने पाठकों को न केवल अपनी तरफ खींचा, बल्कि करीब 1,000 मुद्रित पृष्ठों तक उन्हें बाँधे रखा था। खैर, वर्ष 1935 के अंत में, मैकमिलन ने मार्गरेट को रॉयल्टी कॉण्ट्रैक्ट प्रस्तुत किया था, जिस पर उसने हस्ताक्षर कर दिए थे।

उस भारी-भरकम पांडुलिपि को संपादित कर उचित आकार देने और टाइपसेट करने में करीब एक वर्ष का समय लगा था। 10 जून, 1936 को जब 'गोन विथ द विंड' का पहला सजिल्द संस्करण प्रकाशित हुआ था तो उसके पृष्ठों की कुल संख्या 1,037 थी और उसका मुद्रित मूल्य 3 डॉलर था। उस जमाने में उपन्यास की यह कीमत बहुत ज्यादा थी। अधिकांश उपन्यास 2 या 2.50 डॉलर में बेचे जाते थे। लेकिन प्रकाशक ने अग्रिम समीक्षाओं के जरिए उस उपन्यास का चतुर व व्यापक प्रचार करवाया था। उन समीक्षाओं में एक में यहाँ तक दावा कर दिया गया था कि वह अमेरिका में अब तक प्रकाशित महानतम उपन्यास था। इसलिए समूचे अमेरिका में पाठक उस उपन्यास के बाजार में आने की बेसब्री से प्रतीक्षा कर रहे थे। अंततः, जब 'गोन विथ द विंड' की पहली खेप पुस्तक भंडारों पर पहुँची थी तो उसकी लूट-सी मच गई थी। अधिकांश भंडारों ने पहले दिन ही अगली बड़ी खेप के आदेश कर दिए थे। मैकमिलन ने बड़ी संख्या में दूसरा पुनर्मुद्रण कराया था, फिर ज्यादा बड़ी संख्या में तीसरा, चौथा, पाँचवाँ···पुनर्मुद्रण का क्रम जारी रहा था। बहुत जल्द ही यह साफ हो गया था कि मुद्रण का पारंपरिक तरीका माँग की पूर्ति करने में सक्षम नहीं है, लिहाजा मैकमिलन ने अपनी तत्कालीन दो मुद्रण इकाइयों को लगातार मुद्रण के आदेश दिए थे और दोनों इकाइयाँ आठ घंटे की तीन

पालियों में उस उपन्यास की छपाई शुरू कर दी थी।

प्रकाशन के तीन सप्ताह बाद 'गोन विथ द विंड' की कुल 1.76 लाख प्रतियाँ छप चुकी थीं। यह आँकड़ा तीन महीने बाद 3.30 लाख, चार महीने बाद 7 लाख और एक वर्ष बाद 15 लाख को भी पार कर गया था। एक भंडार ने तो 50 हजार प्रतियों का अकेला आदेश भेजा था। अभी भी औसत उपन्यासकार अपने जीवनकाल में एक पुस्तक की 50 हजार या उससे भी आधी प्रतियों की बिक्री पर गर्व व आनंद महसूस करते हैं, लेकिन मागरिट मिशेल की उस एकमात्र रचना ने प्रकाशन इतिहास में तेज बिक्री के सारे कीर्तिमान ध्वस्त कर दिए थे और उसके रॉयल्टी की ढेर लगने लगी थी। मैकमिलन को सिर्फ 'गोन विथ द विंड' के आँकड़ों के साथ-साथ रॉयल्टी की गणना के लिए कुछ अतिरिक्त लेखापाल नियुक्त करने पड़े थे। आमतौर पर प्रकाशक वर्ष में एक या दो बार रॉयल्टी का भुगतान करते हैं, लेकिन यह असामान्य परिस्थिति थी और कारोबार में आगे बने रहने के लिए मैकमिलन ने मागरिट मिशेल को वर्ष में पाँच से छह बार रॉयल्टी के भुगतान शुरू कर दिए थे। उन भुगतानों के लिए भेजे जा रहे चेक की औसत राशि 50,000 डॉलर से अधिक होती थी और कई बार मागरिट को 1,00,000 डॉलर का भुगतान हासिल करने का मौका मिला था।

11 अगस्त, 1949 को जब मागरिट मिशेल अपने पति के साथ फिल्म देखने जा रही थी तो उसे एक कार ने टक्कर मार दी थी और सिर्फ 48 वर्ष की उम्र में उसकी मौत हो गई थी। तब तक उस अल्पजीवी उपन्यासकार की एकमात्र कृति 'गोन विथ द विंड' का दुनिया की 25 भाषाओं में अनुवाद हो चुका था और कुल 70 लाख प्रतियाँ बिक चुकी थीं, जिनमें 40 लाख प्रतियाँ अंग्रेजी की थीं। मैकमिलन द्वारा मागरिट के साथ किया गया रॉयल्टी अनुबंध जटिल था, इसलिए उसे मिलने वाली कुल रॉयल्टी का अनुमान नहीं लगाया जा सका था। फिर भी, 30 से 40 सेंट प्रति पुस्तक रॉयल्टी दर पर मारग्रेट को मिलनेवाली कुल रॉयल्टी 20 से 30 डॉलर तक मानी जाती है।

इतना ही नहीं, 15 दिसंबर, 1939 को 'गोन विथ द विंड' की कथा पर आधारित उसी नाम की फिल्म भी प्रसारित की गई थी, जिसने सन् 1940 में तेरह नामांकनों में से कुल दस अकादमी पुरस्कार (आठ प्रतिस्पर्धी व दो मानद)

प्राप्त किए थे। करीब 38.50 लाख डॉलर की लागत से बनी उस फिल्म ने कुल 39 करोड़ डॉलर का कारोबार किया था, लेकिन उस निर्माता ने सिर्फ 50 हजार डॉलर में मागरिट से उस कथा का फिल्म-अधिकार खरीदा था।

इस तरह, अपने जीवन में मागरिट मिशेल भले ही डॉलर करोड़पति नहीं बन सकी, लेकिन आश्चर्यजनक तेजी के साथ झटपट सफलता हासिल करनेवाली वह पहली विश्व-प्रसिद्ध उपन्यासकार जरूर बन गई थी।

लेवी स्ट्रॉस : ताँबा-कीलक वाले ब्लू डेनिम जींस को लोकप्रिय बनानेवाला कारोबारी

अमेरिका में सबसे अधिक लोकप्रिय परिधान ब्लू जींस के प्रणेता लेवी स्ट्रॉस का जन्म 26 फरवरी, 1829 को जर्मनी के फ्रंकोनियन क्षेत्र के बूटेनहेइम (बावरिया) में पवित्र रोमन साम्राज्य में पहली सहस्राब्दी के अंत से मौजूद विशिष्ट समुदाय अशेनाजी यहूदी परिवार में हुआ था। अपने पिता की मृत्यु के दो साल बाद 18 वर्ष की उम्र में स्ट्रॉस अपनी माँ व दो बहनों के साथ अमेरिका के पूर्व समुद्र-तटीय क्षेत्र न्यूयॉर्क सिटी में अपने भाई के साथ रहने के लिए आ गया था, जिसने 'स्ट्रॉस ब्रदर एंड कंपनी' नाम से ड्राई गुड्स यानी सूखे माल (धागा, कपड़ा, पहनावा व संबंधित वस्तुओं) का थोक कारोबार शुरू किया था। बड़े भाई के साथ लगन व मेहनत से काम करते हुए युवा स्ट्रॉस ने तेजी से कारोबार के गुर सीखने शुरू कर दिए थे और तीन साल बाद सन् 1850 में वह अपने समुदाय के लोगों व ग्राहकों के बीच 'लेवी' के नाम से लोकप्रिय हो गया था।

यह वह समय था, जब अमेरिका में ऐतिहासिक कैलिफोर्निया स्वर्ण दौड़ शुरू हो चुकी थी। 24 जनवरी, 1848 को पहली बार सैक्रामेंटो से करीब 58 कि.मी. पूर्वोत्तर में स्थित कोलोमा में सोना मिलने की अपुष्ट खबर आई थी। असल में, कोलोमा में अमेरिकन नदी के तट पर जोहान ऑगस्टस सूटर के लकड़ी चीरने के कारखाने का निर्माण कार्य चल रहा था। याद रहे कि जर्मनी में जनमे स्विट्जरलैंड के कारोबारी जोहान सूटर ने अगस्त 1839 में तत्कालीन मेक्सिको के अल्टा कैलिफोर्निया क्षेत्र में एक किला न्यू हेल्वेटिया

यानी नया स्विट्ज़रलैंड का निर्माण कर कृषि व व्यापार संबंधी गतिविधियों के लिए लोगों को बसाया था, जो मौजूदा कैलिफोर्निया की राजधानी सैक्रामेंटो के बीच में स्थित है, जो 'सूटरस फोर्ट' के नाम से जाना जाता है। उस कारखाने के निर्माण की देखरेख अधिकर्मी (फोरमैन) जेम्स डब्ल्यू. मार्शल ने मिल की तलहटी में बहनेवाले जल-स्रोत में चमकदार धातु मिली थी। मार्शल ने उस धातु को सूटर को दिखाया था। जाँच करने के बाद पता चला था कि वह वास्तव में सोना था। चूँकि सूटर उस क्षेत्र में विशाल कृषि कारोबार साम्राज्य स्थापित करना चाहता था, इसलिए उसने अपने सपने बिखर जाने के दर से उस खबर को काफी समय तक दबाने की कोशिश की थी। लेकिन ऐसा नहीं हुआ। वर्ष 1948 की वसंत ऋतु में ज्यों-ज्यों अफवाह फैलनी शुरू हुई थी, आसपास के इलाके के लोग वहाँ जमा होने लगे थे।

19 अगस्त, 1848 को पूर्वी समुद्र-तटीय अमेरिका (ईस्ट कोस्ट) के बड़े अखबार 'न्यूयॉर्क हेराल्ड' ने सोने की खोज की खबर प्रकाशित की थी और 5 दिसंबर, 1848 को राष्ट्रपति जेम्स पोक ने अमेरिकी कांग्रेस के भाषण में सोने की खोज की पुष्टि कर दी थी। जैसा कि सूटर को डर था, उसके अपने कार्यकर्ताओं सहित किले में रहनेवाले लोगों ने खेती व मवेशियों के पालन का काम छोड़ दिया और सोना खोजने के काम में जुट गए थे और बाहरी लोगों ने उसकी जमीनों, फसलों व मवेशियों पर कब्जा करना शुरू कर दिया था। शुरू में, चूँकि तब तक सोने की खदानों में संपत्ति के अधिकार के संबंध में कोई कानून मौजूद नहीं था और सोने की डली को कोई भी जमीन से उठा सकता था, इसलिए वहाँ दावा जताने की एक प्रणाली विकसित की गई थी। वर्ष 18 49 में राज्य का संविधान बना, विधायिका स्थापित की गई, निर्वाचित कार्यकारी प्रमुख के रूप में गवर्नर पद का सृजन हुआ, फिर सन् 1850 के समझौते के तहत कैलिफोर्निया आधिकारिक तौर पर अमेरिकी राज्य बना था। 1949 में सबसे अधिक 90,000 लोग कैलिफोर्निया पहुँचे थे, जिनमें करीब 60,000 विभिन्न अमेरिकी प्रांतों से जुटे हुए लोग थे। 1855 तक दुनिया भर से सोने की चाहत रखनेवाले कम-से-कम 3,00,000 व्यापारियों एवं अन्य आप्रवासियों का कैलिफोर्निया में जमघट हो चुका था। उसके बाद दक्षिण समुद्र-तटीय

19 अगस्त, 1848 को पूर्वी समुद्र-तटीय अमेरिका के बड़े अखबार 'न्यूयॉर्क हेराल्ड' ने सोने की खोज की खबर प्रकाशित की थी और 5 दिसंबर, 1848 को राष्ट्रपति जेम्स पोक ने अमेरिकी कांग्रेस के भाषण में सोने की खोज की पुष्टि कर दी थी।

(साउथ कोस्ट) अमेरिका में कैलिफोर्निया प्रांत में क्रांतिकारी तेजी के साथ विकास व आबादी वृद्धि का सिलसिला शुरू हुआ था।

चूँकि लेवी स्ट्रॉस की उम्र 20 पार कर चुकी थी और वह स्वतंत्र रूप से अपना कारोबार शुरू कर सकने में खुद को पूरी तरह सक्षम समझने लगा था, इसलिए पूर्वी समुद्र-तटीय (ईस्ट कोस्ट) अमेरिका के महत्त्वाकांक्षी लोगों की तरह उसकी नजर कैलिफोर्निया पर ही थी। वह कैरेबियन सागर व प्रशांत महासागर के बीच उत्तर व दक्षिण अमेरिका को जोड़नेवाली सँकरी पट्‌टी पनामा संधि होते हुए सैन फ्रांसिस्को (कैलिफोर्निया) बंदरगाह के लिए रवाना हुआ था। अपना कारोबार शुरू करने के इरादे से वह सूखे माल की पूरी खेप अपने साथ ले गया था; लेकिन फरवरी 1950 में जब तक उसका जहाज सैन फ्रांसिस्को बंदरगाह पर पहुँचा था, तब तक उसका लगभग सारा माल बिक चुका था। वह अपनी काँख में सिर्फ एक कैनवास की थान दबाए जहाज से उतरा था। वहाँ सोने की खान में काम करनेवाले कारीगरों व मजदूरों की भीड़ देखकर लेवी को साफ तौर पर एहसास हो गया था कि वह एक दूसरे ही अमेरिका में आ चुका था, क्योंकि वहाँ का नजारा न्यूयॉर्क से बिल्कुल अलग था।

तभी किसी व्यक्ति ने लेवी से पूछा था कि उसकी बाँहों में क्या था? वह खनन का काम करनेवाला व्यक्ति था। जब लेवी ने उसे बताया था कि वह कैनवास था, जिसे सोने की खान (गोल्डफील्ड) में टेंट बनाने के लिए बेचना चाहता था, तब उस व्यक्ति ने मुँह सिकोड़ते हुए कहा था, "उसकी क्या जरूरत थी? उसे तो पतलून (पैंट) लाने चाहिए थे।" जब लेवी ने पूछा था कि पतलून की क्या जरूरत थी, तो उसने बताया था कि खनन का काम करने के लिए ऐसे मजबूत पतलून की जरूरत थी, जिसे बार-बार धोने की जरूरत न हो और जो आसानी से फटे नहीं। कुछ क्षण के लिए लेवी सोच में

पड़ गया था; लेकिन उसके दिमाग में तत्काल एक क्रांतिकारी विचार आया था, जो उसे न केवल झटपट अमीर, बल्कि नेपोलियन के बाद सबसे मशहूर व्यक्ति बनाने वाला था। लेवी तत्काल उस व्यक्ति को लेकर एक कोने में बैठे दर्जी के पास पहुँचा था और कैनवस से उसकी माप का पतलून सिलवा दिया था। उसे पहनकर वह व्यक्ति इतना खुश हुआ था कि बड़ी शान से घूम-घूमकर अपने साथियों को बताने लगा था, "देखो, यह लेवीस पैंट है! इससे मजबूत पतलून अब तक किसी व्यक्ति ने पहले नहीं पहना"। खनन का काम करनेवाले लोगों को वह पतलून इतना पसंद आया था कि सभी लेवीस पैंट की माँग करने लगे थे।

ज्यों ही लेवी ने कैनवास की पूरी थान का उपयोग कर लिया, उसने न्यूयॉर्क में अपने बड़े भाई को इस निर्देश के साथ सारे पैसे भेज दिए कि वह जितना अधिक कैनवास खरीद सकता था, खरीदकर उसे भेज दे। जब तक बड़े भाई का जवाब आता और कैनवास थान की खेप पहुँचती, तब तक लेवी स्ट्रॉस ने खुद को सोना-खनन के कारोबार में व्यस्त कर लिया था। लेकिन उस काम में उसे कोई खास सफलता नहीं मिली थी। वर्ष 1850 की गरमियों में जब लेवी के भाई द्वारा भेजी गई सामान्य व विशेष प्रकार के डक कैनवास सहित अन्य कपड़ों की खेप पहुँची थी तो उसने सैक्रामेंटो में साधारण सा भंडार खोल लिया था। अगले कुछ महीने में लेवी का कारोबार इतना चला कि वह ठंड में सैक्रामेंटो स्ट्रीट (सैन फ्रांसिस्को) सूखे माल धागे, कपड़े, सिले हुए वस्त्र, छाते, बनियान-जाँघिया, रूमाल आदि सभी सामग्रियों का भंडार शुरू कर लिया था। यह स्थान बंदरगाह के बिल्कुल नजदीक था, जहाँ पर न्यूयॉर्क से बड़े भाई द्वारा लगातार भेजी जानेवाली सामग्रियों की खेपों को जहाज से उतारकर सँभालना ज्यादा आसान था।

अब लेवी की समृद्धि के दिन शुरू हो गए थे। लेवीस पैंट की माँग को लगातार पूरा करने के लिए उसने दर्जियों से कपड़े कटवाकर घरेलू महिलाओं से सिलाई का काम करना शुरू कर दिया था। सन् 1853 में लेवी स्ट्रॉस एंड कंपनी का गठन किया गया था। तब तक लेवी का कारोबार इतना बढ़ गया था कि उसके पास जितने भी कटाई करनेवाले अनुभवी दर्जी आते थे या सिलाई

करनेवाली महिलाएँ आती थीं, वह सभी को नियुक्त करने लगा था। उसका कारोबार विस्तार इतनी तेजी से बढ़ रहा था कि भंडार व कार्यशाला की जगह कम पड़ने की वजह से उसे कई स्थान बदलने पड़ रहे थे। जल्द ही उसका बड़ा भाई जोन्स व बहनोई डेविड स्टर्न भी उसका साथ देने के लिए सैन फ्रांसिस्को आ गए थे और सन् 1963 में कंपनी का मुख्यालय मौजूदा बैटरी स्ट्रीट में ज्यादा बड़ी जगह पर स्थानांतरित हो गया था।

मौखिक प्रचार से लेवी स्ट्रॉस एंड कंपनी का कारोबार तेजी के साथ आगे बढ़ रहा था। लेकिन दिसंबर 1870 में दक्षिण-पश्चिमी अमेरिका के नवादा प्रांत के तत्कालीन विकसित हो रहे छोटे शहर रेनो में दर्जी की दुकान चलानेवाले लातविया मूल का आप्रवासी अमेरिकी याकूब डब्ल्यू. डेविस ने एक ऐसा नवाचार शुरू किया था, जिसने आधुनिक जीन पतलून के विकास का रास्ता साफ किया था।

वास्तव में, सन् 1954 में रिगा (अब लातविया) से न्यूयॉर्क में आप्रवासित डेविस ने किराए के दर्जी का काम किया था और दो वर्षों बाद 1956 में बेहतर आमदनी की तलाश में सैन फ्रांसिस्को आ गया था। लेकिन सन् 1958 में पश्चिमी कनाडा चला गया था, जहाँ काफी समय तक वह फ्रेजर नदी में सोने की छनाई का काम करता रहा था। इसी दौरान उसने यहूदी आप्रवासी महिला से शादी कर ली थी और उसके छह बच्चे हो गए थे। जनवरी 1967 में वह एक बार फिर से अपना भाग्य आजमाने के लिए वापस सैन फ्रांसिस्को आ गया था, लेकिन उसी वर्ष के अंत में वर्जीनिया (नवादा) में पहले तंबाकू और फिर सूअर के मांस का काम किया था। 1968 में वह एक बार फिर से स्थानांतरित होकर रेलगाड़ी स्टेशन वाले छोटे रेनो में शराब फैक्ट्री के निर्माण में मदद करने लगा था। 1869 में डेविड अपने मूल धंधे में वापस लौटा था और रेनो में मुख्य सड़क पर दर्जी की दुकान शुरू की थी। वह दुकान में रेलवे मजदूरों के लिए टेंट, घोड़ा कंबल, घोड़ा गाड़ी आवरण जैसी कार्यात्मक वस्तुएँ तैयार करता था। इन वस्तुओं के लिए काफी मजबूत डक कॉटन (कैनवास) व डेनिम कपड़ों का इस्तेमाल करता था, जो वह सैन फ्रांसिस्को स्थित लेवी स्ट्रॉस एंड कंपनी से खरीदता था। अपनी सिली हुई वस्तुओं में तनाव-बिंदुओं

(स्ट्रेस पॉइंट्स) को मजबूत बनाने तथा सिलाई को सुदृढ़ करने के लिए डेविस उन स्थानों पर ताँबे-कीलक (कॉपर रिवेट) का उपयोग करता था।

दिसंबर 1870 में डेविस के एक ग्राहक ने लकड़ी काटनेवाले मजदूर को काम के समय पहनने के लिए एक जोड़ी मजबूत पतलून सिलने का आग्रह किया था। काम करने के लिए उपयुक्त मजबूत पतलून (पैंट) बनाने के लिए डेविस ने डक कॉटन कपड़े का इस्तेमाल किया था और उसकी जेब व अन्य कमजोर पड़ सकनेवाली तनाव बिंदुओं को ताँबे-कीलक ठोंककर मजबूत बना दिया था। वे पतलून इतने कारगर हुए थे कि जल्द ही अन्य रेल मजदूरों ने उसकी माँग शुरू कर दी थी और डेविस का कारोबार चल निकला था। जल्द ही वह डक कॉटन के अलावा डेनिम कपड़ों से वैसी ही मजबूत पतलून बनाने लगा था। जल्द ही डेविस को पता चला था कि पतलून की लगातार बढ़ती माँग को पूरा कर पाना अकेले उसके लिए संभव नहीं था। चूँकि वह पहले ही वाष्प-चालित नहर नाव (स्टीम-पॉवर्ड कैनाल बोट) तथा वाष्प-चालित अयस्क कोल्हू (स्टीम-पॉवर्ड ओर क्रेशर) के पेटेंट दाखिल कर चुका था, इसलिए उसे डेनिम पतलून का पेटेंट दाखिल करने की जरूरत भी महसूस हुई थी। इस काम को आगे बढ़ाने के लिए पर्याप्त पूँजी की जरूरत थी, जो उसके पास नहीं थी। चूँकि वह कपड़े तो लेवी स्ट्रॉस एंड कंपनी से लेता था और लेवी साथ उसकी अच्छी बातचीत भी थी, इसलिए उसने उसे डेनिम पतलून की शुरुआती सफलता 3 डॉलर की विशेष मूल्य और भारी माँग के बारे में बताया था और संयुक्त रूप से पेटेंट दाखिल करने का आग्रह किया था।

लेवी के लिए ताँबे कीलक वाली उस क्रांतिकारी डेनिम पतलून की बाजार संभावनाओं का आकलन करना बिल्कुल आसान था, क्योंकि वह खुद ही भारी मात्रा में कैनवास पतलून बेच रहा था। जाहिर है कि लेवी ने तत्काल डेविस के प्रस्ताव को स्वीकार कर लिया था और पेटेंट दाखिल करने की प्रक्रिया शुरू कर दी थी। साथ ही, लेवी ने डेविस को परिवार सहित सैन फ्रांसिस्को में आ जाने तथा ताँबे कीलक वाली डेनिम पतलून की उत्पादन गतिविधियों को सँभालने का आग्रह किया था। 26 अप्रैल, 1873 को डेविस सपरिवार सैन फ्रांसिस्को स्थानांतरित होकर काम सँभाल लिया था। जल्द ही 20 मई, 1873

को संयुक्त राज्य अमेरिका पेटेंट और ट्रेडमार्क कार्यालय (यू.एस.पी.टी.ओ.) ने डेविस व लेवी स्ट्रॉस एंड कंपनी के ताँबा कीलक डेनिम पतलून के संयुक्त पेटेंट दावे को अनुमोदित कर दिया था। डेविस ने लेवीस डेनिम पतलून की जेबों पर दोहरे पीले धागे से सिलाई की थी और वह तेजी के साथ लोकप्रियता के नए कीर्तिमान बनाता चला गया था।

असल में, 'डेनिम' शब्द का प्रचलन फ्रांसीसी भाषा के 'सर्ज डे निमेस' यानी निमेस के कपड़े से हुआ है। दक्षिणी फ्रांस के लॉन्गदोक-रुजिलॉन क्षेत्र में स्थित निमेस (अब गर्द विभागीय परिषद् की राजधानी) के रोमन साम्राज्य काल के जुलाहों ने खेस बुनाई (ट्वील वीविंग) विधि से एक विशेष प्रकार का कपड़ा विकसित किया था, जिसे नीले रंग (इंडिगो डाई) में रँगा जाता था। यही कारण है कि इस कपड़े का नाम 'ब्लू डेनिम' पड़ गया। डेनिम के पतलून को जींस या ब्लू जींस कहने का चलन भी काफी पुराना था, लेकिन लेवीस का ताँबा कीलक वाला डेनिम पतलून इतना लोकप्रिय हुआ कि आमतौर पर उसे ही पहला ब्लू जीन या ब्लू डेनिम जींस समझा जाने लगा। हाँ, स्ट्रॉस ने डेनिम विकसित करनेवाले तत्कालीन जुलाहों से अपने लिए विशेष प्रकार के कपड़े जरूर विकसित कराए थे और गुणवत्ता मानकों का कड़ाई से पालन किया था।

लेविस ने शादी नहीं की थी और वह व्यक्तिगत तौर आजीवन अकेला ही रहा था। धन व खुशी के बीच के रिश्ते के बारे में लेवी का यह कथन प्रसिद्ध है, "मैं अविवाहित हूँ और मैं उसकी आधार पर कल्पना करता हूँ कि मुझे और काम करने की जरूरत है; मेरा समूचा जीवन मेरा कारोबार है। मेरी खुशी मेरे दैनिक कार्य में ही है।" कोई भी दो व्यक्ति एक जैसी परिस्थितियों में संतुष्ट नहीं हो सकते। जी हाँ, स्ट्रॉस जिम्मेदार प्रबंधक था और उसने कारोबार को अपने परिवार के दायरे में ही रखा था। उसे कभी भी आर्थिक मदद के लिए बाहर जाने की जरूरत नहीं पड़ी थी। जब सन् 1902 में 73 वर्ष की उम्र में उसकी मृत्यु हुई थी तो वह अपने भतीजों को अपना कारोबार सौंप गया था। लेवी के भतीजे की एक बेटी के साथ शादी करनेवाला वाल्टर ए. हास सन् 1928 में कंपनी का अध्यक्ष बना था। इस बीच 1907 में

डेनिम के पतलून को जींस या ब्लू जींस कहने का चलन भी काफी पुराना था, लेकिन लेवीस का ताँबा कीलक वाला डेनिम पतलून इतना लोकप्रिय हुआ कि आमतौर पर उसे ही पहला ब्लू जीन या ब्लू डेनिम जींस समझा जाने लगा।

याकूब डब्ल्यू. डेविस ने अपने हिस्से का पेटेंट व उत्पादन अधिकार लेवी स्ट्रॉस एंड कंपनी को बेच दिया था, लेकिन 1908 में अपनी मृत्यु से पहले तक उत्पादन की देखरेख करता रहा था। हालाँकि बाद में लेवी स्ट्रॉस एंड कंपनी ने विभिन्न प्रकार के वस्त्रों को अपने कारोबार के दायरे में ले लिया था, अभी उसका अधिकांश कारोबार पारंपरिक डेनिम जींस पर ही निर्भर है। वर्ष 2013 के अंत में दुनिया भर में कंपनी संचालित भंडारों की संख्या 2,800 और वार्षिक कारोबार 4.68 अरब डॉलर (2013) के स्तर पर पहुँच गया था, लेकिन वह निजी स्वामित्व ही संचालित हो रही थी। जी हाँ, लेवी जरूर झटपट अमीर व सफल बन गया था, लेकिन उसने दशकों की कड़ी मेहनत व लगन से गुणवत्ता मानकों को अपने कारोबार का आधार बनाया था। लेवी के जमाने में विज्ञापन के साधन बहुत सीमित थे, लेकिन मौखिक प्रचार से ही उसने जो लोकप्रियता हासिल की थी, वह अपने आप में बेमिसाल है।

□

4

कारोबारी कार्यकारियों के स्वप्न-नायक

अच्छे कारोबारी विचारों की कोई कमी नहीं है। बहुत लोगों के मन में क्रांतिकारी विचार आते हैं, लेकिन व्यक्तियों की अंतर्दृष्टियों को लाभदायी उद्यमों में बदलने का असल जादू तो उन विचारों के कार्यान्वयन (एक्जीक्यूशन) में होता है। मानव-जाति के इतिहास में वही व्यक्ति विशेष महान् उद्यमी बन पाया है, जिसमें अपनी अंतर्दृष्टि को नींव बनाकर उसके ऊपर कारोबारी महल खड़ा करने की क्षमता थी। महान् उद्यमशीलता के लिए व्यक्ति विशेष में केवल रचनात्मकता व कल्पनाशीलता का होना काफी नहीं है, बल्कि उसके लिए प्रबंधकीय कौशल एवं वित्तीय कुशाग्रता का होना भी अनिवार्य है।

वॉलमार्ट के संस्थापक सैम वाल्टन तो नहीं रहे, लेकिन चार्ल्स श्वाब, बर्नी मार्कस व आर्थर ब्लैंक अभी भी हमारे बीच हैं। ये वे व्यक्ति हैं, जिनमें महान् उद्यमी होने के सभी जरूरी गुण मौजूद थे। इन व्यक्तियों ने अपने विचारों को न केवल कार्यान्वित किया, बल्कि उन ऊँचाइयों पर पहुँचाया, जो हर कारोबारी कार्यकारियों का सपना होता है। तभी तो ये व्यावसायिक विभूतियाँ हमारे स्वप्न-नायक बनी हुई हैं।

जी हाँ, इन महान् व्यक्तियों की सबसे बड़ी समान विशेषता यह है कि इनके कारोबारी विचार ग्राहक-केंद्रित थे। इन लोगों का समूचा पेशेवर जीवन इस विचार के आसपास घूमता रहा था कि ग्राहकों को सबसे सस्ता, सबसे बेहतर, सबसे आसान वस्तु या सेवा कैसे दी जाए। उनकी रचनात्मकता, कल्पनाशीलता, प्रबंधकीय कौशल व वित्तीय कुशाग्रता सबकुछ सिर्फ एक बिंदु ग्राहक पर केंद्रित

रही थी। यही कारण था कि वे विश्व व्यापी ग्राहक समुदायों को आकर्षित करने में सफल रहे और अपने को झटपट करोड़पति बनाने में भी।

सैम वाल्टन : पूँजी बाजार पर सवार हुआ और बना लिया सबसे बड़ा खुदरा साम्राज्य

द्वितीय विश्व युद्ध में सैन्य सेवा बाध्यता पूरी करने के बाद जब सैम वाल्टन वापस पारिवारिक जीवन में आया था, उसके पास अपनी बचत के केवल 5,000 डॉलर ही थे। उसने ससुर से 20,000 डॉलर उधार लेकर फ्रेंचाइजी खुदरा भंडार से अपना कारोबारी जीवन शुरू किया था। तीन वर्षों में जब उसने बेन फ्रैंकलिन भंडार का कायाकल्प कर बिक्री राजस्व को 2.50 लाख डॉलर पर पहुँचाया था तो अचल संपत्ति स्वामी ने पट्टे का नवीकरण नहीं किया। सैम का कारोबारी सपना अचानक चकनाचूर होने की स्थिति में आ गया था। लेकिन उसने अपनी पत्नी व ससुर के सहयोग से अपने कारोबार को दुबारा खड़ा किया था। लेकिन उसे झटपट करोड़पति बनने का मौका तब लगा था, जब उसने 1970 में वॉलमार्ट स्टोर्स को सार्वजनिक किया था। अगले पाँच वर्षों में सैम का कारोबार 4.25 करोड़ डॉलर से बढ़कर 34 करोड़ डॉलर हो गया था। अगले 12 वर्षों बाद जब सैम ने सन् 1987 में वॉलमार्ट की रजत जयंती मनाई थी तो कंपनी का बिक्री राजस्व 15.90 अरब डॉलर हो चुका था। अगले 12 वर्षों बाद जब सन् 1992 में सैम की कैंसर से मौत हुई थी, तब तक वॉलमार्ट का बिक्री राजस्व 50 अरब डॉलर हो चुका था और सैम की व्यक्तिगत संपत्ति का मूल्य 25 अरब डॉलर। लेकिन सबसे बड़ी बात यह है कि सैम ने अपनी कारोबार की ऐसी ठोस नींव रखी थी कि वॉलमार्ट का साम्राज्य समूचे विश्व में फैलता चला गया। इसीलिए सैम वाल्टन अभी भी कारोबारी नायकों का प्रेरणा-पुरुष बना हुआ है।

सबसे बहुमुखी लड़का : सैमुअल मूर सैम वाल्टन का जन्म 29 मार्च, 1918 को दक्षिण-मध्य अमेरिका के ओकलाहोमा प्रांत में मुख्य नगर से 72 कि.मी. उत्तर-पश्चिम में स्थित किंगफिशर के किसान परिवार में हुआ था। उसके पिता थॉमस गिब्सन वाल्टन और माँ नैंसी ली खेत-आवास में ही रहते

थे, जहाँ वर्ष 1921 में उसके छोटे भाई जेम्स का जन्म हुआ था। लागत बढ़ने के कारण खेतीबाड़ी से इतनी आमदनी हो पा रही थी कि परिवार का ठीक प्रकार से भरण-पोषण हो सके। थॉमस गिब्सन का भाई मेट्रोपोलिटन लाइफ इंश्योरेंस कंपनी के प्रतिनिधि के रूप वाल्टन मॉर्गेज कंपनी के जरिए खेतीबाड़ी वित्त-पोषण (फार्म फाइनेंशिंग) का व्यापार कर रहा था। परिवार का खर्च पूरा करने के लिए थॉमस गिब्सन अपने भाई की कंपनी में काम करने लगा था, जहाँ विश्व-महामंदी (1929 से 1939) के दौरान उसकी मुख्य जिम्मेदारी कर्ज न चुका सकनेवाले किसानों की गिरवी संपत्ति पर कब्जा लेना था।

जब अमेरिकी अर्थव्यवस्था पर विश्व महामंदी का असर गहरा होने लगा था तब थॉमस गिब्सन को परिवार सहित एक शहर से दूसरे शहर भटकना पड़ा था। वाल्टन परिवार पहले ऑरलैंडो (फ्लोरिडा) में रहा था, फिर अन्य शहरों में। इस दौरान, जब सैम वाल्टन शेल्बिना (मिसौरी) में आठवीं कक्षा में पढ़ रहा था तो राज्य के इतिहास में सबसे कम उम्र का ईगल स्काउट—बॉय स्काउट्स ऑफ अमेरिका (बी.एस.ए.)—की सर्वोच्च उपलब्धि बन गया था। अंततः वाल्टन परिवार कोलंबिया (मिसौरी) में स्थानांतरित हो गया था। महामंदी के दौरान अपने परिवार की आर्थिक मदद के लिए सैम वाल्टन को भी कई छोटे-मोटे काम करने पड़े थे। वह अपनी पारिवारिक गाय का दूध दुहता था और परिवार के उपयोग से बचे दूध को बोतल में भरकर नियमित ग्राहकों को पहुँचाता था। सुबह में दूध का काम पूरा करने के बाद सैम घरों में स्थानीय अखबार 'कोलंबिया ट्रिब्यून' पहुँचाता था, फिर थोड़ी अतिरिक्त कमाई के लिए पत्रिकाओं की सदस्यताएँ बेचने का भी काम करता था। सैम की कड़ी मेहनत, लगन व उद्यमशीलता के कारण ही कोलंबिया के डेविड एच. हिकमैन हाई स्कूल में उसे सबसे बहुमुखी लड़का पुरस्कार के लिए चुना गया था।

आर.ओ.टी.सी. छात्रवृत्ति : सैम का सबसे पहला लक्ष्य अपने परिवार की आर्थिक मदद के लिए बेहतर अवसर ढूँढ़ना था। इसीलिए उच्च विद्यालय से उत्तीर्ण होने के बाद उसने महाविद्यालय आधारित अमेरिकी सशस्त्र बलों के प्रमाणित अधिकारियों के प्रशिक्षण कार्यक्रम आरक्षित अधिकारी

सैम आर.ओ.टी.सी. छात्रवृत्ति हासिल करने और फिर उसके जरिए मिसौरी विश्वविद्यालय में दाखिल होने में सफल रहा था। लेकिन पढ़ाई का बाकी खर्च पूरा करने और परिवार की आर्थिक मदद के लिए उसे कई तरह के काम करने पड़े थे।

प्रशिक्षण वाहिनी (रिजर्व ऑफिसर्स ट्रेनिंग कोर—आर.ओ.टी.सी.) में भाग लिया था। सैम आर.ओ.टी.सी. छात्रवृत्ति हासिल करने और फिर उसके जरिए मिसौरी विश्वविद्यालय (कोलंबिया) में दाखिल होने में सफल रहा था। लेकिन पढ़ाई का बाकी खर्च पूरा करने और परिवार की आर्थिक मदद के लिए उसे कई तरह के काम करने पड़े थे। उसने मुफ्त भोजन के लिए बैरा (वेटर) का काम भी किया था। इसके बावजूद सैम विश्वविद्यालय छात्रों की सामाजिक गतिविधियों में सक्रिय भूमिका निभाने का समय भी निकाल लेता था। वह मिसौरी विश्वविद्यालय के भाईचारा संगठन 'बीटा थीटा पी' सहित कई अन्य संगठनों का सदस्य था। यही कारण था कि 1940 में जब उसने स्नातक कला-अर्थशास्त्र (बी.ए.-इकोनॉमिक्स) की उपाधि हासिल की थी, तब उसे अपने वर्ग का स्थायी अध्यक्ष चुना गया था।

प्रबंधन प्रशिक्षु व सैन्य सेवा : अभी सैम को महाविद्यालय से निकले तीन दिन ही हुए थे कि मध्यम श्रेणी विभागीय भंडारों की लोकप्रिय शृंखला जेसी पेनी कंपनी ने उसे 75 डॉलर प्रतिमाह के वेतन पर पड़ोसी राज्य आयोबा की राजधानी डेस मोइनेस में प्रबंधन प्रशिक्षु (मैनेजमेंट ट्रेनी) भरती कर लिया था। इस बीच द्वितीय विश्व युद्ध (1939 से 1945) शुरू हुए काफी समय बीत चुका था और उसमें संयुक्त राज्य अमेरिका के कूदने की आशंकाएँ तेज हो रही थीं। ऐसे में सैम वाल्टन को आशंका थी कि उसे जल्द ही अपनी सैन्य सेवा बाध्यताओं को पूरा करना पड़ेगा। इसीलिए करीब 18 माह काम करने के बाद सैम ने जेसी पेनी से त्याग-पत्र दे दिया था। उसके बाद सैम ने ड्यूपॉण्ट के तुलसा (ओकलाहोमा) स्थित युद्ध-सामग्री संयंत्र में काम किया था और फिर अमेरिकी सेना की सैन्य खुफिया वाहिनी (मिलिट्री इंटेलिजेंस कोर) में भरती हो गया था। वह फोर्ट डगलस सैन्य चौकी (साल्ट लेक सिटी, उटाह) यूटा में तैनात हुआ था, जहाँ उसे विमान संयंत्रों में सुरक्षा व

युद्ध शिविरों के कैदी की निगरानी का काम दिया गया था। अपनी मुस्तैदी व कार्य-कुशलता से वह अंत में कप्तान के पद पर पहुँच गया था।

इस बीच 14 फरवरी, 1943 को सेंट वेलेंटाइन डे के अवसर पर सैम वाल्टन की शादी क्लियरमोर (ओकलाहोमा) के समृद्ध पशुपालक किसान की बेटी हेलेन रॉबसन केंपर से हो गई थी, जिसने ओकलाहोमा विद्यालय में स्नातक की उपाधि हासिल की थी। फिर 28 अक्तूबर, 1944 को वाल्टन दंपती की पहली संतान सैमुअल रॉबसन रॉब वाल्टन का जन्म हुआ था। 1945 में युद्ध समाप्त होने के बाद सैम वाल्टन नागरिक जीवन में लौट आया था।

पहले भंडार में बड़ा झटका : संयुक्त राज्य अमेरिका के संस्थापक पिताओं में गिने जानेवाले बेंजामिन फ्रैंकलिन कहा करते थे कि एक-एक पैसा बचाना ही पैसा कमाना है। यह उपदेश इतना लोकप्रिय हुआ था कि सस्ते घरेलू सामानों के लोकप्रिय डाक-आदेश (मेल ऑर्डर) कारोबारी बटलर ब्रदर्स ने स्थापना के करीब 50 वर्षों बाद अपना नाम बदल लिया था और 1927 में बेन फ्रैंकलिन नाम से विविधता भंडार श्रृंखला (वैराइटी स्टोर चेन) शुरू कर दी थी। अगले दो दशकों में यह श्रृंखला इतनी लोकप्रिय हुई थी कि समूचे अमेरिका में उसके 2,000 से अधिक भंडार खुल गए थे। ऐसे में सैन्य सेवा से लौटने के बाद सैम ने अपने लिए कारोबारी विकल्प खोजना शुरू किया था तो स्वाभाविक रूप से बेन फ्रैंकलिन ने उसे आकर्षित किया था। चूँकि वह जेसी पेनी में डेढ़ वर्षों तक काम कर चुका था, इसलिए सस्ते सामानों के खुदरा कारोबार की संभावनाओं का आकलन करना उसके लिए मुश्किल नहीं था। उसने करीब 5,000 डॉलर की बचत की हुई थी। तब धनी ससुर से 20,000 उधार लेकर सैम ने पड़ोसी राज्य अरकंसास के उभरते शहर न्यूपोर्ट में बिक्री के लिए उपलब्ध बेन फ्रैंकलिन विविधता भंडार को खरीद लिया था।

किशोरावस्था से ही कड़ी मेहनत सैम का स्वभाव था। जेसी पेनी में काम करते हुए उसने बहुत कुछ सीखा था। वहाँ के अन्य बिक्री कर्मी भले ही ग्राहकों को ज्यादा मुनाफेवाले सामान बेचने की कोशिशें करते रहे हों, लेकिन सैम ने 'ग्राहक ही सबकुछ' के अपने बिक्री दर्शन को अपनाया था। वह ग्राहकों से दोस्ताना व्यवहार करता था और उनकी जेब के मुताबिक

जरूरत के सभी सामान खरीदने में मदद कर उन्हें पूरी तरह संतुष्ट करने की कोशिश करता था। इसका नतीजा यह हुआ था कि अन्य बिक्री कर्मियों के मुकाबले उसकी बिक्री इतनी ज्यादा होती थी कि उसे कंपनी की तरफ से अतिरिक्त भुगतान भी मिलता था। साफ है कि जब सैम ने बेन फ्रैंकलिन का पहला भंडार शुरू किया था तो उसने सबसे पहली बात यह सुनिश्चित की थी वह प्रतिस्पर्धियों के मुकाबले सबसे सस्ती कीमत पर बेहतर गुणवत्ता के सामान उपलब्ध कराए। स्वाभाविक रूप से भंडार का कारोबार तेजी से बढ़ा था। अगले तीन वर्षों में सैम ने उस भंडार की सालाना बिक्री को 80 हजार डॉलर से बढ़ाकर 2.50 लाख डॉलर तक पहुँचा दिया था।

लेकिन सैम की जबरदस्त सफलता ने अचल संपत्ति के स्वामी के मन में स्वार्थी महत्त्वाकांक्षा भी पैदा कर दी थी। वह भी पहले खुदरा कारोबार से जुड़ा रहा था, इसलिए उसके मन में यह विचार आया था कि वह अपने बेटे के आर्थिक भविष्य को सुरक्षित करने के लिए सैम का जमा-जमाया कारोबार अपने पाले में झटक ले। जी हाँ, अब सैम को कारोबार का पहला कड़वा घूँट पीना था। भंडार की फ्रेंचाइजी खरीदते समय उसने इस तथ्य पर ध्यान नहीं दिया था कि रियल एस्टेट के पट्टे की शर्तें क्या थीं। अब, जब उसका कारोबार तेजी से बढ़ रहा था तो उसे उस क्षेत्र की अचल संपत्तियों के किराए के मुकाबले कई गुना अधिक चुकाना पड़ रहा था, क्योंकि पट्टे में भंडार की कुल बिक्री का 5 प्रतिशत किराया राशि निश्चित की गई थी। चूँकि सैम को भी पहले यह उम्मीद नहीं थी कि बिक्री इतनी तेजी से बढ़ेगी, इसलिए भंडार के विकास के साथ-साथ किराया राशि तार्किक लगी थी। लेकिन अब उसके लिए इस शर्त को पूरा करना अपनी गाढ़ी कमाई में डाका जैसा लगने लगा था। फिर भी, उसने इस भुगतान को इसलिए बरदाश्त कर लिया था कि उसका ग्राहक आधार व राजस्व तेजी से बढ़ रहा था। साफ है कि जब अचल संपत्ति स्वामी ने सैम के सामने उस भंडार के फ्रेंचाइजी अधिकार खरीदने का प्रस्ताव रखा था तो उसने ज्यादा किराए के बावजूद मना कर दिया था। तब अचल संपत्ति स्वामी ने दूसरा तरीका अपनाया था और भंडार-पट्टा के नवीकरण से मना कर दिया था और पट्टा खत्म होने में

एक वर्ष भंडार को खाली कर देने की कानूनी सूचना (लीगल नोटिस) जारी कर दिया था। अब तो मानो सैम के पैरों तले की जमीन ही खिसक गई थी।

पट्‌टे के सारे अनुबंध अचल संपत्ति मालिक के पक्ष में थे और वह उसके खिलाफ कोई कानूनी काररवाई भी नहीं कर सकता था। अब उसके पास एक ही विकल्प था कि वह अपने लिए दूसरा विकल्प ढूँढ़े। यह सैम वाल्टन के कारोबारी जीवन का पहला बड़ा झटका था। वह अपनी कारोबारी सफलता को तेजी से आगे बढ़ाने के बड़े-बड़े सपने देख रहा था कि अचानक एक ऐसी अड़चन खड़ी हो गई थी कि उसका भविष्य दाँव पर लग गया था। उसके पास अपने जमे-जमाए कारोबार को छोड़ने के अलावा कोई रास्ता नहीं बचा था। उस समय तो उसे यही लग रहा था मानो भाग्य ही उसकी राह का रोड़ा बन गया था। उसके लिए सबसे संतोष की बात यह थी कि अचल संपत्ति स्वामी ने भंडार की मौजूदा सामान-सूची व स्थिर साज-सामानों के उचित मूल्य 50 हजार डॉलर नकद भुगतान को तैयार हो गया था।

वाल्टनस फाइव एंड डाइम : लेकिन इस मुसीबत में सैम अकेला नहीं था। उसके साथ उसकी पढ़ी-लिखी समझदार पत्नी भी थी और उसका धनवान् ससुर भी था, जो अपने बेटी-दामाद के भविष्य को सुनिश्चित करने के लिए कुछ भी करने को तैयार था। अब सैम ने अपने कारोबारी भविष्य के लिए दूरगामी रणनीति तैयार की थी। पहला ,भंडार का किराया कम-से-कम हो; दूसरा, भंडार का पट्‌टा कम-से-कम 99 वर्षों का हो और तीसरा, भंडार ऐसी जगह स्थित हो कि जरूरत पड़ने पर उसका विस्तार भी किया जा सके। साफ है कि छोटे शहर में ये तीनों बातें पूरी होने की ज्यादा संभावना हो सकती थी। इसके अलावा, सैम की पत्नी हेलन ने भी छोटे शहर के जीवन को पसंद किया था, क्योंकि शादी से पहले उसने अपना पूरा समय पिता के विशाल पशुपालन क्षेत्र में बने घर यानी रैंच हाउस में गुजारा था। इसलिए सैम ने अपने ससुर की मदद से अरकंसास के ग्रामीण शहरों में बिक्री योग्य बेन फ्रैंकलिन भंडार को खोजना शुरू किया था।

काफी खोजबीन के बाद न्यूपोर्ट 440 कि.मी. दूर बेंटनविले के मुख्य बाजार केंद्र में वैकल्पिक भंडार मिल गया था। जी हाँ, सैम की हालत

एक दिन के मामूली फेर-बदल के बाद सैम ने 9 मई, 1950 को बेंटनविले में भंडार को चालू कर दिया था और उसका नाम रखा था 'वाल्टनस फाइव एंड डाइम'।

दूध से जली छाछ फूँक-फूँककर पीनेवाली बिल्ली जैसी थी। किसी तरह उसने रियल एस्टेट मालिक को समूचे भवन के 99 वर्ष के पट्टे के लिए तैयार कर लिया था। लेकिन पट्टे में एक शर्त यह भी लगा दी थी कि विस्तार की जरूरत पड़ने पर पड़ोसी दुकान भी खाली हो जाए। लेकिन पड़ोसी दुकान का स्वामी इस शर्त को मानने को कतई तैयार नहीं था। सैम छह चक्कर लगा चुका था और उसे हर बार निराशा ही हाथ लगी थी। ऐसी हालत में सैम के ससुर ने बुद्धिमानी की थी और उसकी जानकारी के बिना ही उस दुकान मालिक को 20 हजार डॉलर अग्रिम किराया देकर उस शर्त को मानने को राजी कर लिया था।

सैम के पास मौजूदा भंडार को बेचने के बाद इतनी रकम बची हुई थी कि वह ससुर का पैसा लौटा सके। एक दिन के मामूली फेर-बदल के बाद सैम ने 9 मई, 1950 को बेंटनविले में भंडार को चालू कर दिया था और उसका नाम रखा था 'वाल्टनस फाइव एंड डाइम' उस समय भंडार की वार्षिक बिक्री करीब 70 हजार डॉलर थी। लेकिन सैम ने अपने बिक्री दर्शन से अगले वर्ष में उसकी बिक्री को बढ़ाकर 1.05 लाख डॉलर, दूसरे वर्ष में 1.40 लाख डॉलर और तीसरे वर्ष में 1.75 लाख डॉलर के स्तरों पर पहुँचा दिया था। वैसे तो अभी भी बेंटनविले भंडार का कारोबार स्तर तीन वर्ष पहले के न्यूपोर्ट भंडार से 50 हजार डॉलर पीछे था, लेकिन अब सैम की महत्त्वाकांक्षा नई उड़ानें भरने लगी थीं।

इस दौरान, न्यूपोर्ट से बेंटनविले पूरी तरह स्थानांतरित होने के बीच एक वर्ष के दौरान सैम को कई महत्त्वपूर्ण बातें सीखने को मिली थीं। एक साथ 440 कि.मी. की दूरी पर स्थित दो भंडारों को एक साथ चलाना काफी मुश्किल काम था। सैम के पास खुद को अधिकतम स्तर तक खींचने के अलावा और कोई चारा भी नहीं था। उसकी कार्यशील पूँजी (वर्किंग कैपिटल) दो भंडारों में बँट चुकी थी, इसलिए सैम को अपना यह वर्ष

अपने पिक-उपवान में न्यूपोर्ट व बेंटनविले के बीच चक्कर लगाने में भी गुजारना पड़ा था। हाँ, इस दौरान सैम को अपने में अधिकार-प्रत्यायोजन (डेलीगेशन ऑफ पॉवर) यानी अपना अधिकार दूसरों को सौंपने की कला को भी विकसित करने का मौका मिला था, जो आधुनिक प्रबंधन का सबसे महत्त्वपूर्ण अंग माना जाता है। इस तरह, अब सैम ने खुद को नई लड़ाई के लिए पूरी तरह तैयार कर लिया था।

ध्यान रहे कि उस समय संयुक्त राज्य अमेरिका में ऐतिहासिक जन्म-दर वृद्धि का युग यानी 'बेबी बूम' अपने चरम की ओर बढ़ रहा था। द्वितीय विश्व युद्ध में सैन्य सेवाओं की बाध्यता पूरी कर लौटे अमेरिकी युवाओं ने बहुत बड़ी संख्या में शादियाँ की थीं और वर्ष 1946 में अचानक 34 लाख बच्चे पैदा हुए थे। जन्म-दर वृद्धि यह सिलसिला अगले 18 वर्षों बाद सन् 1964 में जाकर थमा था। इस बीच, औसतन 40 प्रतिशत जन्म वृद्धि दर को कायम रखते हुए नई पीढ़ी के अमेरिकी माता-पिताओं ने देश की जनसंख्या में 7.60 करोड़ लोगों को जोड़कर एक नई पीढ़ी का सृजन कर दिया था, जिसे 'बेबी बूम जेनरेशन' कहा जाता है। अगले दो दशकों (1964 से 1984 तक) के बीच अमेरिका में जन्म दर वृद्धि दर का औसत 25 प्रतिशत पर सिमट कर नीचे चला गया था। बेबी बूम जेनरेशन को अपने नव-धनाढ्य माता-पिताओं की संरक्षण में संपन्नता के साथ पलने-बढ़ने का मौका मिला था। इस बीच अमेरिकी अर्थव्यवस्था लगातार आगे बढ़ रही थी और युद्ध से लौटकर परिवार बढ़ानेवाले युवाओं को कमाने का भी जबरदस्त मौका मिला था। इन माता-पिताओं ने प्रथम व द्वितीय विश्व युद्ध के बीच महामंदी के भयानक दौर भी झेले थे, इसलिए उन्होंने अपने बच्चों को वे सारे सुख देने की कोशिश की थी, जो उन्हें खुद नसीब नहीं हुआ था। इस तरह, बेबी बूम ने संयुक्त राज्य अमेरिका में उपभोक्तावाद (कंज्यूमरिज्म) को बढ़ावा दिया और उसके साथ-साथ खरीदारी-विस्फोट (शॉपिंग बूम) का युग भी शुरू हो गया था।

जीवन की किसी भी सफलता में सही समय, सही स्थान व सही व्यक्ति महत्त्वपूर्ण भूमिका अदा करते हैं। सैम वाल्टन को ये तीनों चीजें एक साथ मिली थीं। उसे समझदार पत्नी के साथ-साथ समृद्ध ससुर भी मिला था; बड़े

महानगरों से दूर अरकंसास जैसे अपेक्षाकृत पिछड़े राज्य में विशाल अर्द्ध-शहरी बाजार क्षेत्र भी मिला था और उसने बेबी बूम के दौर में अपना कारोबार शुरू किया था। सफलता के सारे गुण तो उसमें शुरू से मौजूद थे, तभी तो वह बहुमुखी लड़का चुना गया, छात्रवृत्ति से अर्थशास्त्र स्नातक बना, जेसी पन्नी की नौकरी हासिल की और सेना में कैप्टन भी बना। और, अब छह वर्षों के कठोर कारोबारी अनुभव ने सैम उसकी कारोबारी महत्त्वाकांक्षा को व्यावहारिक कारोबारी अंतर्दृष्टि (प्रैक्टिकल बिजनेस विजन) में बदल दिया था। अब उसे आगे का रास्ता साफ-साफ दिखाई देने लगा था।

इस बीच, सैम अपने भाई जेम्स लॉरेंस बड वाल्टन को भी अपने कारोबार में शामिल कर आया था और 1954 में उसके साथ मिलकर कैनसस सिटी (मिसौरी) के उपनगर रस्किन हाइट्स स्थित खरीदारी केंद्र (शॉपिंग सेंटर) नया बेन फ्रैंकलिन भंडार शुरू किया था। उसके बाद सैम का साला भी उसके साथ सक्रिय हो गया था और ससुर ने खुलकर अपनी पूँजी लगाना शुरू कर दिया था और सैम ने एक के बाद दूसरे भंडार खोलने का सिलसिला तेज कर दिया था। कारोबार इतनी तेजी से बढ़ा था कि सैम के लिए अपनी पिकअप वैन से सभी भंडारों की देखरेख कर पाना संभव नहीं रह गया था। चूँकि बड वाल्टन ने द्वितीय विश्व युद्ध के दौरान नौ-सेना में विमान-चालक (पायलट) की सेवा दी थी, इसलिए सैम ने पुराना छोटा हवाई जहाज खरीदने का फैसला किया था। शुरू में सैम के साथ पायलट के रूप में बड अपनी सेवाएँ देनी पड़ी थीं, लेकिन जल्द ही सैम ने अकेले भी उड़ान भरने लगा था। सैम ने अपने भंडार-प्रबंधकों को भी 1000 डॉलर का निवेश कर हिस्सेदारी हासिल करने के लिए प्रोत्साहित किया था। इस तरह, खुदरा कारोबार में अपने कुल 17 वर्षों (1945 से 1962 के बीच) में सैम ने अरकंसास, मिसौरी व कंसास में 15 बेन फ्रैंकलिन के फ्रेंचाइजी भंडारों सहित तथा एक स्वतंत्र भंडार (फयेटविल, उत्तर-पश्चिमी अरकंसास) का सफल संचालन कर रहा था।

वॉलमार्ट डिस्काउंट सिटी स्टोर : इस बीच मूल संचालक बटलर ब्रदर्स ने 1958 में बेन फ्रैंकलिन भंडार शृंखला को बेच दिया था। समूचे अमेरिका में 2500 से अधिक फ्रेंचाइजी भंडारों के साथ यह शृंखला अपने

कारोबारी चरम पर पहुँच चुकी थी और नया शीर्ष प्रबंधन फ्रेंचाइजी भंडारों के साथ तालमेल बनाए रख पाने में सफल नहीं हो पा रहा था। कहने को तो सैम वाल्टन भी 15 भंडारों के जरिए अच्छा-खासा बिक्री राजस्व हासिल कर रहा था, लेकिन उसे अपेक्षा के मुताबिक लाभ नहीं मिल पा रहा था। ऊपर से, इतने भंडारों के संचालन के लिए प्रबंधन खर्च लगातार बढ़ते जा रहे थे। वैसे तो बेन फ्रैंकलिन की संचालक कंपनी थोक भाव पर अपने फ्रेंचाइजी भंडारों को सामानों की आपूर्ति कर रही थी, फिर भी वह असल थोक भाव से काफी ऊपर था। अब तक अमेरिका के महानगरों में कई बड़े-बड़े भंडार खुल चुके थे, जो अधिक-से-अधिक ग्राहकों को अपनी तरफ खींचने के लिए लगातार अपनी कीमतें घटा रहे थे। ऐसे में, सैम अपेक्षाकृत छोटे शहरों में भी महानगरों जैसे बड़े भंडार खोलने और कम-से-कम कीमत पर सामान उपलब्ध कराने की योजना बना रहा था। उसने बेन फ्रैंकलिन के शीर्ष प्रबंधन के सामने यह विचार रखा था और उन्हें अपनी लाभ-सीमा को घटाकर बिक्री बढ़ाने की रणनीति अपनाने का आग्रह किया था। साफ है कि अपनी सफलता में मदमस्त बेन फ्रैंकलिन के संचालकों को सैम का बिक्री दर्शन समझ नहीं आया था और उन्होंने उसके प्रस्ताव को ठुकरा दिया था।

यही कारण था कि सैम समय रहते इस दिशा में कदम बढ़ाते हुए बेंटनविले से 45 कि.मी. दूर फयेटविल में अपना स्वतंत्र भंडार शुरू कर चुका था। लेकिन सैम के सपनों का विशाल भंडार अभी भी काफी दूर नजर आ रहा था। इसमें निर्माण लागत के साथ-साथ उत्पादकों से थोक भाव में सीधी खरीद के लिए भी बहुत बड़ी पूँजी की जरूरत थी। लेकिन इस दिशा में आगे बढ़ने के लिए सैम तत्काल एक ऐसा भंडार बनाना चाहता था, जो तमाम बेन फ्रैंकलिन भंडारों से काफी बड़ा हो। इसीलिए सैम ने जोखिम उठाकर बेंटनविले के अपने पहले वाल्टनस फाइव एंड डाइम के मुकाबले दो गुना बड़े भंडार के निर्माण का फैसला किया था। इसके लिए उसने बेंटनबिल से महज 13 कि.मी. की दूरी पर रोजर्स को चुना था और जल्द ही वहाँ पर सटीक अचल संपत्ति की खोज भी कर लिया था। इसके लिए सैम ने अपने घर तक को गिरवी रखकर दिया था। उत्पादकों से थोक भाव

में सामानों की खरीद व कार्यशील पूँजी के लिए सैम ने अपने ससुर सहित अन्य सभी स्रोतों से धन इकट्‌ठा किया था। अंततः उसने 2 जुलाई, 1962 को रोजर्स (719, वेस्ट वालनट स्ट्रीट) में वॉलमार्ट डिस्काउंट सिटी स्टोर का शुभारंभ कर दिया था। यही बाद में वॉलमार्ट का सबसे लोकप्रिय भंडार प्रारूप के रूप में सामने आया था।

दिग्गजों की टेढ़ी नजरों से दूर : ध्यान रहे कि सन् 1962 में ही भविष्य में प्रसिद्ध होने जा रही तीन अन्य खुदरा भंडार शृंखलाओं ने अपने कारोबार शुरू किए थे। इसके चार माह पहले 1 मार्च, 1962 को केमार्ट कॉरपोरेशन ने गार्डन सिटी (मिशिगन) में अपना पहला भंडार खोला था, लेकिन यह 1899 में स्थापित दिग्गज विविधता भंडार (वैराइटी स्टोर) शृंखला एस.एस. क्रेस्गे कॉरपोरेशन का नया विभागीय भंडार (विभागीय भंडार) प्रारूप था। इसी तरह, 1962 में कोलंबस (ओहियो) में वूलको नाम से छूट-भंडार शृंखला (डिस्काउंट स्टोर चेन) शुरू की थी। इसके पीछे सन् 1878 में स्थापित दिग्गज विविधता भंडार शृंखला संचालित करनेवाली एफ.डब्ल्यू. वूलवर्थ कंपनी थी, जो बस लोकप्रिय हो रहे नए बाजार खंड (मार्केट सेगमेंट) में अपना विस्तार कर रही थी। ध्यान रहे कि सन् 1913 में जब एफ.डब्ल्यू. वूलवर्थ कंपनी ने न्यूयॉर्क में अपना मुख्यालय भवन वूलवर्थ बिल्डिंग बनाया था तो तब वह विश्व का सबसे बड़ा व्यावसायिक भवन था। इसी तरह, सन् 1902 में स्थापित सूखा माल भंडार (ड्राई गुड्स स्टोर) के दिग्गज प्रतिष्ठान डेटन हडसन कॉरपोरेशन ने 1 मई, 1962 को रोजविल (मिनिसोटा की राजधानी सैंट पॉल का उपनगर) में टारगेट नाम से छूट-भंडार शुरू किया था।

हाँ, वर्ष 1962 में एक और नया खिलाड़ी फ्रेडरिक मेइजर भी आया था, जिसने ग्रैंड रैपिड्स (मिशिगन) में 'थ्रीफटी एकर्स' नाम से 1.80 लाख वर्ग फीट में बड़ा किराना-सह-विभागीय भंडार खोला था, जो आधुनिक अति सक्रियता बाजार (हाइपर मार्केट) का शुरुआती स्वरूप। डच आप्रवासी फ्रेडरिक मेइजर वहाँ पर नाई का काम करता हुआ करीब डेढ़ दशक पहले खुदरा कारोबार में आया था और दो छोटे भंडारों में सस्ते सामान बेचकर स्थानीय ग्राहकों के बीच अपनी साख बनाई थी। मेइजर ने बाद में यही दावा किया था कि सैम

वाल्टन ने बाद इसी भंडार प्रारूप की नकल कर अपना हाइपर मार्केट विकसित किया था। लेकिन 'थ्रीफटी एकर्स' काफी समय तक एक ही स्थान पर बना रहा था और बाद में मेइजर नाम से श्रृंखला विस्तार किया था।

अमेरिका में 18 व कनाडा में 9 वूलको भंडार खोल चुकी एफ.डब्ल्यू. वूलवर्थ कंपनी हर वर्ष 30 नए भंडार खोलने की महत्त्वाकांक्षी योजना पर आगे बढ़ रही थी।

खैर, 18 वर्ष के खुदरा कारोबार का अनुभव रहते हुए भी वॉलमार्ट डिस्काउंट सिटी स्टोर शुरू करनेवाला सैम वाल्टन बाकी तीनों दिग्गजों के सामने हर प्रकार से कमजोर खिलाड़ी था। इसलिए अगले पाँच वर्षों में केमार्ट 250 विभागीय भंडारों की सबसे बड़ी श्रृंखला बन गई थी और उसका बिक्री राजस्व 80 करोड़ डॉलर के स्तर पर चला गया था। अमेरिका में 18 व कनाडा में 9 वूलको भंडार खोल चुकी एफ.डब्ल्यू. वूलवर्थ कंपनी हर वर्ष 30 नए भंडार खोलने की महत्त्वाकांक्षी योजना पर आगे बढ़ रही थी। लेकिन सैम वाल्टन केवल 24 भंडार ही खोल सका था, जिसकी कुल बिक्री 1.20 करोड़ डॉलर पर ही पहुँच सकी थी। अगले वर्ष सैम ने सीकेस्टोन (मिसौरी) व क्लेयरमोर (ओकलाहोमा) में विस्तार किया था।

यही सैम का सबसे बड़ा सौभाग्य भी था कि बाकी तीनों दिग्गजों के मुकाबले वह न केवल काफी छोटा खिलाड़ी था, बल्कि उनकी नजरों वह काफी दूर अरकंसास व मिसौरी जैसे पिछड़े राज्यों के छोटे शहरों व क्षेत्रों में ही फैलने की कोशिशें रहा था, वरना तीनों दिग्गजों में कोई भी उसे कब का निगल चुका होता। इन तीनों दिग्गजों ने बड़े महानगरों व उनके उपनगरों को अपना कुश्ती स्थल बनाया था और उन्होंने इस बात का ध्यान ही नहीं दिया था कि सैम वाल्टन नाम का कोई खिलाड़ी भी, धीरे-धीरे ही सही, सबसे सस्ते मूल्य पर माल बेचकर छोटे शहरों के ग्राहकों के बीच सामुदायिक विश्वसनीयता का मजबूत आधार बना रहा था। इसके उलट, महानगरों में खुदरा भंडारों का बाजार पहले ही पिट चुका था और उन पुराने दिग्गजों को नई साख बनाने में काफी मुश्किलें आ रही थीं। जी हाँ, छोटे शहरों के ग्राहक तो इसी बात से खुश थे कि बड़े महानगरों जैसा छूट भंडार

उनकी पहुँच में आ गया था। वे पहली बार केवल अपनी जिज्ञासा शांत करने के लिए वॉलमार्ट डिस्काउंट सिटी स्टोर में आते थे; लेकिन जब उन्हें पता चलता था कि वहाँ महानगरों के छूट भंडारों के मुकाबले काफी सस्ते में बेहतर सामान मिल रहे हैं तो जमकर खरीदारी करते थे और अगली बार अपने आस-पड़ोस के परिवारों को साथ ले आते थे। इस तरह, सैम वाल्टन का 'सबसे सस्ता, सबसे बेहतर' के बिक्री-दर्शन ने ग्राहकों पर जादुई असर डालना शुरू कर दिया था। सैम को अपने भंडारों के प्रचार के लिए विज्ञापन करने की जरूरत ही नहीं पड़ी, क्योंकि हर नया ग्राहक उसका नया प्रचारक बन जा रहा था, जो मुफ्त मौखिक प्रचार (वर्ड्स ऑफ माउथ) से उसकी साख को नए ग्राहकों तक पहुँचा रहा था।

लेकिन ग्राहकों का लगातार बढ़ रहा भरोसा सैम के लिए नई चुनौतियाँ पेश कर रहा था। इस भरोसे को कायम रखने के लिए सैम को हर हाल में अपने बिक्री दर्शन को सफल बनाना था, जिसके लिए उसने लागत को न्यूनतम स्तर पर ले जाने के लिए कई प्रयोग किए थे। पिछले इलाके के छोटे शहरों में अपने कारोबार को शुरू कर उसने अचल संपत्ति की लागत को पहले ही कम कर लिया था। दूसरे, उसने सीधे उत्पादकों से बड़ी-से-बड़ी मात्रा व कम-से-कम कीमत पर अपने ब्रांड नाम पर माल लेना शुरू किया था। माल आवाजाही के खर्च को संतुलित बनाए रखना सैम की तीसरी सबसे महत्त्वपूर्ण चुनौती थी। यही कारण था कि सैम ने अपने भंडारों का ऐसा रणनीतिक विस्तार किया था कि क्षेत्रीय गोदामों से उनकी दूरी दिन भर की ट्रक चलाई के भीतर हो। साफ है कि इसके लिए सैम को स्वयं का संभार-तंत्र (लॉजिस्टिक्स) विकसित कर अपने ट्रकों से सामानों का समय पर वितरण सुनिश्चित करना पड़ा था।

लेकिन यह सब इतना आसान काम नहीं था। हर प्रयोग में मोटी पूँजी लग रही थी। उत्पादकों से न्यूनतम मूल्य एवं अपने ब्रांड नाम पर माल लेने के लिए बड़े माँग आदेश के साथ नकद भुगतान की भी जरूरत पड़ती थी। इस मामले में भी सैम ने अपनी कुशलता का परिचय दिया था। वह उत्पादकों से दूरगामी जरूरतों को ध्यान में रखकर एक साथ बड़े सौदे करता था और

उन्हें अपनी कीमतों पर झुका लाता था। फिर उन्हें जरूरत के मुताबिक क्रमिक पहुँच व भुगतान के वार्षिक अनुबंध करता था। इस तरह, उसे न तो एक साथ सारा माल अपने गोदामों में जमा रखने की और न ही एकमुश्त नकद भुगतान करने की जरूरत पड़ती थी। वह आंशिक भुगतान से जरूरत भर का सामान मँगाता था और वह भी सबसे सस्ते मूल्य पर। चूँकि उसने अपना संभार-तंत्र विकसित किया था, इसलिए सभी भंडारों में नियमित रूप से सामान पहुँचते रहते थे। जिन सामानों की बिक्री धीमी होती थी, उसे महीने के अंत में लागत मूल्य के आसपास की कीमतों पर विशेष बिक्री के जरिए बेचकर नकद कर लिया जाता था। कुल मिलकर भंडारों की रोजाना की बिक्री से जो नकदी प्रवाह (कैश फ्लो) होता था, उससे किसी तरह कार्यशील पूँजी की जरूरतें पूरी हो पा रही थीं। लेकिन उन भंडारों का शुद्ध लाभ-स्तर इतना कम था कि सैम को आगे की विस्तार-योजनाओं को कार्यान्वित करने के लिए आवश्यक पूँजी अन्य स्रोतों से ही जुटानी पड़ रही थी।

क्षेत्रीय शक्ति के रूप में विकास : दिग्गज कंपनियाँ बहुत तेजी के साथ विस्तार कर रही थीं। वह समय दूर नहीं था कि वे बड़े महानगरों में फैलने के बाद अन्य बाजार क्षेत्रों में फैलना शुरू कर देंगी। इस तरह, सैम वाल्टन के सामने समय रहते अपनी भंडार श्रृंखला को इतना बड़ा बनाना था कि वह खुदरा बाजार की मजबूत क्षेत्रीय शक्ति के रूप में उभरे और दिग्गजों से मुकाबला कर सके। यहाँ भी तत्कालीन आर्थिक परिस्थितियों ने सैम का साथ दिया था। संयुक्त राज्य अमेरिका की तेजी से बढ़ रही अर्थव्यवस्था उपभोक्ता बाजार के साथ-साथ पूँजी बाजार में भी भारी विस्तार की ऊर्जा भर रही थी। खुदरा श्रृंखलाओं की संभावनाओं को लेकर आम निवेशक जागरूक हो रहे थे।

ऐसे में, सैम ने अपनी विस्तार योजनाओं के लिए पूँजी बाजार से धन उगाही करने का फैसला किया था। फिर 31 अक्तूबर, 1969 को वॉलमार्ट स्टोर्स इनकॉरपोरेशन का गठन कर साल भर के भीतर 1 अक्तूबर, 1970 को उसे सार्वजनिक कर दिया था। इसी दौरान, सैम ने बेंटनविले में पहला वितरण केंद्र (डिस्ट्रीब्यूशन सेंटर) व मुख्यालय स्थापित कर लिया था। तब

तक वॉलमार्ट कुल 1500 कर्मचारियों की फौज से 38 भंडारों का संचालन करने लगा था और उसका बिक्री राजस्व 4.42 करोड़ डॉलर के स्तर पर पहुँच गया था। वॉलमार्ट ने 16.50 डॉलर प्रति शेयर मूल्य पर प्रारंभिक सार्वजनिक प्रस्ताव (आई.पी.ओ.) लाया था, जिसमें कुल 3 लाख शेयर सार्वजनिक किए थे और कंपनी को 49.50 लाख डॉलर ब्याज-रहित पूँजी मिल गई थी। लेकिन पूँजी बाजार को इतना जोरदार समर्थन मिला था कि वॉलमार्ट अगले सात महीने में ही 47 डॉलर प्रति शेयर मूल्य पर पहला शेयर विभाजन (एक शेयर को दो हिस्से में बाँटकर) कर 1.41 करोड़ डॉलर की अतिरिक्त पूँजी भी हासिल करने में सफल हो गई थी। ध्यान रहे कि अप्रैल 1999 में, यानी सार्वजनिक होने के बाद 29वें वर्ष में, जब वॉलमार्ट ने 11 वाँ शेयर विभाजन किया था तो उसके शेयर के प्रस्तावित मूल्य 89.75 डॉलर हो चुके थे। इस तरह, यदि किसी ने आई.पी.ओ. के वक्त 100 शेयर खरीदे तो उसके शेयरों की कुल संख्या 2,08,400 और उनका कुल मूल्य 91.90 लाख डॉलर हो गया था। साफ है कि वॉलमार्ट पूँजी बाजार के तीव्र रथ पर सवार हो मुफ्त में इतनी बड़ी पूँजी हासिल करने में कामयाब हो गई थी। सैम वाल्टन के सारे सपने आश्चर्यजनक तेजी से पूरे होते चले गए थे।

जी हाँ, पहले शेयर विभाजन के समय तक वॉलमार्ट पाँच राज्यों—अरकंसास, कंसास, लुइसियाना, मिसौरी व ओकलाहोमा में प्रवेश कर चुका था। फिर सन् 1973 में टेनेसी, 1974 में केंटकी व मिसीसिपी और 1975 में टेक्सास में फैलने के बाद वॉलमार्ट ने 7500 कर्मचारियों से 125 भंडार परिचालन कर अपने बिक्री स्तर को 34.03 करोड़ डॉलर (2015 के 1.50 अरब डॉलर के समतुल्य) के स्तर पर पहुँचा चुकी थी। वॉलमार्ट के विकास का रथ तेजी से आगे बढ़ता चला जा रहा था और 1987 में वह अपनी रजत जयंती (25वीं सालगिरह) के मौके पर 2 लाख कर्मचारियों से 1,198 भंडारों के विशाल साम्राज्य का संचालन कर 15.90 अरब डॉलर (2015 के 33.10 अरब डॉलर के समतुल्य) बिक्री राजस्व हासिल कर रही थी। उसी वर्ष वॉलमार्ट ने 2.40 लाख डॉलर (2015 के 5 करोड़ डॉलर के समतुल्य) के निवेश से पूरे किए सैटेलाइट नेटवर्क के जरिए अपने सभी भंडारों को बेंटनबिले

मुख्यालय से जोड़ लिया था। इस तरह, मुख्यालय से भंडारों के बीच दोतरफा ध्वनि-संचार (वॉइस कम्युनिकेशन) व एकतरफा चलचित्र संचार (वीडियो कम्युनिकेशन) व्यवस्था स्थापित हो गई थी। जी हाँ, तब यह विश्व का सबसे बड़ा निजी उपग्रह नेटवर्क था, जिसके जरिए सैम वाल्टन मुख्यालय से अपने सभी भंडारों की सामग्री-सूची व बिक्री प्रवाह की निगरानी तथा तत्काल संवाद कर पाने में सक्षम हो गया था। साल भर बाद, 1988 में, सैम ने अपना मुख्य कार्यकारी अधिकारी (सी.ई.ओ.) का पद डेविड ग्लास को सौंप दिया था, जबकि बोर्ड चेयरमैन के रूप में अपना काम जारी रखा था।

सन् 1988 में सैम वाल्टन ने वाशिंगटन (फ्रैंकलिन काउंटी, मिसौरी) पहले वॉलमार्ट सुपर सेंटर का शुभारंभ किया था और अपनी कंपनी के लाभ-स्तर को अपने प्रतिस्पर्धी केमार्ट व सीअर्स से ऊपर ले जाकर अमेरिका की तीसरी सबसे बड़ी खुदरा भंडार श्रृंखला बनाने में सफल हो गया था। दो वर्षों बाद सैम की हड्‌डी का कैंसर अपनी चरम स्थिति में पहुँच चुका था, लेकिन वह अथक अपने काम में जुटा रहा था। जून 1990 में वॉलमार्ट स्टोर्स की वार्षिक सालाना आम बैठक (एनुअल जनरल मीटिंग) में सैम ने अगले एक दशक में कंपनी का बिक्री राजस्व 125 अरब डॉलर के स्तर पर पहुँच जाने का अनुमान लगाया था। अगले दो वर्षों बाद वॉलमार्ट ने अपने दोनों नजदीकी प्रतिस्पर्धियों को पीछे छोड़ पहले स्थान पर कब्जा जमा लिया था। 17 मार्च, 1992 को राष्ट्रपति जॉर्ज बुश ने सैम वाल्टन को उसकी उद्यमशीलता की भावना और अपने कर्मचारियों व समुदाय के लिए उसकी चिंता के लिए स्वतंत्रता पदक (मेडल ऑफ फ्रीडम) प्रदान किया था। यह सैम की अंतिम व सबसे बड़ी उपलब्धि साबित हुई थी। उसके कुछ दिनों के बाद सैम को अरकंसास की राजधानी लिटिल रॉक स्थित यूनिवर्सिटी ऑफ अरकंसास फॉर मेडिकल साइंसेज (यू.ए.एम.ए.) अस्पताल में भरती कराया गया था, जहाँ 74वें जन्मदिन के छह दिनों बाद 5 अप्रैल, 1902 को उसने अपनी अंतिम साँसें ली थीं। उस वक्त सैम की कंपनी 3.80 लाख कर्मचारियों की फौज के साथ 1735 वॉल-मार्ट्स छूट भंडार, 212 सैम क्लब व 13 वॉलमार्ट सुपर सेंटर के विशाल खुदरा साम्राज्य का संचालन कर 50 अरब

चार्ल्स रॉबर्ट श्वाब जूनियर ने मई 1975 में संयुक्त राज्य अमेरिका का पहला छूट दलाली प्रतिष्ठान शुरू किया था। उस समय अमेरिकी प्रतिभूति व विनिमय आयोग ने निश्चित दलाली की प्रथा को खारिज कर समझौता आधारित दलाली की अनुमति दे दी थी।

डॉलर का बिक्री राजस्व हासिल कर रही थी, जबकि उसकी निजी संपत्ति का मूल्य करीब 25 अरब डॉलर (2015 में करीब 100 अरब डॉलर के समतुल्य) आँका गया था।

सैम के जीवित रहते ही वॉलमार्ट कनाडा में विस्तार के साथ अपनी अंतरराष्ट्रीय महत्त्वाकांक्षा को उजागर कर दिया था। सैम की भविष्यवाणी सच हुई थी और वर्ष 2000 में वॉलमार्ट ने अपने संस्थापक के अनुमानों से 40 अरब डॉलर ज्यादा 165 अरब डॉलर का बिक्री राजस्व हासिल कर लिया था। 30 नवंबर, 2015 तक वॉलमार्ट समूह 22 लाख कर्मचारियों से विश्व के 28 देशों में अलग-अलग व्यावसायिक नामों से कुल 11,598 भंडारों की शृंखला का संचालन कर रही थी, जिसका सालाना कारोबार 48 5.651 अरब डॉलर (2014) था।

चार्ल्स आर. श्वाब : छूट दलाली के प्रणेता, बनाया ग्राहक-केंद्रित वित्तीय साम्राज्य

चार्ल्स रॉबर्ट श्वाब जूनियर ने मई 1975 में संयुक्त राज्य अमेरिका का पहला छूट दलाली प्रतिष्ठान (डिस्काउंट ब्रोकरेज फर्म) शुरू किया था। उस समय अमेरिकी प्रतिभूति व विनिमय आयोग (सिक्यूरिटी एंड एक्सचेंज कमीशन/एस.ई.सी.) ने निश्चित दलाली (फिक्स्ड ब्रोकरेज) की प्रथा को खारिज कर समझौता आधारित दलाली (नेगोसिएटेड ब्रोकरेज) की अनुमति दे दी थी। तब विश्व के सबसे पूँजी बाजार वॉल स्ट्रीट के दिग्गज विशेषज्ञों ने जबरदस्त हाय-तौबा मचाई थी कि इससे दलाली का धंधा चौपट हो जाएगा। इसलिए अधिकांश दलाली प्रतिष्ठान पुरानी दरों पर ही कारोबार करने की कोशिशों में जुटे रह गए थे। लेकिन श्वाब ने समय की जरूरत को बारीकी से परख लिया था। उसने लगभग आधी दलाली पर उन व्यक्तिगत निवेशकों

को आकर्षित करना शुरू किया था, जो ऊँची स्थिर दलाली के चलते अब तक पूँजी बाजार में आने से कतरा रहे थे। सभी यही ताने मार रहे थे कि श्वाब का उत्साह जल्द ही ठंडा पड़ जाएगा और वह अपनी दुकान समेटने के लिए मजबूर हो जाएगा।

लेकिन अगले दो वर्षों में श्वाब 45,000 व्यक्तिगत निवेशकों को अपने पाले में ले आया, जो अगले पाँच वर्षों में (वर्ष 1982 में) 3.74 लाख हो गया। जी हाँ, अगले एक दशक के भीतर वर्ष 2011 में विश्व भर में 300 कार्यालयों के जरिए श्वाब 79 लाख व्यक्तिगत निवेशकों की कुल 1,640 अरब मूल्य की संपत्ति का संचालन कर रहा था। इस बीच, वित्त वर्ष 2014 में चार्ल्स श्वाब कॉरपोरेशन 9.96 अरब डॉलर के राजस्व पर 75 करोड़ डॉलर का शुद्ध लाभ अर्जित कर रहा था। इस बीच वर्ष 2008 में श्वाब ने अपनी कार्यकारी भूमिका छोड़कर चेयरमैन की मार्गदर्शक भूमिका में आ गया था, लेकिन प्रमुख शेयरधारक होने के नाते उसकी व्यक्तिगत संपत्ति का मूल्य लगातार बढ़ता रहा। 2009 में श्वाब 4.70 अरब डॉलर की व्यक्तिगत संपत्ति के साथ अमेरिका 50वाँ सबसे धनी व्यक्ति हो गया था, जो अगले छह वर्षों में 6.90 अरब डॉलर (नवंबर 2015 में) पर पहुँच गया। तब 78 वर्ष का होने के बावजूद श्वाब विश्व के असंख्य निवेशकों व वित्तीय कार्यकारी नायकों के दिलो-दिमाग पर राज कर रहा था। लेकिन जैसा कि अकसर अपना कारोबार शुरू करनेवाले हर किसी के साथ होता है, श्वाब ने कभी सपने में भी नहीं सोचा था कि वह इतना सफल हो जाएगा। हाँ, उसने तो बस, मौके की नजाकत को समझ लिया था और ग्राहकों की समस्या व हिचक को दूर करने की कोशिश शुरू की थी।

वाक्-विकार से पीड़ित बालक : चार्ल्स रॉबर्ट श्वाब जूनियर का जन्म 29 जुलाई, 1937 को कैलिफोर्निया की राजधानी सैक्रामेंटो से उत्तर-पश्चिम में ग्रामीण उपनगर वुडलैंड में हुआ था। उस समय वुडलैंड खेती-बाड़ी करनेवाले लोगों का छोटा सा समुदाय था। लेकिन श्वाब के पिता वकील थे और उसका परिवार उच्च-मध्यम वर्गीय श्रेणी (अपर मिडिल क्लास) का माना जाता था। श्वाब बचपन से ही वाक्-विकार (डिस्लेक्सिया) से पीड़ित

था, जिस कारण उसे पढ़ने व याद करने में दिक्कत आती थी। लेकिन उस वक्त इस विकार के बारे में किसी को ज्यादा जानकारी नहीं थी, इसलिए उसके माता-पिता ने भी उसका इलाज कराने की कोशिश नहीं की थी।

श्वाब का सौभाग्य यह था कि उसे स्थानीय ईसाई विद्यालय में अच्छी शिक्षिका मिली थी, जिसने उसे अपना पढ़ने का कार्यभार (रीडिंग असाइनमेंट) पूरा करने के लिए श्रेष्ठ अंग्रेजी साहित्य (इंग्लिश क्लासिक्स) के हास्य संस्करणों (कॉमिक बुक्स) को पढ़ने के लिए प्रेरित किया था। इससे श्वाब को अपनी पढ़ने की समस्या से जूझने तथा पर्याप्त जरूरी ज्ञान हासिल करने का मौका मिल गया था। हाँ, श्वाब की कोई आर्थिक मजबूरी नहीं थी, फिर बचपन से ही उसकी विशेषता रही थी कि वह हमेशा पैसा कमाने का माध्यम ढूँढ़ ही लेता था। चाहे वह अखरोट बेचना हो या मुरगी या फिर उसके अंडे, हर हाल में श्वाब पैसा कमाने का कोई-न-कोई जुगाड़ ढूँढ़ ही लेता था। इन छोटे उद्यमों से श्वाब ने खुद में लाभदायक व्यवसाय की अवधारणा तैयार करने की क्षमता व दृढ़ता को विकसित किया था।

स्टैनफोर्ड विश्वविद्यालय : चार्ल्स श्वाब शुरू से ही गणित व विज्ञान में अव्वल रहा था। यही कारण था वह सन् 1955 में स्टैनफोर्ड विश्वविद्यालय में स्नातक कला-अर्थशास्त्र (बी.ए.-इकोनॉमिक्स) में दाखिला हासिल कर पाने में सफल रहा था। वाक्-विकार ने उसका पीछा नहीं छोड़ा था और वह पहले वर्ष में भाषा विषयों में उत्तीर्ण नहीं हो सका था। समस्याओं से जूझना श्वाब का स्वभाव था। इसलिए बिना निराश हुए वह सहपाठियों की मदद से उन विषयों में भी उत्तीर्ण हो गया था। सन् 1959 में स्नातक की उपाधि हासिल करने के बाद श्वाब स्टैनफोर्ड ग्रेजुएट स्कूल ऑफ बिजनेस में दाखिल हुआ था, जहाँ से उसे 1961 में एम.बी.ए. की उपाधि मिल गई थी।

शुरुआती पेशेवर जीवन : उसके बाद श्वाब स्टैनफोर्ड स्थित स्थानीय निवेश सलाहकार सेवा (इन्वेस्टमेंट एडवाइजरी सर्विसेज) कंपनी में काम करता रहा था। लेकिन वहाँ की सेवा गुणवत्ता व निवेशक ग्राहकों के प्रति विश्वसनीयता के अभाव से श्वाब को निराशा हाथ लगी थी। कारोबार करने का शुरू से ही उसका स्वाभाव रहा था, इसलिए करीब दो वर्षों के अनुभव के

बाद श्वाब को अब पता चल चुका था कि निवेश सलाहकार सेवा कारोबार का असल लाभकारी स्वरूप कैसा होना चाहिए? वह हर हाल में निवेशकों को लाभकारी सुझाव देकर कमाई करने का पक्षधर था। वह ग्राहकों को गुमराह कर अंदर खाने कमाई करने के बारे में सोच भी नहीं सकता था। ध्यान रहे कि तत्कालीन राष्ट्रपति जॉन एफ. केनेडी के आश्वासन के बावजूद दिसंबर 1961 से लेकर जून 1962 के बीच वॉल-स्ट्रीट धराशायी हो गया था। यह 1929 की ऐतिहासिक गिरावट के बाद की सबसे बड़ी गिरावट थी। एक बार फिर से वॉल-स्ट्रीट पर मंदारिया सट्टेबाज हावी हो गए थे। अकेले 29 मई, 1962 को स्टैंडर्ड एंड पूअर्स-500 सूचकांक (एस 3 पी इंडेक्स-500) में 22 प्रतिशत की गिरावट आई थी, जबकि अन्य सूचकांक औसतन 40 प्रतिशत नीचे चले गए थे। चूँकि जॉन एफ. केनेडी 1 जून, 1961 को राष्ट्रपति बनने के बाद अमेरिकी अर्थव्यवस्था के साथ-साथ पूँजी बाजार में तेजी का सिलसिला जारी रखने का विश्वास जताया था, इसलिए इस घटना को 1962 का केनेडी फिसलन के रूप जाना जाता है। श्वाब का मानना था कि यदि निवेश सलाहकार सेवा देनेवाले प्रतिष्ठानों ने सही सलाह दी होती तो उस घटना में निवेशकों के नुकसान को कम किया जा सकता था।

असल में सन् 1929 में वॉल स्ट्रीट में ऐतिहासिक गिरावट के बाद जो वैश्विक महामंदी का दौर शुरू हुआ था, वह वर्ष 1939 तक जारी रहा था। इस दौरान सट्टेबाजों ने इतने बड़े-बड़े घाटे खाए थे और शेयरों को ज्यादा समय तक पकड़े रखने की आदत छूट चुकी थी। वे जरूरत से ज्यादा सतर्क हो गए थे और बाजार के ऊपर चढ़ते ही मुनाफा-वसूली करने लगते थे। इस तरह, वॉल स्ट्रीट पर एक प्रकार से मंदरिया सट्टेबाजों (बेअर्स) का कब्जा-सा हो गया था। जोसेफ पैट्रिक जो केनेडी सीनियर (अमेरिका के 35वें राष्ट्रपति जॉन एफ. केनेडी के पिता) सबसे प्रभावशाली मंदारिया के रूप जाना जाने लगा था। पूँजी बाजार में भारी कमाई की बदौलत ही केनेडी सीनियर ने फ्रैंकलिन डी. रूजवेल्ट के मजबूत समर्थक के रूप में राजनीति में भी अच्छी-खासी दखल बना ली थी। ऐसे में, जब रूजवेल्ट ने अमेरिकी पूँजी बाजार की नियामक संस्था (रेगुलेटरी बॉडी) प्रतिभूति व विनिमय आयोग

(सिक्यूरिटी एंड एक्सचेंज कमीशन) का गठन किया था तो केनेडी सीनियर को उसका पहला चेयरमैन (1934-35) नियुक्त किया था। इस दौरान केनेडी सीनियर ने कई सुधार लागू किए थे और धीरे-धीरे पूँजी बाजार पटरी पर लौट आया था। फिर द्वितीय विश्व युद्ध के बाद अर्थव्यवस्था में आई तेजी के साथ-साथ पूँजी बाजार भी तेज होता गया था। चूँकि केनेडी सीनियर के प्रभाव से ही जॉन एफ. केनेडी राष्ट्रपति बनने में कामयाब हुए थे, इसलिए शक की सूई उनकी तरफ गई थी कि उसने जान-बूझकर बाजार को जरूरत ज्यादा ऊपर चढ़ानेवाला बयान दिया था।

इन्वेस्टर इंडिकेटर : इसीलिए 1963 में श्वाब ने अपने दो दोस्तों के साथ मिलकर 'इन्वेस्टर इंडिकेटर' नाम से संवाद-पत्र (न्यूजलेटर) निकालना शुरू किया था। उस संवाद-पत्र का सदस्यता शुल्क 84 डॉलर प्रतिवर्ष था। श्वाब का अनुमान सही निकला था। उसके सुझाव ने निवेशकों की जानकारी बढ़ी थी और वे बेहतर कमाई करने लगे थे। इस तरह, ज्यों-ज्यों मौखिक प्रचार का सिलसिला तेज होता गया था, इन्वेस्टर इंडिकेटर की सदस्यता भी बढ़ती चली गई थी। श्वाब अगले करीब पाँच वर्षों में 3,000 से अधिक सदस्यता हासिल कर पाने में सफल रहा था। इस बीच श्वाब ने 2 करोड़ डॉलर का म्यूचुअल फंड भी लाने में सफल रहा था।

जी हाँ, यह 1962 का केनेडी फिसलन के बाद वॉल-स्ट्रीट में आई तेजी का असर था, जब 1966 तक शेयरों के भाव 1949 के भावों के मुकाबले पाँच गुना तक बढ़ गए थे। इसके पीछे यह तर्क दिया गया था कि वर्ष 1949 से 1966 के बीच के 17 वर्षों से संबंधित कंपनियों का लाभ तिगुना हो गया था। लेकिन दूसरी हकीकत यह भी थी कि इन्हीं 17 वर्षों में उपभोक्ता मूल्य सूचकांक (कंजूमर प्राइस इंडेक्स) भी 36 प्रतिशत बढ़ गया था। इस बीच सरकारी निगमों ने करीब 2.20 करोड़ कर्मचारियों को सेवानिवृत्ति योजनाओं (पेंशन प्लान) के दायरे में लाकर पूँजी बाजार में निवेश किया था, जिनकी शेयरधारिता (स्टॉक होल्डिंग) 50 करोड़ डॉलर से बढकर 50 अरब डॉलर का आँकड़ा पार करने लगी थी। यही खेल बीमा कंपनियों ने भी किया था और उनकी शेयरधारिता 3 अरब डॉलर से बढ़कर 20 अरब डॉलर को पार

कर रही थी। उसके साथ ही खुदरा निवेशकों ने भी जमकर निवेश किया था।

लेकिन न्यूयॉर्क स्टॉक एक्सचेंज व उसके सदस्य दलाली प्रतिष्ठान निवेशकों को उसी तेजी के साथ उनके खरीदे गए सामान्य शेयर (कॉमन स्टॉक) जारी कर पाने में असफल रहे। अप्रैल 1968 में पहले चार दिनों में जारी न हो सकनेवाले असफल शेयरों के मूल्य 2.70 अरब डॉलर थे, जब एक महीने में जारी शेयरों के मूल्य भी 5 लाख डॉलर थे। दिसंबर 1968 में जारी नहीं किए जा सके शेयरों के मूल्य 4 अरब डॉलर की ऊँचाई पर पहुँचे तो बाजार का कारोबार स्तर घटना शुरू हुआ। इसके चलते दलाली प्रतिष्ठानों का घाटा बढ़ता चला गया था। जनवरी 1969 से उनके दिवालिया होने का सिलसिला भी शुरू हो गया था। 1 मार्च, 1970 को 572 सदस्य प्रतिष्ठान दिवालिया होने के कगार पर पहुँच गए थे, तब न्यूयॉर्क स्टॉक एक्सचेंज संकट निधि (क्राइसिस फंड) के जरिए उन्हें बचाने की कोशिशों में जुट गया था।

चार्ल्स श्वाब एंड कंपनी : अमेरिकी शेयर बाजार के इस भूचाल में श्वाब जैसा मामूली खिलाड़ी बुरी तरह फँस गया था। 'इन्वेस्टर इंडिकेटर' की सदस्यता अचानक घट जाने के साथ-साथ उसका म्यूचुअल फंड भी डूबने के कगार पर पहुँच गया था। ऊपर से उसे टेक्सास राज्य सरकार ने डाक आदेश के जरिए शेयर-आदेश हासिल करने से रोक दिया था, क्योंकि उसकी कंपनी वहाँ पर पंजीकृत नहीं थी। इस आदेश के खिलाफ चार्ल्स श्वाब ने अदालत का दरवाजा खटखटाया। उस कानूनी विवाद में उलझने के चलते श्वाब 1 लाख डॉलर के कर्ज के नीचे दब गया था। लेकिन वह घबराया नहीं। सौभाग्यवश उसे अपने चाचा के लिए एक जमीन का सौदा करवाने का मौका मिल गया था। चाचा ने उत्तरता दिखाई और उस सौदे की दलाली के एवज में श्वाब का कर्ज चुकता कर दिया और कारोबार को फिर से पटरी पर लाने के लिए 1 लाख डॉलर की अतिरिक्त राशि भी दी। यह श्वाब के लिए ईश्वरीय कृपा साबित हुई थी। उसी राशि से उसने अप्रैल 1971 सैन फ्रांसिस्को में दो कमरों के कार्यालय में पारंपरिक दलाली प्रतिष्ठान फर्स्ट कमांडर कॉरपोरेशन का गठन किया था, जो फर्स्ट कमांडर इंडस्ट्रीज की सहायक कंपनी थी। उस वक्त श्वाब के पास करीब 2000 ग्राहक थे और वह दर्जन भर कर्मचारियों

के जरिए अपने कारोबार को फिर से पटरी पर लाने की कोशिशों में जुटा रहा था। लेकिन, दो वर्षों में श्वाब के पास इतनी रकम जमा हो गई थी कि वह साझीदारों की हिस्सेदारी खरीदकर खुद अपनी स्वतंत्र कंपनी की स्थापना कर सके। जी हाँ, श्वाब ने सन् 1973 में फर्स्ट कमांडर कॉरपोरेशन कंपनी का नाम बदलकर 'चार्ल्स श्वाब एंड कंपनी' रख लिया था।

लेकिन श्वाब को सफलता का रास्ता तब मिला था, जब सन् 1975 में अमेरिकी प्रतिभूति व विनिमय आयोग (सिक्यूरिटी एंड एक्सचेंज कमीशन/एस.ई.सी.) ने निश्चित दलाली (फिक्स्ड ब्रोकरेज) की प्रथा को खत्म कर दिया था और दलाली प्रतिष्ठानों समझौता आधारित दलाली (नेगोसिएटेड ब्रोकरेज) या छूट दलाली (डिस्काउंट ब्रोकरेज) की अनुमति दे दी थी। स्थिर दलाली के कारण पहले बड़े संस्थागत निवेशकों (इंस्टिट्यूशनल इन्वेस्टर) व छोटे आम निवेशकों दोनों के पास सौदेबाजी का कोई विकल्प नहीं था। नए प्रावधान के बाद परंपरागत दलाली प्रतिष्ठानों को भी संस्थागत निवेशकों के साथ दलाली समझौते करने के लिए मजबूर होना पड़ा था, लेकिन आम निवेशकों के प्रति उनका रवैया पुराना ही बना रहा था। अब तक श्वाब समझ चुका था कि विशेष रूप से आम निवेशक शेयर बाजार में आने से क्यों कतरा रहे थे। जो छोटे निवेशक हिम्मत जुटाकर बाजार में आ रहे थे, वे भी ऊँची स्थिर दलाली के चलते अपने शेयरों की तेजी से खरीद-बिक्री नहीं कर पाते थे, क्योंकि बार-बार दलाली देने के बाद उन्हें कोई खास लाभ नहीं मिल पा रहा था। श्वाब ने ऐसे ही परेशान निवेशकों के लिए सुविधाजनक वैकल्पिक मंच प्रदान करने की कोशिश की थी और दलाली में भारी छूट देकर उन्हें अपने पाले में लाने का फैसला किया था।

1 मई, 1975 को चार्ल्स श्वाब एंड कंपनी ने अमेरिका के पहले छूट-दलाली प्रतिष्ठान के रूप में काम करना शुरू कर दिया था। श्वाब ने दलाली की दर घटाकर आधी से भी कम कर दी थी। ज्यो-ज्यों निवेशकों को मौखिक प्रचार से इसकी जानकारी मिलती गई थी, वे श्वाब के पास आने लगे थे। उनकी संख्या इतनी उत्साहजनक थी कि चार महीने बाद ही सितंबर में श्वाब को अपने गृह नगर के नजदीक सबसे बड़े नगर सेक्रेमेंटो (कैलिफोर्निया की

राजधानी) में अपनी पहली शाखा खोलनी पड़ी थी। फिर 1977 में चार्ल्स श्वाब ने अमेरिका के विभिन्न शहरों में निवेश-विचार गोष्ठियों (इन्वेस्टमेंट सेमिनार) का आयोजन शुरू किया था। साथ ही, अच्छे-खासे ग्राहक आधार वाले नगरों में कार्यालय भी खोलना शुरू किया था, ताकि निवेशकों स्थानीय स्तर पर व्यक्तिगत सेवाएँ दी जा सकें। इससे ग्राहकों में श्वाब के प्रति विश्वनीयता तेजी से बढ़ी थी और सन् 1978 में चार्ल्स श्वाब एंड कंपनी के पास निवेशक ग्राहकों की संख्या 45,000 हो गई थी। अगले एक साल में 39,000 नए ग्राहक जुड़े थे और 1979 में कंपनी का ग्राहक आधार 84,000 हो गया था।

कामकाजी निवेशकों के लिए कार्यालय के समय पर पहुँच पाना मुश्किल हो रहा था। ऐसे में श्वाब ने अमेरिका की पहली 24-घंटे सेवा शुरू की थी और जल्द ही अग्रिम खरीद आदेश के लिए सप्ताहांत बोली सेवा भी।

भले ही श्वाब के पास विभिन्न कार्यालयों में ग्राहकों को व्यक्तिगत निवेश सलाह व सेवा देनेवाले कर्मचारियों की फौज बड़ी हो रही थी, लेकिन वह उनकी समस्याओं को परखने तथा उनका हल निकालने की दिशा में सचेत बना रहा था। कामकाजी निवेशकों के लिए कार्यालय के समय पर पहुँच पाना मुश्किल हो रहा था और जो पहुँचते भी थे, उन्हें इंतजार करना पड़ता था। ऐसे में श्वाब ने अमेरिका की पहली 24-घंटे सेवा शुरू की थी और जल्द ही अग्रिम खरीद आदेश के लिए सप्ताहांत बोली सेवा भी। अब ग्राहक अपनी सुविधा के मुताबिक अपनी दलाली कंपनी से संपर्क साध सकता था और सलाह के अलावा अग्रिम रूप से खरीद-बिक्री के आदेश दे सकता था। यह उस समय क्रांति जैसी थी। नतीजा यह निकला था कि सन् 1980 में ग्राहकों की संख्या 1.47 लाख हो गई थी। फिर 1981 तक 40 विभिन्न नगरों के कार्यालयों एवं 600 कर्मचारियों की बड़ी फौज के साथ चार्ल्स श्वाब एंड कंपनी के कुल 2.22 लाख निवेशक खातों के परिचालन कर 4.20 करोड़ डॉलर का राजस्व अर्जित करने लगी थी।

ग्राहक-सेवा सुधारने के लिए बेच दी कंपनी : इस तरह चार्ल्स श्वाब को छूट-दलाली कारोबार में आए अभी केवल छह वर्ष ही हुए थे,

लेकिन वह अमेरिकी पूँजी बाजार का बहुचर्चित खिलाड़ी बन गया था। लेकिन निवेशकों का बड़ा आधार बनाने तथा उन्हें लगातार संतुष्ट रखने के लिए श्वाब को बड़े पापड़ बेलने पड़े थे। लेकिन इसके बदले मिल क्या रहा था? खुद ही गणना कर लीजिए। 2.22 लाख खातों से 4.20 करोड़ डॉलर का राजस्व आ रहा था, यानी कंपनी की प्रति ग्राहक सालाना कमाई 189 डॉलर थी। इसके उलट, श्वाब ने उनकी सेवा के लिए 40 कार्यालयों में 600 कर्मचारी नियुक्त कर रखे थे, यानी हर कर्मचारी औसतन 370 ग्राहकों को सेवा देकर सालाना औसतन 70,000 डॉलर का राजस्व अर्जित कर रहा था। इस तरह, श्वाब ग्राहकों की सेवा को उन्नत बनाने के लिए लगातार अपना परिचालन खर्च बढ़ाता चला गया था। साफ है कि ग्राहकों के प्रति श्वाब की दीवानगी कंपनी के शुद्ध लाभ पर डाका डालती रही थी।

जी हाँ, अब सप्ताहांत बोली सेवा भी सभी ग्राहकों को संतुष्ट कर पाने में सक्षम नहीं रह गई थी। उस समय चलन यही था कि ग्राहक बाजार बंद होने तक ही अपनी दलाली संस्था को खरीद-बिक्री के आदेश दे सकता था। लेकिन चार्ल्स श्वाब अपने ग्राहकों के दिलों पर राज करना चाहता था। अब वह 24 घंटा बोली सेवा शुरू करने की तैयारी कर रहा था। यह भी अमेरिकी पूँजी बाजार सेवाओं में क्रांतिकारी पहल साबित होने वाली थी, क्योंकि अब तक किसी दलाली प्रतिष्ठान ने यह सेवा देने के बारे में सोचा तक नहीं था। यदि किसी ने सोचा भी हो तो श्वाब की तरह जुनूनी नहीं था कि घर फूँककर तमाशा देखने की हिम्मत जुटाता। लेकिन श्वाब था कि वह हर हाल में निवेशकों को आजादी देने की कोशिशों में आनंद महसूस कर रहा था। ऐसा इसलिए कि 24 घंटा बोली सेवा के जरिए आम निवेशक अंतिम बाजार भाव को देखकर अगले दिन के लिए कभी खरीद-बिक्री के आदेश दे पाने में सक्षम हो सकता था और चार्ल्स श्वाब एंड कंपनी का ग्राहक आधार नया कीर्तिमान बना सकता था। सन् 1982 में ऐसा हुआ भी था और 1.54 लाख नए ग्राहकों के साथ कुल ग्राहक संख्या 3.74 लाख के स्तर पर पहुँच गई थी। उसी वर्ष श्वाब ने हांगकांग में पहला अंतरराष्ट्रीय कार्यालय भी खोला था।

लेकिन श्वाब के पास इस सपने को पूरा करने के लिए जरूरी विस्तार

के लिए पर्याप्त पूँजी भी नहीं थी। अब उसके पास एक ही रास्ता था कि वह अपनी कंपनी किसी बड़ी वित्तीय संस्था को बेच दे। और सन् 1983 में चार्ल्स श्वाब ने मामूली लाभ के साथ केवल 5.70 करोड़ डॉलर के शेयर सौदे में बैंक ऑफ अमेरिका को अपनी कंपनी बेच दी थी। एक बार फिर से वॉल-स्ट्रीट के दिग्गज श्वाब को नादान समझने की गलती कर रहे थे। लेकिन हकीकत यह थी कि श्वाब उस सौदे के जरिए बैंक ऑफ अमेरिका का सबसे बड़ा शेयरधारक बनकर उसके निदेशक मंडल में बैठ गया था। अब वह सिर्फ चार्ल्स श्वाब एंड कंपनी के परिचालनों की ही नहीं, बल्कि बैंक ऑफ अमेरिका की गतिविधियों पर निगरानी रख सकता था। यदि उसने ऐसा न किया होता तो जल्द ही अपने ही भार के तले दबकर कंपनी दम तोड़ देती और ग्राहक सेवा का श्वाब का सपना पूरा होने से पहले ही बिखर जाता। उसी वर्ष श्वाब ने 'श्वाब वन ब्रांड' नाम से दलाली खाते भी खोलने शुरू कर दिए थे।

लेकिन श्वाब को सबसे अधिक प्रसिद्धि तब मिली थी, जब जनवरी 1984 में उसकी पहली किताब 'हाउ टू बी योर ओन स्टॉकब्रोकर' (कैसे बनें आप अपना शेयर-दलाल) प्रकाशित हुआ था। इसी सफलता पर सवार श्वाब ने उसी वर्ष 5 करोड़ डॉलर की लागत से म्यूचुअल फंड मार्केटप्लेस नाम से नए बाजार खंड में प्रवेश किया था, जहाँ ग्राहक-निवेशक 250 विभिन्न म्यूचुअल फंड की खरीद-बिक्री व अदला-बदली कर सकते थे। उसी वर्ष श्वाब कुओट की विशेष बोली सेवा शुरू की गई थी और इक्वलाइजर ब्रांड नाम से डॉस आधारित कंप्यूटर-जनित बोली सेवा भी शुरू की गई थी, जो बाद में शुरू की गई ऑनलाइन सेवा का शुरुआती आधार बनी थी।

इस तरह अगस्त 1985 में श्वाब अपनी सेवाओं के दायरे में 10 ग्राहकों का लाकर नया कीर्तिमान बनाया था। वर्ष के अंत में श्वाब के कार्यालयों का नेटवर्क 90 नगरों में फैल चुका था; ग्राहकों की संख्या बढ़कर 12 लाख हो गई थी; खाताधारकों की कुल परिसंपत्ति 7.60 अरब डॉलर के स्तर पर पहुँच गई थी और राजस्व 20.20 करोड़ डॉलर। जी हाँ, अब श्वाब समूह अमेरिका का सबसे बड़ा छूट दलाली समूह जरूर बन गया था, लेकिन बड़े खुदरा दलाली

फर्मों के मुकाबले उसका नेटवर्क व राजस्व काफी कम था। सन् 1986 में श्वाब ने म्यूचुअल फंड में भी 247 सेवा शुरू कर दी थी।

छह वर्षों बाद वापसी : वैसे तो सौदे के बाद जल्द ही श्वाब का मन खट्टा होना शुरू हो गया था, लेकिन अपने कारोबार को बचाए रखने के चक्कर में वह चुप रहा था। बैंक ऑफ अमेरिका विशाल वित्तीय कंपनी थी और उसके लिए चार्ल्स श्वाब एंड कंपनी के राजस्व का कोई खास महत्त्व नहीं था। फिर भी, बैंक ने दलाली संस्था में जरूरी निवेश किया था और उसका कारोबार व लाभ लगातार आगे बढ़ता रहा था। लेकिन लैटिन अमेरिका में किए गए भारी ऋण निवेश के डूब जाने तथा अन्य प्रबंधकीय शिथिलताओं के चलते बैंक ऑफ अमेरिका का घाटा बढ़ता चला गया और बैंक के शेयरों की कीमतें गिरती चली गई थीं। सबसे बड़े शेयरधारक निदेशक होने के नाते श्वाब की चिंता बढ़ना स्वाभाविक थी। उसने बैंक के वित्तीय प्रदर्शन को सुधारने के संबंध में कई महत्त्वपूर्ण सुझाव दिए थे, लेकिन शीर्ष प्रबंधन पर उसका कोई असर नहीं हुआ था।

अंततः श्वाब इतना निराश हो गया था कि उसने बैंक ऑफ अमेरिका के चंगुल से चार्ल्स श्वाब एंड कंपनी को निकालने की कोशिशें शुरू कर दी थीं। चूँकि बैंक ऑफ अमेरिका ने श्वाब के कारोबार को आगे बढ़ाने में काफी निवेश किया था, इसलिए जब श्वाब ने उसे वापस खरीदने का प्रस्ताव रखा था तो उससे बेची गई राशि से चार गुना अधिक कीमत ऊँची कीमत 23 करोड़ डॉलर माँगी गई थी। श्वाब को पूरा भरोसा था कि वह अपने कारोबार को नई ऊँचाइयों पर ले जाने में सक्षम हो जाएगा, लेकिन उसके पास ऊँची कीमत अदा करने के लिए और कारोबार को आगे बढ़ाने के लिए पर्याप्त धन नहीं था। चूँकि बाजार में श्वाब की साख पहले से कई गुना बढ़ चुकी थी, इसलिए उसे 20 करोड़ डॉलर का संस्थागत ऋण हासिल करने में कोई दिक्कत नहीं आई थी।

चार्ल्स श्वाब कॉरपोरेशन : एक बार फिर से वित्त बाजार के दिग्गज श्वाब को जुनूनी समझने की गलती कर रहे थे। जुलाई 1987 में चार्ल्स श्वाब एंड कंपनी को वापस लेने की प्रक्रिया पूरी करने के बाद श्वाब ने ऋण–स्तर

को घटाने तथा विस्तार योजनाओं में निवेश के लिए पूँजी बाजार से धन उगाही करने की योजना बनाई थी। उस वक्त अमेरिकी शेयर बाजार का बुलबुला फटने की तरफ बढ़ रहा था। लेकिन यहाँ श्वाब के सौभाग्य ने उसका साथ दिया था। श्वाब ने चार्ल्स श्वाब कॉरपोरेशन के रूप में शेयर स्वामित्व (होल्डिंग) कंपनी का गठन किया था और सितंबर में 16.50 डॉलर प्रति शेयर मूल्य पर कुल 80 लाख सामान्य शेयर बेचकर सार्वजानिक प्रारंभिक प्रस्ताव (आई.पी.ओ.) की प्रक्रिया पूरी कर ली थी। इस तरह, श्वाब के पास 13.20 करोड़ डॉलर की ब्याज-मुक्त पूँजी आ गई थी। वैसे तो अब तक लगभग सभी बड़ी वित्तीय संस्थाओं सहित सैकड़ों छूट दलाली प्रतिष्ठान बाजार में गला-काट प्रतिस्पर्धा कर रहे थे, लेकिन चार्ल्स श्वाब एंड कंपनी अपने सबसे नजदीकी प्रतिस्पर्धी क्विक एंड रेइली ग्रुप से पाँच गुना बड़ी थी। सन् 1987 में चार्ल्स श्वाब एंड कंपनी ने 46.50 करोड़ डॉलर के राजस्व पर 2.60 करोड़ डॉलर का शुद्ध लाभ अर्जित किया था, जो छूट-दलाली कारोबार के औसत लाभ-स्तर से दो गुना था। इसके अलावा, कंपनी म्यूचुअल फंड मार्केटप्लेस के जरिए 1.07 अरब डॉलर की ग्राहक-संपत्ति सहित व्यक्ति विशेष सेवानिवृत्ति खाता (इंडिविजुअल रिटायरमेंट अकाउंट/आई.आर.ए.), जमा प्रमाण-पत्र (सर्टिफिकेट ऑफ डिपॉजिट), मुद्रा बाजार खाता (मनी मार्केट अकाउंट) व नकद प्रबंध खाता (कैश मैनेजमेंट अकाउंट) 'श्वाब वन' के संचालन से भी अच्छी कमाई कर रही थी।

भूकंप व काला सोमवार के झटके : लेकिन 1 अक्तूबर, 1987 को 6.1 रिक्टर पैमाने की तीव्रतावाले भूकंप ने समूचे दक्षिण कैलिफोर्निया में तबाही मचाई थी, जिसकी चपेट में श्वाब का सैन फ्रांसिस्को मुख्यालय भी आ गया था। अभी सबकुछ पटरी पर भी नहीं आया था कि श्वाब को 19 अक्तूबर को अमेरिकी शेयर बाजार में ऐतिहासिक झटके वाले काला सोमवार को भी बरदाश्त करना पड़ा था।

ध्यान रहे कि वर्ष 1985 के अंत से लेकर 1986 के बीच अमेरिकी अर्थव्यवस्था विस्तार की गति एक बार फिर से धीमी होनी शुरू हो गई थी, लेकिन सरकारी कोशिशों से मुद्रास्फीति की दर नीचे आ गई थी। ऐसे में अमेरिकी शेयर बाजारों में बुलबुला तेजी का सिलसिला जारी रहा था। अगस्त

1986 से लेकर 1987 के एक वर्ष के दौरान शेयर बाजार सूचकांक डाओ जोन्स इंडस्ट्रियल एवरेज 1895 अंकों से 44 प्रतिशत बढ़कर 2,722 अंकों पर चला आया था। दूसरी तरफ, वर्ष 1986 की शुरुआत में पेट्रोलियम निर्यातक देशो का संगठन ओपेक ध्वस्त हो गया था। फिर 1986 मध्य तक कच्चे तेल (क्रूड ऑयल) की कीमतों में 50 प्रतिशत से भी अधिक की गिरावट आ गई थी। इससे विश्व अर्थव्यवस्था में अनिश्चितता का माहौल गहराता चला गया था। लेकिन अमेरिकी अर्थव्यवस्था पर इसका असर आने में समय लगा था। गिरावट की शुरुआत हांगकांग से हुई थी, फिर यूरोपीय शेयर बाजारों में उसका असर हुआ था और अंत में 14 अक्तूबर, 1987 को डाओ जोन्स इंडस्ट्रियल एवरेज में 3.8 अंकों की गिरावट आई थी। अगले दिन ईरान ने प्रक्षेपास्त्रों (मिसाइल) से दो अमेरिकी तेलवाहक जहाजों को उड़ा दिया था। फिर 15-16 अक्तूबर की रात को अतिरिक्त उष्णकटिबंधीय चक्रवात (एक्स्ट्रा ट्रॉपिकल साइक्लोन), जिसे 1987 का महाचक्रवात कहा जाता है, ने इंग्लैंड के ग्रेटर लंदन व फ्रांस के कई इलाकों सहित अन्य क्षेत्रों में भारी तबाही मचाई थी। इसके चलते यूरोपीय शेयर बाजारों की भारी गिरावट के साथ-साथ 16 अक्तूबर को डाओ जोन्स इंडस्ट्रियल एवरेज में 4.6 प्रतिशत की गिरावट आई थी। लेकिन तीन दिनों बाद 19 अक्तूबर को 22.61 प्रतिशत यानी 508 अंकों की ऐतिहासिक गिरावट के साथ डाओ जोन्स इंडस्ट्रियल एवरेज 1738 अंकों पर जा गिरी थी और उस दिन को पूँजी बाजार के इतिहास में 'काला सोमवार' (ब्लैक मंडे) नाम से याद किया जाता है।

जी हाँ, हर लिहाज से आगे रहते हुए भी अगले नौ महीने में चार्ल्स श्वाब कॉरपोरेशन को भी काफी नुकसान उठाना पड़ा था। वर्ष 1988 के मध्य तक कंपनी दैनिक कारोबार की संख्या 40 प्रति घटकर 10,400 रह गई थी। लाभ-स्तर को पूर्व उच्च स्तर पर बनाए रखने के लिए श्वाब को कर्मचारियों की छँटनी के अलावा प्रबंधकीय अधिकारियों के वेतन में भी 5 से 20 प्रतिशत की कटौती लागू करनी पड़ी थी। श्वाब ने खुद अपने वेतन में 20 प्रतिशत कमी की थी और अगले छह महीनों के लिए शाखा-विस्तार की योजनाओं को ठंडे बस्ते में डाल दिया था। इतना ही नहीं, श्वाब ने अपनी परंपरा को

तोड़कर दलाली की दरों को भी 10 प्रतिशत बढ़ा दिया था। इस तरह, उसने कंपनी के परिचालन को लाभ-अर्जन बिंदु (ब्रेक-इवन पॉइंट) पर बनाए रखने के लिए 12,000 दैनिक कारोबार की आवश्यकता को घटाकर 8,000 कर लिया था। इन कटौतियों व जुगाड़ों से उसने राजस्व की स्थिति को बहुत हद सँभाल लिया था, लेकिन लाभ में 70 प्रतिशत की गिरावट आई थी। सन् 1988 में कंपनी का राजस्व 46.50 करोड़ डॉलर से घटकर 39.20 करोड़ डॉलर रहा था जबकि राजस्व 2.60 करोड़ डॉलर से बुरी तरह लुढ़कता हुआ 74 लाख डॉलर पर अटका था।

तूफानी विस्तार : झटका झेलना तो श्वाब की आदत-सी थी, लेकिन एक ही महीने में दो बड़े झटकों से निपटने के बाद उसका आत्मविश्वास सातवें आसमान पर था। वर्ष 1989 में उसने अपने कारोबार में तूफानी विस्तार के लिए आक्रामक तरीका अपनाया था। श्वाब के निशाने पर छूट-दलाली कारोबार की अमेरिका पाँचवीं सबसे बड़ी कंपनी रोज एंड कपनी (शिकागो) थी। यह दिग्गज वित्तीय संस्था चेज मैनहट्टन की सहयोगी संस्था थी। श्वाब ने 3.40 करोड़ डॉलर में रोज एंड कपनी को खरीद लिया था। इस तरह उसने एक झटके में केवल 70 डॉलर प्रति ग्राहक की लागत पर रोज एंड कपनी के 2 लाख ग्राहकों को अपने कब्जे में ले लिया था।

इस तरह श्वाब अपनी छूट-दलाली बाजार हिस्सेदारी को बढ़कर 40 प्रतिशत करने में कामयाब रहा था। फिर भी, कुल खुदरा दलाली बाजार में उसकी लाभ हिस्सेदारी केवल 8 प्रतिशत ही थी। उसे यह समझते देर नहीं लगी थी कि यदि लाभ हिस्सेदारी बढ़ानी है तो पूरी सेवा देनेवाली दलाली संस्थाओं के ग्राहकों सहित स्वतंत्र निवेशकों को भी तेजी से झटककर अपने पाले में लाना जरूरी था। इसके लिए क्या किया था श्वाब ने? जी हाँ, श्वाब का अब तक का कारोबार ही नवाचार पर टिका हुआ हुआ था। उसे एक बार फिर से कुछ ऐसा जरूर करना था, जो उस समय दलाली कारोबार में क्रांतिकारी साबित हो। श्वाब ने टेलीब्रोकर सेवा की शुरुआत कर कुछ ऐसा ही किया भी था। इस सेवा के जरिए उसने निवेशकों को दूरभाष से 24 घंटे शेयर के भाव जानने व खरीद-बिक्री आदेश देने की सुविधा दे दी थी। इतना

सन् 1992 में ही श्वाब ने 1.20 करोड़ डॉलर में पहला कंपनी विमान खरीदा था, जिसकी ईंधन क्षमता इतनी थी कि वह सीधे लंदन तक पहुँच सके, जहाँ वह अपनी पहली यूरोपीय शाखा खोलने जा रहा था।

ही नहीं, उसने इक्वलाइजर का नया संस्करण प्रस्तुत किया था। ध्यान रहे कि इक्वलाइजर पहला डॉस आधारित सामग्री प्रक्रिया कार्यक्रम (सॉफ्टवेयर प्रोग्राम) था, जिसके जरिए श्वाब ने कंप्यूटर प्रणाली आधारित शेयर खरीद-बिक्री प्रक्रिया को आधुनिक ऑनलाइन ट्रेडिंग की दिशा में विकसित किया था। चूँकि इक्वलाइजर के 169 डॉलर प्रत्येक की ऊँची कीमत पर प्रथम संस्करण की 30,000 प्रतियाँ पहले ही बिक चुकी थीं, इसलिए नए उन्नत संस्करण की मानो धूम-सी मच गई थी। इसके साथ ही बाजार सुधरने के बाद आम निवेशक भी वापस लौटने लगे थे। इस तरह सन् 1989 में चार्ल्स श्वाब कॉरपोरेशन का राजस्व 55.30 करोड़ डॉलर तथा लाभ 1.89 करोड़ डॉलर के स्तर पर आ गया था।

1991 में श्वाब ने मेयर व श्वित्जर के अधिग्रहण के माध्यम से पूँजी बाजार के बिल्कुल नए व बेहद लाभकारी विक्रय-फलक कारोबार (ओवर-द-काउंटर/ओ.टी.सी. ट्रेडिंग) में प्रवेश किया था। शेयर बाजार में पंजीकृत शेयरों के अलावा सीधे डीलर नेटवर्क के जरिए खरीदे-बेचे जानेवाले अन्य वित्तीय साधनों (फाइनेंशियल इंस्ट्रूमेंट्स) के कारोबार को ओ.टी.सी. कहा जाता है, जिनमें ऋण प्रतिभूतियाँ (डेट सिक्योरिटी) व मूल्य-निर्धारित/यौगिक प्रतिभूति (डेरीवेटिव) आदि शामिल हैं। इसके साथ ही श्वाब ने तूफानी गति से कार्यालयों का नेटवर्क बढ़ाया था। केवल सन् 1992 में ही 17 नए कार्यालय खोले गए थे। इसके साथ ही, विज्ञापन का खर्च भी दोगुना कर दिया था। नतीजा यह हुआ था कि श्वाब ने ग्राहक आधार में प्रतिमाह 40,000 नए खाते जोड़कर वर्ष 1992 के शुरुआती महीनों में अपनी बाजार हिस्सेदारी को 46 प्रतिशत के स्तर पर पहुँचा लेने में सक्षम हो गया था।

सन् 1992 में ही श्वाब ने 1.20 करोड़ डॉलर में पहला कंपनी विमान खरीदा था, जिसकी ईंधन क्षमता इतनी थी कि वह सीधे लंदन तक पहुँच सके, जहाँ वह अपनी पहली यूरोपीय शाखा खोलने जा रहा था। लेकिन अभी भी

चार्ल्स श्वाब कॉरपोरेशन का राजस्व मुख्य रूप से दलाली की आमदनी पर ही निर्भर बना हुआ था और विमान की लागत के चलते उसके शेयर भाव में 20 प्रतिशत की तात्कालिक गिरावट दर्ज की गई थी। इसकी भरपाई के लिए श्वाब ने विज्ञापन खर्च में 20 प्रतिशत की कटौती की थी और नई शाखाओं में एकमात्र दलाल कर्मचारी से काम चलाना शुरू कर दिया था। लेकिन दिलचस्प तथ्य यह भी है कि श्वाब अपने नेटवर्क के कुल 2,500 दलालों को सबसे कम औसतन 31,000 डॉलर प्रति वर्ष का ही भुगतान कर रहा था, जबकि फिडेलिटी ब्रोकरेज सर्विसेज 50,000 डॉलर तथा क्विक एंड रेइली 36,000 डॉलर। दलाली पर अपनी निर्भरता को घटाने की कोशिश में श्वाब ने म्यूचुअल फंड वन सोर्स कार्यक्रम के तहत आठ बाहरी म्यूचुअल फंड कंपनियों के कुल 200 फंडों के कारोबार लेन-देन शुल्क (ट्रांजेक्शन फी) से पूरी तरह मुक्त कर दिया था। इसके चलते निवेशकों ने म्यूचुअल फंड में जमकर निवेश किया था और दो माह के भीतर ही कंपनी की इस मद में कुल परिचालित खाता संपत्ति 50 करोड़ डॉलर बढ़कर 4 अरब डॉलर से ऊपर चली गई थी। इसके बदले श्वाब ने आम निवेशकों की बजाय म्यूचुअल फंड कंपनियों से 0.25 से 0.35 प्रतिशत तक का शुल्क भुगतान हासिल किया था। इस तरह 1992 के पूरे वर्ष में श्वाब 175 शाखाओं के जरिए 5.60 लाख नए ग्राहकों को अपने पाले में लाया था और कंपनी के ग्राहक खाता की कुल संपत्ति 38 प्रतिशत उछाल के साथ 65.60 अरब डॉलर हो गई थी। इन्हीं सफलताओं के दम पर वर्ष 1993 में श्वाब अमेरिका में 20 नई शाखाएँ, लंदन में यूरोप का पहला कार्यालय खोलने और श्वाब इंटरनेशनल इंडेक्स फंड व श्वाब स्मॉल कैप इंडेक्स सहित कई स्वामित्व वाले म्यूचुअल फंड को प्रस्तुत करने में सक्षम साबित हुआ था।

1990 के दशक में शेयर बाजारों में काफी लंबे समय तक तेजड़िया हावी रहे रहे और बाजार में लगातार तेजी का क्रम जारी रहा था। श्वाब के लिए यह उसके पेशेवर जीवन का सफल मौका साबित हुआ था। वर्ष 1992 से 1997 के बीच श्वाब ने म्यूचुअल फंड वन सोर्स कार्यक्रम के दायरे में 1400 से अधिक म्यूचुअल फंड जोड़े थे और इस बाजार-खंड के ग्राहक खातों में

कुल 80 अरब डॉलर की संपत्ति जुटाने में सफल रहा था। इस दौरान श्वाब कॉरपोरेशन ने 25 प्रतिशत चक्रवृद्धि वार्षिक वृद्धि दर से अपना राजस्व बढ़ाया था, जबकि 40 प्रतिशत वार्षिक वृद्धि दर के साथ कुल ग्राहक खाता संपत्ति को 65.60 अरब डॉलर से बढ़ाकर 353.7 अरब डॉलर पर पहुँचा लिया था। मई 1997 में कंपनी ने दावा किया था कि उसके पास ऑनलाइन दलाली के कुल 15 लाख खाताधारक थे, जिनमें 7 लाख सक्रिय थे। इतना ही नहीं, इन पाँच वर्षों में श्वाब का कुल ग्राहक खाता संख्या 20 लाख से बढ़कर 48 लाख हो गई थी। इस तरह, चार्ल्स श्वाब कॉरपोरेशन की गिनती अमेरिका के शीर्ष पाँच दलाली प्रतिष्ठानों में होने लगी थी। सन् 1997 में ही कंपनी ने क्रेडिट सुइससे फर्स्ट बोस्टन कॉरपोरेशन, जे.पी. मॉर्गन एंड कंपनी तथा हेमब्रेच्ट एंड क्विस्ट ग्रुप के साथ गठबंधन कायम कर अपने ग्राहकों को प्रस्तावित कीमतों पर आई.पी.ओ. में हिस्सा ले पाने में सक्षम बना दिया था।

21वीं सदी के झटके व असीम सफलताएँ : 1 जनवरी, 1998 को श्वाब ने अपने एक पुराने साथी डेविड एस. पोट्रुक को चार्ल्स श्वाब कॉरपोरेशन का अध्यक्ष व सह-मुख्य कार्यकारी अधिकारी (को-सी.ई.ओ.) नियुक्त कर दिया था; लेकिन खुद को चेयरमैन व सी.ई.ओ. पद पर बनाए रखा था। इससे यही पता चल रहा था कि 60 वर्ष आयु के करीब होने के बावजूद श्वाब अभी खुद को दैनिक गतिविधियों से मुक्त करने का इच्छुक नहीं था। लेकिन करीब एक माह के भीतर ही श्वाब ने टिमोथी एफ. मैककार्थी को चार्ल्स श्वाब एंड कंपनी का अध्यक्ष व मुख्य परिचालन अधिकारी (चीफ ऑपरेटिंग ऑफिसर/ सी.ओ.ओ.) नियुक्त कर दलाली कारोबार की दैनिक प्रबंधन जिम्मेदारियाँ सौंप दी थीं, जबकि पोट्रुक समूचे समूह का प्रशासन, वित्त, प्रौद्योगिकी व निगम रणनीति नियंत्रित करने लगा था। 21वीं सदी के शुरुआती वर्षों में शेयर बाजारों में उतार-चढ़ाव का क्रम ज्यादा तेज होता चला गया था और नए प्रबंधन का अधिकांश ध्यान तात्कालिक स्थितियों से निपटने में ही लगने जा रहा था। इस दौरान कारोबार तेजी इंटरनेट मंच पर स्थानांतरित होने जा रहा था, जहाँ लेन-देन शुल्क अपेक्षाकृत कम रहने वाला था। ऐसे में दलाली की आमदनी की मूल कमाई लगातार दबाव में आने वाली थी। लेकिन कंपनी

ने सितंबर 1998 में ही हांगकांग व लंदन के बाद जापान एवं अन्य देशों के कार्यालय खोलकर अंतरराष्ट्रीय बाजारों में प्रवेश का दायरा लगातार बढ़ाते जाने का इरादा व्यक्त कर दिया था।

चार्ल्स श्वाब कॉरपोरेशन ने वर्ष 2000 में 149 पुरानी अमेरिकी संपदा-सलाहकार (वेल्थ एडवाइजरी) संस्था यू.एस. ट्रस्ट को 2.73 अरब डॉलर मूल्य पर अधिगृहीत कर 21वीं सदी का धमाकेदार स्वागत किया था। श्वाब काफी पहले से बहुत उच्च संपत्ति मूल्य (वेरी हाई नेटवर्थ) वाले निवेशकों को अपने पाले में लाने की योजना बना रहा था; लेकिन अमेरिकी सरकार ने वर्ष 1999 में नए कानूनी प्रावधान पारित कर वित्तीय संस्थाओं को एक कारोबार से दूसरे कारोबार में जाने की अनुमति दी थी।

लेकिन 1997 में फूलना शुरू हुआ सूचना प्रौद्योगिकी का बुलबुला (आई. टी. बबल) या इंटरनेट बुलबुला या डॉट.कॉम बुलबुला अचानक 10 मार्च, 2000 को फट गया था, जब एक कारोबार दिवस में ही नैस्डेक कंपोजिट शेयर सूचकांक 5132 अंकों की ऊँचाई से सीधे 5048 पर आ गिरा था। उससे पहले ही आई.टी. कंपनियों के दिवालिया होने का क्रम शुरू हो गया था। वह अगले 18 महीनों में और भी गहरा गया था। लेकिन अमेरिकी फेडरल रिजर्व की कोशिशों से किसी तरह डाओ जोन्स इंडस्ट्रियल एवरेज शेयर सूचकांक अभी भी अप्रभावित बना रहा था। लेकिन 11 सितंबर, 2001 को वर्ल्ड ट्रेड सेंटर पर हुए आतंकी हमले ने अमेरिका सहित विश्व भर के शेयर बाजारों में तबाही मचा दी थी। फिर 2 दिसंबर, 2001 को एनरॉन कॉर्पोरेशन (ह्यूस्टन, टेक्सास) ने दिवालिया घोषित कर दिया था। लगभग 22,000 कर्मचारियों वाली एनरॉन कॉर्पोरेशन विश्व की प्रमुख बिजली, प्राकृतिक गैस, संचार, लुगदी व कागज कंपनियों में गिनी जाती थी और उसने वर्ष 2000 के दौरान 111 अरब डॉलर के कारोबार का दावा किया था। उसके बाद कंपनियों के दिवालिएपन का क्रम तेज हो गया था। इस तरह, मार्च 2000 से लेकर अक्तूबर 2002 के बीच अमेरिकी शेयर बाजारों में पंजीकृत कंपनियों के शेयरों के मूल्य में कुल लगभग 5,000 अरब डॉलर की गिरावट आ गई थी।

ध्यान रहे कि 1990 दशक के अंतिम वर्षों में आई.टी. कंपनियों के

शेयरों में तेजी का दौर शुरू हो गया था, जिसका श्वाब ने भी काफी लाभ उठाया था। साफ है कि अब बुलबुला फटने के बाद की मार भी उसे झेलनी थी। आंतरिक सुधारों व कटौतियों के बाद भी वर्ष 2001 में चार्ल्स श्वाब एंड कंपनी के औसत दैनिक कारोबार संख्या में एक-तिहाई की कमी आई थी। 25 प्रतिशत गिरावट के साथ राजस्व 4.35 अरब डॉलर और शुद्ध लाभ 72 प्रतिशत गिरकर 19.90 करोड़ डॉलर रह गया था। लेकिन श्वाब एक उच्च कोटि का वित्तीय नवाचारी था और उसने मई 2002 में 'श्वाब प्राइवेट क्लाइंट' नामक सेवा के जरिए 5 लाख डॉलर से अधिक का दाँव लगानेवाले बड़े निवेशकों को अपनी तरफ खींचना शुरू कर दिया था।

लेकिन यू.एस. ट्रस्ट ने श्वाब की उम्मीदों पर खरा उतरने की बजाय उसकी दशकों की साख को दाँव पर लगा दिया था। चार्ल्स श्वाब कॉरपोरेशन में विलय के बाद यू.एस. ट्रस्ट धन शोधन नियंत्रण अधिनियम (मनी लॉण्डरिंग कंट्रोल ऐक्ट) के उल्लंघन यानी काले धन को सफेद करने के एक मामले में फँस गया था और उसके खिलाफ 1 करोड़ डॉलर के दंड भुगतान का फैसला सुनाया गया था। खैर, श्वाब ने वर्ष 2002 के अंत में यू.एस. ट्रस्ट के शीर्ष प्रबंधन में बदलाव तथा उसकी कारोबार रणनीति में सुधार कर किसी तरह अपनी साख को बचा पाने में सफल रहा था। इतना ही नहीं, इस बीच श्वाब ने अपने कनाडा के दलाली कारोबार को बेच दिया और जापान व ऑस्ट्रेलिया के संयुक्त उद्यमों से भी खुद को बाहर निकाल लिया था। फिर चार्ल्स श्वाब ने यूरोप (लंदन) को बार्कलेज पी.एल.सी. को बेच दिया था और अपना सारा ध्यान अमेरिकी वित्त बाजार पर केंद्रित कर लिया था।

वर्ष 2003 में अपने 20 वर्ष पुराने सहयोगी को चार्ल्स श्वाब कॉरपोरेशन को मुख्य कार्यकारी अधिकारी बनाकर संपूर्ण प्रबंधन भी सौंप दिया था, लेकिन 25 प्रतिशत हिस्सेदारी के साथ सबसे बड़ा शेयरधारक चेयरमैन बना रहा था। अब श्वाब ने समूह का राजस्व बढ़ाने का अब तक का सबसे बड़ा काम किया था। वर्ष 2003 में चार्ल्स श्वाब बैंक की स्थापना कर श्वाब ने गिरवी (मॉर्गेज) बाजार की भारी संभावनाओं पर अपना ध्यान केंद्रित किया था। याद रहे कि श्वाब का अब तक हर कदम उचित मौका देखकर ही आगे बढ़ता

रहा था और अब उसके निशाने पर गरमागरम गिरवी कारोबार था। उस समय पिछले चार दशकों में दीर्घकालीन ब्याज दरें अपने न्यूनतम स्तरों पर जा चुकी थीं। लेकिन वर्ष 2003 की अंतिम छमाही में न्यूयॉर्क के महाधिवक्ता एलियट स्पिट्जर और प्रतिभूति एवं विनिमय आयोग (एस.ई.सी.) ने अन्य बहुत सी वित्तीय संस्थाओं की लंबी सूची में चार्ल्स श्वाब को भी अपनी जाँच के दायरे ले लिया था। यू.एस. ट्रस्ट द्वारा परिचालित म्यूचुअल फंड परिवार ने श्वाब पर बाजार समय (मार्केट टाइमिंग) व श्वाब म्यूचुअल मार्केट प्लेस में देरी से कारोबार (लेट ट्रेडिंग) को लेकर आरोप लगाए थे। इससे श्वाब की व्यक्तिगत विश्वसनीय छवि खराब हुई थी और अन्य वित्तीय कंपनियों की तुलना में चार्ल्स श्वाब कॉरपोरेशन के शेयरों के भाव काफी ज्यादा प्रभावित हुए थे।

श्वाब की सफलता का अधिकांश इतिहास तेजड़िया बाजार स्थितियों पर ही टिका रहा था और उसी दौरान वह अधिकांश ग्राहकों को अपने दायरे में लाया था। इसलिए मंदड़ियों की पकड़ मजबूत होते ही चार्ल्स श्वाब कॉरपोरेशन के राजस्व के साथ-साथ शेयर के भाव पहले से ही दबाव में आ चुके थे। वर्ष 2000 से 2002 के बीच राजस्व 5.80 अरब डॉलर से घटकर 4.10 अरब डॉलर पर आ चुका था और जो शेयर अप्रैल 1999 में 50 डॉलर के उच्च स्तर पर चला गया था, वह वर्ष 2003 में 11 डॉलर के आसपास झूलने लगा था। एक-चौथाई कर्मचारियों की छँटनी की जा चुकी थीं और बचे हुए लोगों को हर संभव कटौतियाँ झेलनी पड़ रही थीं। ऐसे में, जुलाई 2004 में चार्ल्स श्वाब कॉरपोरेशन के निदेशक मंडल ने पोट्रूक को त्याग-पत्र दे देने के लिए मजबूर कर दिया था और श्वाब ने एक बार फिर से मुख्य कार्यकारी अधिकारी की कमान सँभाली थी।

उसके बाद श्वाब ने अपने श्वाब कैपिटल मार्केट को यू.एस.बी. एजी को बेच दिया था और 3.50 लाख डॉलर दंड भुगतान कर म्यूचुअल फंड मामले को निपटाया था। फिर श्वाब ने लेन-देन शुल्कों में भारी कटौती की घोषणा की थी और उसकी जागरूकता के लिए राष्ट्रीय स्तर पर भारी-भरकम प्रचार अभियान भी चलाया था। उस खर्च ने यू.एस. ट्रस्ट की चौथी तिमाही का लाभ निगल लिया था, जिसके चलते न्यूयॉर्क स्टॉक एक्सचेंज ने

वर्ष 2005 में श्वाब की वित्तीय गतिविधियाँ पूरी तरफ नैस्डेक पर आ टिकी थीं। लेकिन श्वाब अपने समूह के राजस्व को 28.60 अरब डॉलर से बढ़ाकर 72.50 डॉलर पर और ग्राहक खातों की कुल संपत्ति को 1,200 अरब डॉलर की नई ऊँचाइयों पर ले जाने में सफल हो गया था।

चार्ल्स श्वाब कॉरपोरेशन को 10 लाख डॉलर का दंड सुना दिया था। इसलिए वर्ष 2005 में श्वाब की वित्तीय गतिविधियाँ पूरी तरफ नैस्डेक पर आ टिकी थीं। लेकिन श्वाब अपने समूह के राजस्व को 28.60 अरब डॉलर से बढ़ाकर 72.50 डॉलर पर और ग्राहक खातों की कुल संपत्ति को 1,200 अरब डॉलर की नई ऊँचाइयों पर ले जाने में सफल हो गया था। 20 नवंबर, 2006 को उसने 3.30 अरब डॉलर नकद भुगतान पर यू.एस. ट्रस्ट को बैंक ऑफ अमेरिका को बेच दिया था। 2008 की मंदी के बाद बड़े बैंकों के ग्राहकों की भारी संख्या चार्ल्स श्वाब बैंक की ओर आकर्षित हुई थी। सितंबर 2011 में चार्ल्स श्वाब कॉरपोरेशन अमेरिका में 300 से अधिक कार्यालयों व लंदन शाखा के जरिए कुल 79 लाख ग्राहकों के दलाली खाते में कुल 1,650 अरब डॉलर की संपत्ति का परिचालन करने लगा था, जो 2014 में 2,464 अरब डॉलर के स्तर पर पहुँच गया। वर्ष 2014 में चार्ल्स श्वाब कॉरपोरेशन ने 6.058 अरब डॉलर के राजस्व पर 1.321 अरब डॉलर का शुद्ध लाभ हासिल किया था। नवंबर 2015 में चार्ल्स श्वाब की व्यक्तिगत परिसंपत्ति का मूल्यांकन 6.90 अरब डॉलर (फोर्ब्स) आँका गया था।

बर्नी मार्कस व आर्थर ब्लैंक : प्रबंधन जोड़ी ने बनाया होम डिपो का विशाल साम्राज्य

अचानक नौकरी से निकाल बाहर किए जाने के बाद बर्नी मार्कस व आर्थर ब्लैंक की प्रबंधन जोड़ी ने सन् 1978 में होम डिपो की स्थापना की थी, जो अब विश्व की सबसे बड़ी गृह-सुधार खुदरा शृंखला (होम इंप्रूवमेंट रिटेल चेन) बन गई है। कैसे? जैसे कि सैम वाल्टन व चार्ल्स श्वाब ने छूट (डिस्काउंट) का सहारा लेकर अपने-अपने कारोबार साम्राज्य का विस्तार

किया था। हाँ, अंतर सिर्फ इतना है कि सैम व चार्ल्स अपनी कोशिशों में अकेले-अकेले थे, जबकि बर्नी मार्कस व आर्थर ब्लैंक ने एक साथ मिलकर कोशिशें की थीं। मार्कस व ब्लैंक दोनों ही खुदरा कारोबार के अनुभवी कार्यकारी थे, जो लॉस एंजेलिस (कैलिफोर्निया) स्थित गृह-सुधार खुदरा श्रृंखला हैंडी डान के शीर्ष प्रबंधन दल में शामिल थे। लेकिन उससे पहले दोनों एक-दूसरे से अनजान थे। लेकिन वे जब से मिले, एक-दूसरे के पूरक बन गए। उन्होंने जो कुछ कर दिखाया, वह आज भी विश्व भर के कार्यकारी अधिकारियों के लिए एक जीता-जागता उदाहरण बना हुआ है।

आर्थर ब्लैंक : आर्थर ब्लैंक का जन्म 27 सितंबर, 1942 को न्यूयॉर्क सिटी के कुईंस (ब्रूकलीन के सामने व लॉन्ग आइलैंड के पश्चिमी छोर पर) इलाके में एक यहूदी परिवार में हुआ था। ब्लैंक का पिता इलाके का लोकप्रिय दवा निर्माता (फार्मासिस्ट) था, जिसने बाद में डाक-आदेश के जरिए दवा बेचने का छोटा कारोबार भी शुरू किया था। सन् 1957 में पिता की मृत्यु के बाद उसकी माँ ने उस कारोबार को सँभाला था और आर्थर सहित उसके भाई को निजी विद्यालय में अच्छी शुरुआती शिक्षा दिलवाने के सफल रही थी। लेकिन आर्थर को निजी व्यवसाय महाविद्यालय बॉबसन कॉलेज (वेल्सली, मैसाचुसेट्स) से व्यवसाय प्रशासन (बिजनेस एडमिनिस्ट्रेशन) व लेखांकन (एकाउंटिंग) में स्नातक की उपाधि हासिल करने के लिए बगीचा निर्माण (लैंडस्केपिंग) व कपड़ा-धुलाई (लॉण्ड्री) के काम भी करने पड़े थे। आर्थर पढ़ाई में हमेशा ही अव्वल रहा था। उसे तत्कालीन बिग-8 लेखांकन प्रतिष्ठानों में से एक आर्थर यंग एंड कंपनी में नौकरी मिल गई थी, जहाँ वह लगभग पाँच वर्षों तक काम करता रहा था।

उसके बाद आर्थर ब्लैंक डाक-आदेश कारोबार में अपनी माँ की मदद करने लगा था। इससे पहले उसका भाई भी फार्मेसी की उपाधि हासिल कर उस कारोबार में शामिल हो चुका था। लेकिन 1968 में उस पारिवारिक कारोबार को डायलिन कॉरपोरेशन को बेच दिया था। कुछ समय तक ब्लैंक परिवार ही उस कारोबार को सँभालता रहा था। लेकिन सन् 1970 में आर्थर को डायलिन कॉरपोरेशन की दूसरी इकाई इलियट्स ड्रग स्टोर्स/ स्ट्राइप्स

डिस्काउंट स्टोर्स का मुख्य वित्तीय अधिकारी (चीफ फाइनेंशियल ऑफिसर/सी.एफ.ओ.) बना दिया गया था। आर्थर के काम से डायलिन का शीर्ष प्रबंधन इतना खुश हुआ था कि सन् 1972 में उसे इलियट्स का अध्यक्ष (प्रेसिडेंट) व डायलिन समूह के सहायक कोषाध्यक्ष (असिस्टेंट ट्रेजरर) के रूप में पदोन्नत कर दिया था। लेकिन जुलाई 1974 में डायलिन समूह ने इलियट्स सहित अपने कई अन्य कारोबारी प्रभागों को हैंडी डान को बेच दिया था। उस समय आर्थर ने भी डायलिन समूह को छोड़कर हैंडी डान होम इंप्रूवमेंट (लॉस एंजेलिस) की गृह सुधार कंपनी में निगम-नियंत्रण (कॉर्पोरेट कंट्रोलर) के पद-प्रस्ताव को स्वीकार कर लिया था। अब आर्थर ने अपने बॉस बर्नी मार्कस के अधीन काम करना शुरू किया था।

बर्नी मार्कस : बर्नार्ड बर्नी मार्कस का जन्म 12 मई, 1929 को नेवार्क (न्यू जर्सी)—न्यूयॉर्क महानगरीय क्षेत्र में मैनहट्टन से 13 कि.मी. पश्चिम में रूसी मूल के एक यहूदी परिवार में हुआ था। वैसे तो उसके माता-पिता अंग्रेजी न बोल सकनेवाले गरीब इलाके में गुजर-बसर करनेवाले आप्रवासी थे, लेकिन दोनों मजबूत चरित्रवाले व्यक्तित्व थे। विशेष रूप से बर्नी की माँ ने शुरू से ही उसमें अच्छे गुणों—सकारात्मक मानसिक दृष्टिकोण, कुछ विशेष करने की इच्छा-शक्ति, असफलताओं से सीखने की क्षमता और दूसरों को देने के महत्त्व—को विकसित किया था। बर्नी को अपने पिता से अत्यंत प्रभावशाली कार्य-नीति (वर्क एथिक्स) सीखने का मौका मिला था। वह पेशे से बढ़ई थे। सप्ताह में सातों दिन कड़ी मेहनत कर लकड़ी की आलमारी बनाने का काम करते थे। लेकिन बर्नी को यह भी समझने का मौका मिला था कि उसके पिता की आमदनी से परिवार का खर्च पूरा करना संभव नहीं हो पा रहा था। चूँकि उसके माता-पिता कट्टर यहूदी थे और अपनी धार्मिक आस्थाओं का नियमपूर्वक पालन करते थे, इसलिए बर्नी को भी उसी माहौल में आगे बढ़ते हुए यहूदी विरासत को समझने का मौका मिला था।

प्राथमिक विद्यालय में पढ़ते हुए बर्नी को अश्वेत बच्चों के उपद्रवी गिरोह का सामना करना पड़ता था। लेकिन पढ़ाई छोड़ने की बजाय उसने उसी गिरोह में शामिल होना बेहतर समझा था। हालाँकि वह 30 अश्वेत बच्चों के उस

गिरोह में एकमात्र श्वेत था, लेकिन उसके सरगना का दाहिना हाथ बन गया था। बर्नी बचपन से ही अपने परिवार की आर्थिक स्थितियों के प्रति संवेदनशील था। इसलिए वह विद्यालय के समय के बाद सोडा फाउंटेन में भी काम करता था। गरमी की छुट्टियों में वह अपने बचे हुए समय में बस के खलासी काम करता था। उसका लक्ष्य महाविद्यालय में दाखिल होकर मनोचिकित्सक (साइकेट्रिस्ट) बनना था। उसने किशोरावस्था में ही सिगमंड फ्रॉयड (ऑस्ट्रिया के तंत्रिका विज्ञानी/ न्यूरोलॉजिस्ट, जिसे मनोविश्लेषण/ साइकोएनालिसिस का जनक माना जाता है) एवं कार्ल जंग (स्विस मनोचिकित्सक/साइकोलॉजिस्ट, जिसने विश्लेषणात्मक मनोविज्ञान/ एनालिटिकल साइकोलॉजी की स्थापना की थी) को पढ़कर लोगों को सम्मोहित (हिप्नोटाइज) करनी की कला को विकसित करने की कोशिशें शुरू कर दी थीं।

बर्नी ने चिकित्सा महाविद्यालय (मेडिकल कॉलेज) में दाखिल होने की तैयारी करनेवाले छात्र के रूप रटगर्स विश्वविद्यालय (नेवार्क, न्यू जर्सी) में पढ़ाई शुरू की थी। उसे बड़ी उम्मीद थी कि वह हार्वर्ड मेडिकल स्कूल में दाखिल होने में सफल हो जाएगा। लेकिन वह उसके लिए पर्याप्त जरूरी धन का जुगाड़ नहीं कर सका था। फिर उसे रटगर्स विश्वविद्यालय में दवा-निर्माता (फार्मेसी) की स्नातक उपाधि से ही संतोष करना पड़ा था। उसके बाद उसे मिल्बर्न (न्यू जर्सी) में अपने एक दोस्त की दवा की दुकान में सह-स्वामी (को-ओनर) बनने का मौका मिल गया था। फिर उसने दोस्त के ही निवेश से सौंदर्य-प्रसाधन छूट भंडार शृंखला (कॉस्मेटिक्स डिस्काउंट स्टोर चेन) स्पीयर्स फिफ्थ एवेन्यू का एक भंडार शुरू किया था। लेकिन शृंखला के दिवालिया हो जाने के कारण बर्नी का वह कारोबार डूब गया था। लेकिन बर्नी ने उस समय पूर्व समुद्र-तटीय अमेरिकी क्षेत्र की लोकप्रिय खुदरा भंडार शृंखला 'टू गाइज' के मालिकों को प्रभावित कर फिर से टोटोवा (न्यू जर्सी) में अपना कारोबार शुरू कर लिया था। उसने बहुत कम समय में काफी कारोबार किया था। इससे खुश होकर 'टू गाइज' ने बर्नी को पहले खेल के सामानों (स्पोर्ट्स गुड्स) और बाद में प्रमुख घरेलू उपकरणों का कारोबार सौंप दिया था। इस तरह बर्नी 'टू गाइज' का करीब 1 अरब डॉलर का कारोबार सँभालने लगा था। लेकिन

बर्नी मार्कस के नेतृत्व में हैंडी डान ने वर्ष 1976-77 में जबरदस्त प्रदर्शन किया था और ब्रांड नेम्स फाउंडेशन ने हैंडी डान को 'होम सेंटर ऑफ द इयर' अवार्ड दिया था।

संस्थापक की मृत्यु के बाद 'टू गाइज' किसी अन्य को बेच दिया गया था, जो उसे आगे बढ़ा पाने में नाकाम साबित हुआ था। हालाँकि बर्नी को पता नहीं कि वह आगे क्या करेगा, लेकिन काफी निराश होकर उसने 1968 में 'टू गाइज' को छोड़ दिया था।

लेकिन बर्नी को ज्यादा इंतजार करने की जरूरत नहीं पड़ी थी। जूता पॉलिश जैसी उपभोक्ता सामग्रियों की निर्माता ओडेल मैन्युफैक्चरिंग कंपनी (कैलिफॉर्निया) ने उसे अध्यक्ष व मुख्य परिचालन अधिकारी (चीफ ऑपरेटिंग ऑफिसर/सी.ओ.ओ.) का प्रस्ताव दिया था। जून 1968 में बर्नी ने ओडेल के लिए काम करना शुरू कर दिया था। दो वर्षों बाद बर्नी डायलिन कॉरपोरेशन में उपाध्यक्ष (वाइस-प्रेसिडेंट) के रूप में 34 छूट-भंडारों का प्रभारी बन गया था। फिर उसने अध्यक्ष के रूप में हैंडी डान होम इंप्रूवमेंट (लॉस एंजेलिस) का कारोबार सँभाला था। वर्ष 1955 में स्थापित हैंडी डान गृह-सुधार उपकरणों की प्रणेता कंपनी थी। वैसे तो 81 प्रतिशत हिस्सेदारी डायलिन कॉरपोरेशन के पास थी, लेकिन हैंडी डान स्वतंत्र निदेशक मंडल की देखरेख में संचालित हो रहा था। जल्द ही बर्नी को निदेशक मंडल के चेयरमैन की जिम्मेदारी भी सौंप दी गई थी। फिर भी, बर्नी को व्यावहारिक तौर पर सबसे बड़े हिस्सेदार डायलिन कॉरपोरेशन के मुख्य कार्यकारी अधिकारी के निर्देशन के अधीन ही काम करना पड़ता था।

बर्नी व ब्लैंक की जोड़ी : आर्थर ब्लैंक के आते ही बर्नी को मानो विश्वसनीय सहयोगी मिल गया था। दोनों के बीच प्रगाढ़ संबंध स्थापित हो गए थे और उन्हें हैंडी डान की प्रबंधन जोड़ी (मैनेजमेंट कपल) कहा जाने लगा था। हालाँकि निगम-नियंत्रक के रूप में ब्लैंक की घोषित जिम्मेदारी मुख्य वित्तीय अधिकारी (सी.एफ.ओ.) जैसी थी, लेकिन बर्नी की छत्रच्छाया में वह शीर्ष प्रबंधन से जुड़े हर मामले में शामिल हो गया था। बर्नी मार्कस के नेतृत्व में हैंडी डान ने वर्ष 1976-77 में जबरदस्त प्रदर्शन किया था और ब्रांड नेम्स फाउंडेशन ने हैंडी डान को 'होम सेंटर ऑफ द इयर' अवार्ड दिया

था। उस वर्ष हैंडी डान ने 78 लाख डॉलर का कारोबार किया था, जबकि मूल कंपनी डायलिन कॉरपोरेशन का कारोबार 70 लाख डॉलर ही रहा था। साफ है कि बर्नी मार्कस इतना अधिक सफल हो गया था कि उसे अगले मुख्य कार्यकारी अधिकारी पद का तार्किक दावेदार माना जाने लगा था। उसके बाद डायलिन कॉरपोरेशन का मुख्य कार्यकारी अधिकारी बर्नी को अपना दुश्मन समझने लगा था। लेकिन 14 अप्रैल, 1978 को मुख्य कार्यकारी अधिकारी ने श्रमिक संघ के अप्रमाणन (डी-सर्टिफिकेशन) की कोशिश के लिए 1.40 लाख डॉलर की निधि स्थापित करने के आरोप में बर्नी मार्कस, आर्थर ब्लैंक सहित एक अन्य उच्चाधिकारी को पद-मुक्त कर दिया था और उसकी सूचना अमेरिकी प्रतिभूति एवं विनिमय बोर्ड (एस.ई.सी.) को भेज दी थी। हालाँकि एस.ई.सी. की जाँच में तीनों पर कोई आरोप सिद्ध नहीं हुआ था, लेकिन तब काफी देर हो चुकी थी।

होम डिपो की स्थापना : असल में, बर्नी मार्कस ने हैंडी डान के लिए कुछ ऐसे प्रयोग किए थे, जिससे साबित हो गया था कि यदि बड़े गोदाम में सामानों का ढेर लगाकर उन्हें छूट के साथ बेचा जाए तो ग्राहकों का अच्छा समर्थन हासिल किया जा सकता था। अब कंपनी से अचानक बाहर कर दिए जाने के बाद निवेश साहूकार केन लैंगोन ने बर्नी से संपर्क साधा था और हैंडी डान में किए गए प्रयोगों को अपने कारोबार के रूप में जमीन पर उतारने के लिए उत्साहित किया था। आर्थर ब्लैंक भी उस योजना को लेकर उत्साहित था, इसलिए दोनों ने लैंगोन को शुरुआती पूँजी का इंतजाम करने को कहा था। लेकिन लंगोने विभिन्न बैंकों के जरिए सिर्फ 2.50 करोड़ डॉलर का ही इंतजाम किया था। बर्नी व ब्लैंक को अच्छी तरह मालूम था कि उसकी बड़ी परियोजना के लिए वह राशि काफी कम थी।

इस बीच, उन दोनों को पता चला था कि लॉस एंजिल्स महानगर क्षेत्र में वैसा ही एक बड़ा गृह-सुधार भंडार जनवरी 1978 में खोला जा चुका था, जैसा कि वे लोग सोच रहे थे। बर्नी व ब्लैंक ने उस भंडार को अधिगृहित करने के इरादे से उसके संचालक पैट फराह से संपर्क साधा था तो पता चला था, वह भंडार भारी ग्राहकी के बावजूद उचित आर्थिक नियंत्रणों के अभाव

में भारी घाटा जमा करता जा रहा था। इसलिए उन्होंने खरीद का विचार छोड़ दिया था और फराह को अपनी परियोजना में शामिल होने के लिए आमंत्रित किया था। कुछ समय बाद फराह उनके पास आया था और अपने भंडार को दिवालिया घोषित कर उनकी परियोजना में साझीदार बनने को तैयार हो गया था। इस तरह होम डिपो के नामकरण से पहले ही तीनों ने भावी कंपनी में जिम्मेदारियों व हिस्सेदारियों पर आम सहमति कायम कर ली थी। इस सहमति के मुताबिक, बर्नी मार्कस 18 प्रतिशत हिस्सेदारी के साथ चेयरमैन व मुख्य कार्यकारी अधिकारी तथा 15 प्रतिशत हिस्सेदारी के साथ आर्थर ब्लैंक अध्यक्ष भूमिका अदा करेगा। दिवालिया प्रक्रिया पूरी होने के बाद पैट फराह को ब्लैंक के बराबर 15 प्रतिशत हिस्सेदारी देने एवं भंडार परिचालन में मुख्य विक्रेता (चीफ मर्चेंटाइजर) की भूमिका देना तय हुआ था। इस बीच, बर्नी ने अपने परिचित अधिकारी से भारी दबाव डलवाकर सिक्योरिटी पैसिफिक नेशनल बैंक (लॉस एंजिल्स) से 35 लाख डॉलर के ऋण का भी इंतजाम कर लिया था।

वित्तीय व्यवस्था चाक-चौबंद करने के बाद तीनों साझेदारों ने मिलकर अपने भावी गृह-सुधार खुदरा भंडार श्रृंखला का नाम 'होम डिपो' चुना था। अब उनके लिए सबसे बड़ी चुनौती थी पहले भंडार के उचित स्थान की खोज। इसके लिए उन्होंने अटलांटा, बोस्टन, डलास व लॉस एंजिल्स जैसे क्षेत्रों को रेखांकित कर उपलब्ध स्थानों के प्रारंभिक निरीक्षण का काम शुरू किया था। इस बीच आर्थर ब्लैंक को पता चला था कि जेसी पेनी अटलांटा महानगरीय क्षेत्र के डोराविल व मेमोरियल ड्राइव स्थित दो ट्रेजर आइलैंड छूट भंडारों को बंद करने जा रहा था। जब उन्होंने जेसी पेनी से उन भंडार-स्थलों को उप-पट्टे (सब-लीज) पर उठाने की बात शुरू की थी तो उन्हें दो भंडार भी मिल गए थे।

इस तरह, 22 जून, 1979 को डोराविल व मेमोरियल ड्राइव में दो 'होम डिपो' का एक साथ भव्य शुभारंभ आयोजित किया गया था। पहले दिन ग्राहकों की आमद काफी ढीली रही थी और एक सप्ताह बाद भी बर्नी व ब्लैंक की उम्मीदों के मुताबिक ग्राहकी नहीं बढ़ सकी थी। असल में, होम डिपो में उठाव तब शुरू हो सका था, जब जेसी पेनी ने साथ-साथ चल रहे भंडारों को बंद

करने से पहले आश्चर्यजनक रूप से सस्ते मूल्य पर महा-बिक्री (ग्रैंड सेल) का आयोजन किया था। वहाँ आनेवाले ग्राहकों को 'होम डिपो' के बारे में जागरूकता बढ़ी थी और वह पहले की हिचक तोड़कर वहाँ आना शुरू होने लगे थे। इस बीच एक और भंडार खुल गया था। इस तरह वर्ष 1979 के अंत में होम डिपो ने अपने तीन भंडारों में कुल 200 बिक्री सहयोगियों (सेल्स एसोसिएट्स) के जरिए कुल 70 लाख डॉलर का बिक्री राजस्व हासिल कर लिया था। फिर भी, पहले वर्ष में होम डिपो को 10 लाख डॉलर घाटे का प्रावधान करना पड़ा था। इस तरह, होम डिपो ने पहले साल में ही ऋणात्मक नकद-बहाव के लिए आरक्षित पूँजी में से आधा कम कर लिया था। लेकिन बर्नी मार्कस व आर्थर ब्लैंक ने बिक्री रुझानों को देखकर भाँप लिया था कि वे सही रास्ते पर चल रहे थे और उन्हें जल्द ही लाभ कमाने का अवसर मिलने वाला था। जी हाँ, वे बिल्कुल सही साबित हुए, जब वर्ष 1980 में होम डिपो ने अटलांटा क्षेत्र में ही अपना चौथा भंडार खोल लिया था और 8.56 लाख डॉलर का लाभ भी दर्ज कर पाने में सफल हो गया था।

प्रारंभिक सार्वजनिक प्रस्ताव (आई.पी.ओ.) : बर्नी व आर्थर ने पहले से ही कंपनी को सार्वजनिक करने की योजना बना रखी थी। ऐसे में, ज्यों ही इस जोड़ी ने ठोस कारोबारी भविष्य का अंदाजा लगा लिया तो उन्होंने पूँजी बाजार से ब्याज-मुक्त पूँजी इकट्‌ठा कर होम डिपो शृंखला की अपनी महत्त्वाकांक्षी योजना को अमल में लाने की दिशा में तेजी से कदम बढ़ा दिया था। 22 सितंबर, 1981 को 12 डॉलर प्रति शेयर मूल्य पर कुल 7.50 लाख सामान्य शेयरों का प्रारंभिक सार्वजनिक प्रस्ताव (आई.पी.ओ.) लाया गया था। इस दौरान बर्नी, आर्थर व पैट ने अपने निजी ऋणों के भुगतान के लिए शेयर बेचे थे। इस तरह, आई.पी.ओ. के जरिए आई रकम का करीब आधा हिस्सा विस्तार-योजनाओं के लिए रखा गया था।

ध्यान रहे कि अगले 17 वर्षों (1 मई, 1982 से लेकर 2 दिसंबर, 1999 तक) में होम डिपो ने कुल 13 बार शेयर विभाजन किया था। इस दौरान होम डिपो का 26 सामान्य शेयर 39 हो गया था और प्रति शेयर की कीमत 26 डॉलर से बढ़कर 102 डॉलर हो गई थी।

इस तरह, अगले दो वर्षों में 'होम डिपो' के नेटवर्क में भंडारों की संख्या 17 हो चुकी थी और कुल बिक्री राजस्व 25 करोड़ डॉलर के स्तर पर पहुँच चुका था। फिर अक्तूबर 1984 में 'होम डिपो' ने टेक्सास की गृह-सुधार खुदरा शृंखला 'बोवाटर होम सेंटर' को खरीद लिया था। वैसे तो इसके जरिए होम डिपो की शृंखला में छह और भंडार जुड़ गए थे, लेकिन यह तात्कालिक रूप से घाटे का सौदा साबित हुआ था, जिसे लाभप्रद स्थिति में लाने में दो वर्ष लग गए थे। इस तरह तेज विस्तार के साथ सन् 1989 में होम डिपो अपना 100वाँ भंडार खोलने में सफल हो गया था। इस तरह, होम डिपो अपनी स्थापना के पहले दशक में ही 118 भंडारों के साथ 2.70 अरब डॉलर का बिक्री राजस्व प्राप्त कर पाने में सफल हो गई थी।

जल्द ही कंपनी ने अधिग्रहणों के जरिए अंतरराष्ट्रीय बाजारों में प्रवेश का सिलसिला शुरू कर दिया था। 1984 में होम डिपो ने एकेनहेड हार्डवेयर (ओंटोरियो, टोरंटो) को अधिगृहित कर कनाडा में, 2001 में टोटल होम को अधिगृहित कर मेक्सिको में और 2006 में 'द होम वे' की 12 भंडारों की शृंखला को अधिगृहित कर चीन में प्रवेश किया था। फरवरी 2015 में खत्म हुए वित्त वर्ष में होम डिपो संयुक्त राज्य अमेरिका में 1977, कनाडा में 181, मेक्सिको में 111 भंडारों का संचालन कर रही थी। इस दौरान होम डिपो ने कुल 83.176 अरब डॉलर का बिक्री राजस्व और 6.345 अरब डॉलर का शुद्ध लाभ हासिल किया था।

इस बीच, आर्थर ब्लैंक वर्ष 2001 में वाइस चेयरमैन पद से तथा बर्नी मार्कस वर्ष 2002 में चेयरमैन पद से सेवानिवृत्त हो चुका था, लेकिन कंपनी में अपनी हिस्सेदारियों के बदौलत उनकी व्यक्तिगत संपत्तियाँ बढ़ती चली गई थीं। सितंबर 2015 में 'फोर्ब्स' पत्रिका ने बर्नी मार्कस व आर्थर ब्लैंक की व्यक्तिगत संपत्तियों के मूल्य क्रमशः 3.50 अरब डॉलर एवं 2.60 अरब डॉलर आँके थे।

□

5

कंप्यूटर व पूँजी बाजार के जादुई रास्ते

वैसे तो विभिन्न नवाचारों को उद्यम में बदलकर आज भी झटपट करोड़पति बनना संभव है, लेकिन 1970 के दशक में दो ऐसे प्रमुख जादुई कारोबारी रास्ते सबसे अधिक खबरों में रहे, जिसने वर्तमान युग में अनगिनत लोगों को आश्चर्यजनक तेजी के साथ धनी बनने के अवसर प्रदान किए। ये हैं कंप्यूटर उद्योग व पूँजी बाजार। जी हाँ, ये दोनों ही कारोबार आसान नहीं थे। इनमें काफी शोरगुल था, ऊँची चोटी पर चढ़नेवाली जबरदस्त फिसलन थी और समुद्री ज्वार-भाटे जैसे उतार-चढ़ाव वाले बड़े जोखिम थे। फिर भी, लाखों-करोड़ों लोगों ने इन दोनों जादुई राहों पर चलने की हिम्मत जुटाई थी। यों कहें कि लोग उन रास्तों के दीवाने बन गए। क्यों? क्योंकि उन रास्तों के सफल नतीजों ने बाकी सभी लोगों के करोड़पति बनने के सपनों को सातवें आसमान पर पहुँचा दिया था। इन दोनों उद्यमों के पुरस्कार ही इतने बड़े-बड़े थे कि जोखिम की किसे परवाह थी। ये दोनों मार्ग व्यक्ति विशेष की महत्त्वाकांक्षाओं को संभोग जैसी उत्तेजना दे रही थी (और आज भी दे रही है)। ये झटपट करोड़पति बनने के सबसे बेहतर रास्ते साबित हुए हैं।

इसका सबूत यू.एस. वर्ल्ड न्यूज एंड वर्ल्ड रिपोर्ट (1969) में सामने आया था। उसके मुताबिक, वर्ष 1962 से 1969 के बीच के सात वर्षों में अमेरिका में 10 लाख डॉलर से अधिक की हैसियत वाले लोगों यानी भारतीय मुद्रा में करोड़पतियों की संख्या 67,000 से बढ़कर 2,00,000 यानी तीन गुना हो गई

यू.एस. वर्ल्ड न्यूज एंड वर्ल्ड रिपोर्ट (1969) में उसके मुताबिक, वर्ष 1962 से 1969 के बीच के सात वर्षों में अमेरिका में 10 लाख डॉलर से अधिक की हैसियत वाले लोगों यानी भारतीय मुद्रा में करोड़पतियों की संख्या 67,000 से बढ़कर 2,00,000 यानी तीन गुना हो गई थी।

थी। दूसरे शब्दों में, उस वक्त 1,000 में से 1 अमेरिकी नागरिक करोड़पति बन चुका था, यानी 300 परिवारों में से एक परिवार। इतने कम समय में ऊँचे कर एवं चौतरफा महँगाई के कारण लगातार बढ़ रही जीवनयापन की लागतों को भुगतने के बावजूद यदि अमेरिकी नागरिक इतनी तेजी से धनी हो रहे थे तो इसका कारण यह नहीं था कि उन्हें अपनी नौकरियों में तरक्कियाँ मिल गई थीं। जी हाँ, उनके पास नकदी संपत्ति नहीं थी। उनकी संपत्ति शेयर बाजार में पंजीकृत कंपनियों, विशेष रूप से कंप्यूटर व रियल एस्टेट कंपनियों के सामान्य शेयरों में लगी हुई थीं। उनमें से अधिकांश ने अपना कारोबार शुरू किया था और कारोबारी रियल एस्टेट में निवेश किया था। ध्यान रहे कि देश की समृद्धि के सामान्य शेयरों व रियल एस्टेट के मूल्य आगे ही बढ़ते हैं। इतना ही नहीं, इनके मूल्य मुद्रास्फीति बढ़ने के साथ भी बढ़ते हैं।

हम यहाँ पर कंप्यूटर कारोबार के शुरुआती समय के बहुचर्चित उद्यमी सैम वायली की कहानी प्रस्तुत कर रहे हैं।

सैम वायली : 1,000 डॉलर से छह वर्षों में बनाई 1 अरब डॉलर की कंपनी

सैम वायली ने केवल 1,000 डॉलर की पूँजी से सन् 1963 में यूनिवर्सिटी कंप्यूटिंग कंपनी (यू.सी.सी.) की स्थापना की थी। उस समय मेनफ्रेम कंप्यूटर बहुत महँगा होता था और इसलिए सैम ने सोचा था कि यदि साझेदारी में अधिक-से-अधिक लोगों को कंप्यूटर उपयोग करने की सेवा दी जाए तो उसमें अच्छी कमाई हो सकती थी। ऐसा ही हुआ था। वर्ष 1964 में यू.सी.सी. को 7 लाख डॉलर के राजस्व पर 1 लाख डॉलर का शुद्ध लाभ मिल गया था। वायली ने नवंबर 1965 में यू.सी.सी. को सार्वजनिक कर दिया और वहाँ से उगाही पूँजी

से विस्तार कर 1968 में राजस्व स्तर पर 6 करोड़ डॉलर पर पहुँचा लिया था। सन् 1969 में यू.सी.सी. का बाजार पूँजीकरण 1 अरब डॉलर से ऊपर चला गया और वह टेक्सास आधारित पाँच बड़ी बाजार पूँजीकरण वाली कंपनियों में शामिल हो गई। इस तरह, केवल छह वर्षों में सैम वायली अपने शहर का प्रमुख करोड़पति बन गया था। फिर उसने अधिग्रहण व विविधीकरण का रास्ता अपनाया था। वर्ष 2007 में सैम वायली और उसका बड़ा भाई चार्ल्स वयली दोनों अरबपति बन गए थे। लेकिन तूफानी गति से धनवान् बननेवाले वायली बंधुओं का अंतिम जीवन आरोपों के घेरे में बीता और उनकी जीवन भर की कमाई दाँव पर लग गई।

मेहनती किशोर : सैमुअल ई. सैम वायली का जन्म 4 अक्तूबर, 1934 को संयुक्त राज्य अमेरिका के दक्षिणी प्रांत लुइसियाना के पूर्वोत्तर क्षेत्र में लेक प्रोविडेंस (ईस्ट कैरोल पैरिश, एक प्रशासनिक प्रभाग) में हुआ था। उस समय यह अमेरिका के सबसे पिछड़े इलाकों में गिना जाता था, जहाँ के अधिकांश निवासी मुख्य रूप से कपास व सोयाबीन की खेती किया करते थे। हालाँकि सैम के पूर्वज भी खेती से जुड़े हुए थे, लेकिन वे काफी पढ़े-लिखे थे। उसके दादा ने यूनिवर्सिटी ऑफ टेनेसी कॉलेज ऑफ मेडिसिन (मेम्फिस, टेनेसी) से 'डॉक्टर' की उपाधि हासिल की थी, जबकि उसका दूसरा भाई वकील था। इससे पहले की पीढ़ी के सैम के पूर्वजों ने जॉर्ज वाशिंगटन के समय में अमेरिका के निर्माण के लिए भी योगदान दिया था। हालाँकि सैम के माता-पिता के पास पूर्वजों की करीब 400 एकड़ की खेती बची हुई थी, लेकिन वर्ष 1929 में शुरू हुई विश्व महामंदी के दौरान उनकी आर्थिक स्थिति बुरी तरह चरमरा गई थी और उन्हें बैंक का कर्ज चुकता करने के लिए पुश्तैनी घर बेचकर छोटे किराए के मकान में गुजर-बसर करना पड़ रहा था।

असल में, सैम के पिता ने खेती को उन्नत बनाने के लिए ट्रैक्टर, अन्य उपकरणों व बीजों के लिए बैंक से कर्ज लेकर काफी भारी निवेश किया हुआ था। लेकिन 1940 के दशक के मध्य में प्रोविडेंस से करीब 90 कि.मी. दूर रिचलैंड पैरिश क्षेत्र के डेल्ही नामक ग्रामीण इलाके में तेल-क्षेत्र (ऑयल फील्ड) की खोज हुई थी और वह क्षेत्र तेल व प्राकृतिक गैस उद्योग की गतिविधियों का

केंद्र बन गया था। तब सैम के माता-पिता फ्लोरा व चार्ल्स वायली ने वहाँ पर 'डेल्ही डिस्पैच' साप्ताहिक समाचार-पत्र का प्रकाशन शुरू किया था। तब बहुत कम उम्र में ही सैम ने उनकी मदद के लिए काम करना शुरू कर दिया था। वह विज्ञापन बेचता था, समाचार-कथा लिखता था, छपे हुए अखबार को मोड़कर व उस पर पते चिपकाकर डाक से भेजता था और मुद्रणालय (प्रिंटिंग प्रेस) की सफाई भी करता था। उस समय उसके पिता के पास आई.बी.एम. मेनफ्रेम कंप्यूटर का एक बिक्री कर्मी आया करता था, जिसके पास महँगी कैडिलक कार थी। इस तरह, सैम को शुरू से यह लगने लगा था कि कंप्यूटर कारोबार में कमाई की अच्छी संभावना है।

एम.बी.ए. की उपाधि : उच्च विद्यालय की पढ़ाई खत्म करने के बाद सैम वायली ने लुइसियाना टेक यूनिवर्सिटी (रस्टन, लिंकन पैरिश, लुइसियाना) में दाखिल हुआ था। वह वहाँ भी क्लास रिंग बेचकर कुछ हद तक कमाई कर लेता था और बाकी खर्च भाई से मिल जाता था। सैम से साल भर चार्ल्स वायली भी वही पढ़ता था, जिसे फुटबॉल छात्रवृत्ति के जरिए शिक्षण शुल्क (ट्यूशन फी), कमरा, भोजन व कपड़ा धुलाई आदि के खर्चों के अलावा 15 डॉलर प्रतिमाह नकद भुगतान भी मिलता था। सैम क्लास प्रेसिडेंट के साथ स्टूडेंट सीनेट का अध्यक्ष भी चुना गया था और वह अकसर महाविद्यलय में आयोजित बहस में भी हिस्सा लिया करता था। सन् 1953 में स्नातक करने के बाद सैम ने छात्रवृत्ति हासिल कर मिशिगन विश्वविद्यालय (एन आर्बर, मिशिगन) में स्टीफन एम. रॉस स्कूल ऑफ बिजनेस में दाखिल हुआ था, जहाँ उसे 1957 में एम.बी.ए. की उपाधि मिली थी।

आई.बी.एम. का बिक्रीकर्मी : मिशिगन विश्वविद्यालय में पढ़ाई के दौरान ही सैम को विश्व के पहले बड़े पैमाने पर उत्पादित मेनफ्रेम कंप्यूटर आई.बी.एम.-650 में हाथ आजमाने तथा सॉफ्टवेयर प्रोग्राम की कूटलिपि (कोड) लिखने का मौका मिला था। उसे यह समझते देर नहीं लगी थी कि जिस तरह ट्रैक्टर, ट्रक व बिजली ने अमेरिकी खेत मजदूरों की उत्पादकता में भारी बढ़त कर दी थी, उसी तरह कंप्यूटर भी अमेरिकी कारोबार सहित अन्य क्षेत्रों की उत्पादकता में क्रांतिकारी बढ़त लाने वाला था। उसका भाई पहले ही

आई.बी.एम. में काम करने लगा था। वैसे तो पढ़ाई पूरी करने के बाद सैम कुछ समय तक सैन एंटोनियो स्थित वायु सेना प्रशिक्षण शिविर में रहा था, लेकिन उसके बाद फरवरी 1958 में उसने आई.बी.एम. की सहायक कंपनी सर्विस ब्यूरो कॉरपोरेशन (एस.बी.सी.) के बिक्री कर्मी के रूप में टेक्सास के प्रमुख शहर डलास में काम करने लगा था। वह अगले साढ़े तीन वर्षों तक वहीं काम करता रहा था, लेकिन उसे कोई पदोन्नति नहीं मिली थी।

यह वह समय था, जब मेनफ्रेम कंप्यूटर कारोबार पर आई.बी.एम. का एकाधिकार था। लेकिन बुरोफ्स कॉरपोरेशन, यूनिवर्सल ऑटोमैटिक कंप्यूटर (यूनीवैक), एन.सी.आर. (नेशनल कैश रजिस्टर) कॉरपोरेशन, कंट्रोल डाटा कॉरपोरेशन (सी.डी.सी.), हनीवेल इंटरनेशनल सहित आर.सी.ए. कॉरपोरेशन (रेडियो कॉरपोरेशन ऑफ अमेरिका) तथा जनरल इलेक्ट्रिक (जी.ई.) ऐसी सात कंपनियाँ उभरकर सामने आई थीं, जो आई.बी.एम. को टक्कर देने के लिए लामबंद होने की कोशिशें कर रही थीं। तब, 'फॉर्च्यून' पत्रिका ने आई.बी.एम. तथा सात बौने शीर्षक से तत्कालीन मेनफ्रेम कंप्यूटर के बाजार परिदृश्य पर एक आलेख प्रकाशित किया था। ऐसे में जब सैम को हनीवेल की ओर से टेक्सास के डलास व फोर्ट वर्थ शहरों सहित ओक्लाहोमा प्रांत के क्षेत्रीय बिक्री प्रबंधक (एरिया सेल्स मैनेजर) के रूप में काम करने का प्रस्ताव आया था। चूँकि सैम को हनीवेल की भविष्य की संभावनाएँ बेहतर लगीं और उसे बड़े क्षेत्र में काम करने का अवसर भी मिल रहा था, इसलिए उसने नौकरी-प्रस्ताव को स्वीकार कर लिया था। उस वक्त उसके दिमाग में अपना कारोबार शुरू करने का कोई विचार नहीं आया था, क्योंकि वह अपनी जरूरत (औसतन 10,000 डॉलर प्रतिवर्ष) के मुकाबले तीन गुना यानी 30,000 डॉलर कम रहा था।

यूनिवर्सिटी कंप्यूटिंग कंपनी की स्थापना : लेकिन सन् 1963 में सैम वायली ने कंपनी के समक्ष डलास स्थित सदर्न मेथोडिस्ट यूनिवर्सिटी (एस.एम. यू.) में यूनिवेक की अप्रचलित हो चुकी कंप्यूटर प्रणाली की जगह अपनी नई प्रौद्योगिकी पर आधारित हेनीवेल कंप्यूटर केंद्र स्थापित करने की योजना प्रस्तुत की थी। सैम ने एस.एम.यू. के प्राध्यापकों व छात्रों को रात एवं सप्ताहांत में कंप्यूटर समय देने के लिए राजी कर लिया था, जबकि उसने दिन के प्रमुख समय में सन

ऑयल कंपनी, टेक्सास इंस्ट्रूमेंट्स सहित अन्य बड़े स्थानीय ग्राहकों को कंप्यूटर सेवा उपलब्ध कराकर कई गुना बड़ी कमाई का अवसर खोज लिया था। लेकिन हनीवेल के उच्च प्रबंधकों ने सैम की योजना को खारिज कर दिया था। सैम को यह संभावनाशील कारोबार लग रहा था, क्योंकि उसने सभी पक्षों को राजी करने में काफी माथापच्ची की थी। हालाँकि उसके पास तब 10,000 डॉलर ही थे, लेकिन उसने करीब 6 लाख डॉलर की लागतवाले इस कारोबार को खुद ही शुरू करने का फैसला कर लिया था और हनीवेल की जमी-जमाई नौकरी छोड़ दी थी।

लेकिन बैंकों ने सैम की योजना पर कर्ज देने से साफ मना कर दिया था। अंत में, उसने सन ऑयल कंपनी से अपनी समस्या बताई थी और पाँच वर्ष के अनुबंध सहित अग्रिम भुगतान का आग्रह किया था। चूँकि सन ऑयल को सैम की योजना में एक-तिहाई लागत पर कंप्यूटर सेवा हासिल करने का मौका मिल रहा था, इसलिए उसके अभियंता राजी हो गए थे। लेकिन सन ऑयल के नियंत्रक ने 2.50 लाख डॉलर का अग्रिम भुगतान पर पहले 2 प्रतिशत और बाद में 1 प्रतिशत ब्याज, सेवा शुल्क में उसके समायोजन तथा संपूर्ण भुगतान संयोजन के कानूनी प्रतिज्ञा-पत्र (लीगल बॉण्ड) की शर्तें रख दी थीं। सैम ने इन सभी शर्तों को पूरा कर दिया था। उसके बाद उसे बैंक से बाकी रकम के जुगाड़ में ज्यादा मेहनत नहीं करनी पड़ी थी। फिर नवंबर 1963 में यूनिवर्सिटी कंप्यूटिंग कंपनी (यू. सी.सी.) के स्थापना कर अपना सैम कंप्यूटर सेवा कारोबार शुरू कर सका था।

हालाँकि 1963 में यू.सी.सी. की कमाई सिर्फ 67 हजार डॉलर ही रही थी, लेकिन अगले वर्ष 1964 में उसने कुल 7 लाख डॉलर के राजस्व हासिल कर 1 लाख डॉलर का शुद्ध लाभ अर्जित कर लिया था। अगले वर्ष सैम तुलसा (ओक्लाहोमा) में डलास की तर्ज पर कंप्यूटर सेवा केंद्र स्थापित करने में सफल रहा था। वहाँ उसकी मुलाकात वेन रोथ नाम व्यक्ति से हुई थी, जो अपना बीमा कारोबार बेचकर सेवानिवृत्त हो चुका था। उसके पास एक खाली भवन भी था, जिसमें कंप्यूटर सेवा केंद्र स्थापित किया जा सकता था। जब रोथ को यू.सी. सी. की भारी संभावनाओं का पता चला था तो उसने 1 लाख डॉलर का निवेश कर 10 प्रतिशत हिस्सेदारी खरीद ली थी। फिर सैम ने बेन रोथ को यू.सी.सी. के चेयरमैन का पद ग्रहण कर मार्गदर्शन का आग्रह किया था। जल्द ही दोनों

को यह एहसास होने लगा था कि यदि पर्याप्त पूँजी हो तो डलास व तुलसा की तर्ज पर किसी भी बड़े शहर में यू.सी.सी. का कंप्यूटर सेवा केंद्र शुरू किया जा सकता है।

पूँजी बाजार की सवारी : उस वक्त कंप्यूटर संबंधी तेज बढ़ती कंपनियों में पूँजी बाजार के निवेशकों का रुझान बढ़ रहा था। लिहाजा सैम व रोथ ने यू.सी.सी. के लिए पूँजी बाजार से धन उगाही करने की योजना बनाई थी और फिर नवंबर 1965 में उसे सार्वजनिक कर दिया था। इस बीच, सैम का बड़ा भाई चार्ल्स भी उसके साथ आ गया था। शेयर बाजार में 4.5 डॉलर प्रति शेयर मूल्य पर यू.सी.सी. का कारोबार शुरू हुआ था, जो वर्ष 1965 के अंत में दो गुना बढ़कर 9 डॉलर हो गया और 1966 में फिर तीन गुना बढ़कर 27 डॉलर के स्तर पर आ गया था। 1967 में यू.सी.सी. के शेयरों में सात गुना का उछाल आया था। ध्यान रहे कि ऐसा सिर्फ यू.सी.सी. के शेयरों में ही नहीं हो रहा था, बल्कि कंप्यूटर संबंधी अन्य कंपनियों के शेयरों के भाव भी तेजी पर थे। सन् 1968 में यू.सी.सी. ने 6 करोड़ डॉलर का राजस्व हासिल किया था और 1969 में उसका बाजार पूँजीकरण 1 अरब डॉलर से ऊपर चला गया था। इस तरह, यू.सी.सी. टेक्सास आधारित पाँच बड़ी बाजार पूँजीकरण वाली कंपनियों में शामिल हो गया था। दो वर्षों बाद सन् 1971 में यू.सी.सी. ने 12.50 करोड़ डॉलर का राजस्व हासिल कर लिया था।

सन् 1968 में यू.सी.सी. ने 6 करोड़ डॉलर का राजस्व हासिल किया था और 1969 में उसका बाजार पूँजीकरण 1 अरब डॉलर से ऊपर चला गया था। इस तरह, यू.सी.सी. टेक्सास आधारित पाँच बड़ी बाजार पूँजीकरण वाली कंपनियों में शामिल हो गया था।

झटपट कमाई के कारनामे : इस बीच सैम व चार्ल्स ने झटपट कमाई करने के कई और कारनामे किए थे। सन् 1967 में वायली बंधुओं ने कुछ वर्ष पहले शुरू हुई 10 रेस्तराँओं वाली संभावनाशील शृंखला बोनांजा स्टीकहाउस (वेस्टपोर्ट, कनेक्टिकट) को खरीद लिया था। अगले 22 वर्षों में इस शृंखला के रेस्तराओं की संख्या 600 हो गई थी, जब वर्ष 1989 में वायली बंधुओं ने जर्मनी में जनमे अमेरिकी उद्यमी जॉन वर्नर क्लुग, जो उस वक्त अमेरिका का सबसे धनी व्यक्ति था, को अघोषित मूल्य पर रेस्तराँ कारोबार बेच दिया था।

इतना ही नहीं, 1968 में वायली बंधुओं ने दूरसंचार क्षेत्र की सबसे बड़ी अमेरिकी कंपनी एटी 3 टी को टक्कर देने और राष्ट्रीय स्तर पर डिजिटल नेटवर्क बिछाकर बेहतर इंटरनेट सेवा प्रदान करने की योजना को कार्यान्वित करने के लिए गल्फ इंश्योरेंस को अधिगृहित कर लिया था। इसके साथ ही, 1968 में वायली बंधुओं ने वेस्टर्न यूनियन को अधिगृहित करने के लिए खुली बोली लगाई थी, जिसके पास एटी 3 टी से इंटरनेट क्षेत्र में मुकाबला करने का अनुज्ञा-पत्र (लाइसेंस) था। 1968 में ही वायली बंधुओं ने एक तेल शोधन व चाँदी-सोने की खनन कंपनी 'अर्थ रिसोर्स कंपनी' की भी सह-स्थापना की थी। वायली बंधुओं को कारोबार साम्राज्य विस्तार के लिए अधिग्रहण सबसे आसान तरीका नजर आया था। 1970 में उन्होंने 4 करोड़ डॉलर में लिंग-टेम्को-वॉट (एल.टी.वी.) का सॉफ्टवेयर डाटा केंद्र अधिगृहित कर लिया था, जिसकी बदौलत यू.सी.सी. को सॉफ्टवेयर कारोबार में अपने पाँव पसारने का मौका मिला था।

1973 में यू.सी.सी. को चार कंपनियों में विभाजित कर दिया गया था। इनमें डाट्रान ने अमेरिका के 27 राज्यों में तेज गति इंटरनेट सेवा देने के इरादे से राष्ट्रीय डिजिटल नेटवर्क बिछाने का काम शुरू किया था। लेकिन 40 करोड़ डॉलर के निवेश के बाद भी वायली बंधुओं का सपना साकार नहीं हो पाया था। 1976 में उन्होंने दिवालिया घोषित कर डाट्रान को ऋण-मुक्त कर लिया था और एकाधिकार शक्ति (मोनोपोली पॉवर) व हिंसक मूल्य-निर्धारण (प्रिडेटरी प्राइसिंग) के दुरुपयोग के लिए एटी 3 टी के खिलाफ 300 करोड़ डॉलर मुआवजा भुगतान का अविश्वास मुकदमा (एंटीट्रस्ट सूट) दायर कर दिया था। वकीलों की भारी फीस भरने में असमर्थ वायली बंधुओं ने जीत की स्थिति में 28 प्रतिशत भुगतान की शर्त पर टेक्सास के वकील बॉब स्ट्रॉस (जो बाद में डेमोक्रेटिक पार्टी का अध्यक्ष भी बना) को नियुक्त किया था। चार वर्षों बाद एटी 3 टी खुद को आठ कंपनियों में विभाजित करने और 50 करोड़ डॉलर का मुआवजा भुगतान कर वायली बंधुओं से समझौता करने को मजबूर हुई थी।

वर्ष 1981 में वायली बंधुओं ने मेनफ्रेम कंप्यूटर के लिए सॉफ्टवेयर विकसित करनेवाली कंपनी स्टर्लिंग सॉफ्टवेयर की सह-स्थापना की थी, जिसे वर्ष 2000 में 4 अरब डॉलर मूल्य पर कंप्यूटर एसोसिएट्स को बेच दिया गया

था। जब 1982 में वयली बंधुओं ने उभरती हुई कला व शिल्प की खुदरा भंडार शृंखला 'माइकल्स स्टोर' (डलास) की नियंत्रणकारी हिस्सेदारी खरीदी थी, तब उसका राजस्व सिर्फ 1 करोड़ डॉलर, जो 14 वर्षों बाद 1996 में 1.24 अरब डॉलर के स्तर पर पहुँच गया था। फिर जुलाई 2006 में जब बैन कैपिटल व ब्लैकस्टोन ग्रुप ने 6 अरब डॉलर में 'माइकल्स स्टोर' को खरीदा था, तब उसके भंडारों की संख्या 900 से अधिक हो चुकी थी। जी हाँ, संभवत: वायली बंधुओं ने अनुमान लगा लिया था कि जल्द ही विश्व अर्थव्यवस्था गोता खाने वाली थी, इसलिए उन्होंने ऊँचे भाव में अपना हिस्सा बेचकर खुद को वर्ष 2008 में माइकल्स स्टोर को होनेवाले भारी घाटे से बचा लिया था।

वर्ष 1986 में वायली बंधुओं ने सैन एंटोनियो (टेक्सास) स्थित उच्च फैशन खुदरा शृंखला फ्रॉस्ट ब्रदर्स को खरीदा था, लेकिन तीन साल बाद ही उन्हें कंपनी को दिवालिया घोषित कर ऋण-मुक्त करना पड़ा था। 1990 में सैम वायली ने बचाव-निधि (हेज फंड) मावेरिक कैपिटल की स्थापना की थी। चर्चित निधि-प्रबंधक ली एस आइंस्ली तृतीय व सैम वायली के बेटे ईवान के नेतृत्व में 2003 मावेरिक कैपिटल की कुल परिसंपत्ति 8 अरब डॉलर हो चुकी थी। वर्ष 1995 से 2000 के बीच जब अमेरिकी शेयर बाजारों में डॉटकॉम बुलबुला अपने चरम पर पहुँच रहा था, तब वायली बंधुओं ने 1996 में स्टर्लिंग कॉमर्स के 19 प्रतिशत शेयर को 28.80 करोड़ डॉलर में सार्वजनिक कर दिया था और 81 प्रतिशत शेयर स्टर्लिंग सॉफ्टवेयर के शेयरधारकों को कर-मुक्त लाभांश (टैक्स फ्री डिविडेंट) के रूप में जारी कर दिया था। दिलचस्प तथ्य यह है कि वायली बंधुओं ने डॉट.कॉम बुलबुला फटने से पहले ही स्टर्लिंग कॉमर्स को 3.90 अरब डॉलर की ऊँची कीमत पर एटी 3 टी को बेच दिया था और अपने शेयरधारकों को करीब 2.40 अरब डॉलर के नुकसान से बचा लिया था। ध्यान रहे कि वर्ष 2005 में एटी 3 टी ने स्टर्लिंग कॉमर्स को सिर्फ 1.40 अरब डॉलर में बेचा था। 2002 में वायली बंधुओं ने छोटे बाजार पूँजीकरण शेयरों (स्मॉल-कैप शेयर) में निवेशक के लिए रेंजर कैपिटल की सह-स्थापना की थी। वर्ष 2006 में वायली बंधुओं ने स्वच्छ ऊर्जा उत्पादक कंपनी 'ग्रीन माउंटेन एनर्जी' का सबसे बड़ा हिस्सेदार बन गया था, जिसमें पुराने कोयला आधारित बिजली उत्पादन

की जगह प्राकृतिक गैस, वायु ऊर्जा व सौर-ऊर्जा को अपनाया गया था। मार्च 2007 में 'फोर्ब्स' पत्रिका ने सैम वायली की संपत्ति का मूल्यांकन 1.10 अरब डॉलर आँका था। चार्ल्स वायली की संपत्ति भी सैम के बराबर ही आँकी गई थी।

आरोपित अंतिम समय : वायली बंधुओं ने पिछले दो दशकों में 200 से अधिक रिपब्लिकन पार्टी के उम्मीदवारों को करीब 25 लाख डॉलर सहित अन्य सामाजिक कार्यों में दान भी किया था। लेकिन 29 जुलाई, 2010 को अमेरिकी प्रतिभूति एवं विनिमय आयोग (यू.एस. सिक्यूरिटी एंड एक्सचेंज कमीशन) ने उनपर विभिन्न कंपनियों—स्टर्लिंग सॉफ्टवेयर, स्टर्लिंग कॉमर्स, माइकल्स स्टोर्स व स्कॉटिश एन्युटी—में भेदिया व्यापार (इनसाइडर ट्रेडिंग) के जरिए अपने शेयरधारकों को करीब 55 करोड़ डॉलर का लाभ पहुँचाने और धोखाधड़ी का आरोप लगा दिया था, जिसे न्यायालय ने 12 मई, 2014 को सही करार दिया था। इस बीच 7 अगस्त, 2011 को चार्ल्स वायली की मृत्यु हो चुकी थी। हालाँकि 8 अक्तूबर, 2014 को सैम वायली व चार्ल्स की विधवा डी. वायली ने दिवालिया हो जाने का आवेदन दाखिल कर दिया था, लेकिन अमेरिकी आंतरिक राजस्व सेवा (आई.आर.एस.) ने वायली बंधुओं पर भेदिया कारोबार से अर्जित धन को विदेशों में रखकर आय कर चोरी करने के आरोप में अदत्त आय कर (अनपैड इन्कम टैक्स), ब्याज व दंड के रूप में कुल 3.20 अरब डॉलर की देनदारी का दावा भी कर दिया था। इस तरह, कंप्यूटर व शेयर बाजार के जरिए झटपट धनी बननेवाले सैम वायली व उसके भाई की जीवन भर की कमाई व प्रतिष्ठा दाँव पर लग गई।

कंप्यूटर व पूँजी बाजार : भारी जोखिम के बावजूद पैदा हुए लाखों झटपट करोड़पति

कंप्यूटर उद्योग व शेयर बाजार की जुगलबंदी ऐतिहासिक रही है, जिसने सबसे अधिक अरबपतियों को पैदा किया है। 1990 के दशक के अंतिम तीन वर्षों में सूचना प्रौद्योगिकी व इंटरनेट से जुड़ी कंपनियों की इतनी व्यापक संभावनाएँ जताई गईं कि उनके शेयर के भाव फूलने लगे। जब यह बुलबुला फटा था और शेयर बाजार ध्वस्त हुआ था तो रातोरात मालामाल हुई अधिकांश

कंपनियाँ दिवालिया हो गईं या फिर बिक गईं। केवल तीन वर्षों में मार्च 2000 से अक्तूबर 2002 के बीच अमेरिकी शेयर बाजारों में 5,000 अरब डॉलर का बाजार पूँजीकरण उड़ गया था। लेकिन जो कंपनियाँ शेयर बाजार के ज्वार-भाटे को झेलने में कामयाब रहीं या फिर जिनके कारोबार ठोस धरातल पर थे, उन्हें फिर से मालामाल होने का मौका मिला। इसके लिए नीचे दिए गए प्रौद्योगिकी के अरबपति सूची पर नजर फिराना ही काफी है।

ध्यान रहे, कंप्यूटर सॉफ्टवेयर के जरिए विश्व के सबसे धनवान् बने बिल गेट्स ने क्या किया। उसने अपने दोस्त पॉल एलन की सॉफ्टवेयर प्रतिभा को भुनाया। जब स्टीव जॉब्स ने क्रांतिकारी पर्सनल कंप्यूटर मैकिनटोश की रचना की तो गेट्स को उसके नजदीक जाने का मौका मिला और उसने जॉब्स की भलमनसाहत का फायदा उठाया। मैकिनटोश की परिचालन प्रणाली में मामूली हेर-फेर कर विंडोज को बाजार में उतारा और फिर पीछे मुड़कर नहीं देखा। इस बीच जॉब्स अपनी ही कंपनी से निकाल बाहर किए जाने के बाद एक बार फिर से उठने की तैयारियों में जुटा रहा और बिल गेट्स एकाधिकारवादी व्यापार रणनीति को अपनाकर मालामाल हो गया। आखिरकार, बिल गेट्स की महत्त्वाकांक्षा को लगाम देने के लिए अमेरिकी न्याय विभाग को सामने आना पड़ा और उसके खिलाफ बहुचर्चित अविश्वास मुकदमा चलाया गया। जब जॉब्स की कमान में फिर से एप्पल आया तो उसने बिल गेट्स से शुरुआती सहयोग लिया और फिर क्रांतिकारी नवाचारों की बदौलत एप्पल सहित खुद को कंप्यूटर उद्योग की किंवदंती बना लिया। बिल गेट्स सबसे धनी जरूर बना रहा और अपनी छवि को सुधारने के लिए अरबों डॉलर समाज-सेवा में झोंके, लेकिन स्टीव जॉब्स की विश्वव्यापी प्रतिष्ठा उसके लिए चुनौती बनी रही।

जी हाँ, स्टीव जॉब्स की सफलता से बिल गेट्स के सॉफ्टवेयर साम्राज्य को कोई फर्क नहीं पड़ा था, क्योंकि दोनों के बाजार खंड अलग-अलग थे। लेकिन बिल गेट्स के एकाधिकारवाद को असल चुनौती दी गूगल के दो युवाओं—लैरी पेज व सर्गेइ ब्रिन ने। वे दोनों छात्र-जीवन में बिल गेट्स व माइक्रोसॉफ्ट की बाजार रणनीति से इतने परेशान रहे थे कि उन्होंने गूगल को ग्राहक-केंद्रित कारोबार के रूप में विकसित किया था। बिल गेट्स मदमस्त हाथी चाल में चलता

जॉब्स आईफोन के जरिए जिस स्मार्टफोन क्रांति की तैयारी कर रहा था, वह असल में समूचे इंटरनेट कारोबार को घेरने का इंतजाम था।

रहा था। लेकिन जब गेट्स की आँख खुली, तब तक बहुत देर हो चुकी थी। गूगल ने इंटरनेट बाजार को इस तरह चाक-चौबंद कर लिया था कि गेट्स पूँछ पटकता रह गया, लेकिन गूगल का बाल बाँका नहीं कर सका। गेट्स को अब भी घमंड था कि उसके पास विंडोज परिचालन प्रणाली थी और कंप्यूटर को बाजार को नियंत्रित कर सकता था। लेकिन जब गूगल ने क्रोम ब्राउजर के जरिए माइक्रोसॉफ्ट के एकाधिकार को चुनौती दी थी तो गेट्स के होश ठिकाने आए थे।

ध्यान रहे कि गूगल के ये दोनों महारथी स्टीव जॉब्स को अपना गुरु जैसा मानते रहे थे और जॉब्स ने उन्हें चेले से ज्यादा न समझा था। लेकिन जॉब्स को जब पता चला था कि चेला असल में गुरु था, तब देर हो चुकी थी। जॉब्स आईफोन के जरिए जिस स्मार्टफोन क्रांति की तैयारी कर रहा था, वह असल में समूचे इंटरनेट कारोबार को घेरने का इंतजाम था। पेज व ब्रिन दोनों स्टीव जॉब्स के आस-पड़ोस में ही रहते थे और उनकी नियमित रूप से मुलाकात भी होती रहती थी। जॉब्स ने आईफोन के लिए गूगल मैप्स पर कुछ अन्य विशेष सॉफ्टवेयर के विकास का काम भी अपने उन चेलों को दिया था। लेकिन उन्हें यह समझते देर नहीं लगी थी कि बाजार में आते ही आईफोन की इंटरनेट-खोज उस पर तेजी से स्थानांतरित हो जाएगी, जो कि उसकी असल रोजी-रोटी थी। स्टीव जॉब्स भी अपनी रचनात्मक क्रांति के नशे में बौराया रहा था; लेकिन जब उसका नशा टूटा, तब तक गूगल के लड़कों ने मुफ्त मोबाइल परिचालन प्रणाली मंच एंड्रॉइड को ठोस रूप दे दिया था। सच्चाई तो यह थी कि पेज व ब्रिन ने अपनी रोजी-रोटी बचाने के लिए यह किया था, लेकिन जॉब्स ने इसे विश्वासघात माना था और चेलों को पाठ सिखाने की ठानी थी। तब तक जॉब्स अपने कैंसर से परेशान को चुका था और वह गूगल का बाल बाँका करने में कामयाब न हो सका। जी हाँ, गूगल के लड़कों ने अपनी जान बचाने के लिए एंड्रॉइड को विकसित न किया होता तो विश्व में कोई दूसरा स्मार्टफोन नहीं होता और इस बाजार पर एप्पल आईफोन का एकाधिकार बन जाता।

लेकिन बिल गेट्स व स्टीव जॉब्स जैसे महारथियों को परेशान करनेवाले पेज व ब्रिन को पटकनी दी मार्क जुकरबर्ग ने 'फेसबुक' के जरिए। आपको याद होगा ऑरकुट, जिसका शुभारंभ गूगल ने किया था। तब फेसबुक कहीं भी नहीं था। लेकिन गूगल के लड़के इंटरनेट-खोज की अपनी बादशाहत को कायम रखने में इतने व्यस्त थे कि उन्हें पता ही नहीं चला कि फेसबुक ने कैसे ऑरकुट को निगल लिया। गूगल ने गूगल+ से फेसबुक को घेरने की काफी कोशिशें कीं, लेकिन तब तक काफी देर हो चुकी थी। अंततः गूगल को इंटरनेट बाजार के सबसे संभावनाशील सोशल नेटवर्किंग बाजार-खंड से हाथ धोना पड़ा। फेसबुक के लिए ट्विटर चुनौती बन सकती थी; लेकिन मार्क जुकरबर्ग सावधान था। उसने व्हाट्स एप्प को अपने कब्जे में ले लिया और फेसबुक को अपने बाजार खंड का सम्राट् बना लिया।

लेकिन कंप्यूटर व सूचना प्रौद्योगिकी उद्योग ने इन महारथियों के अलावा सैकड़ों को झटपट अरबपति व लाखों को झटपट करोड़पति बनने का मौका दिया। यदि आप भी झटपट करोड़पति बनना चाहते हैं तो पहले इस सूची को ध्यान से पढ़ें। इससे आपको यह भरोसा हो जाएगा कि करोड़पति बनना उतना मुश्किल नहीं जितना कि हम समझते हैं। जी हाँ, इस सूची के अधिकांश लोगों ने अपनी प्रतिभा की बदौलत खुद को अरबपति बनाया है और दूसरे उद्योग के अरबपतियों के मुकाबले काफी कम समय में।

प्रौद्योगिकी के अरबपति

श्रेणी क्रम	नाम	परिसंपत्ति (अरब डॉलर)	उम्र	धन-स्रोत	देश
#1	बिल गेट्स	79.6	60	माइक्रोसॉफ्ट	यू.एस.ए.
#2	लैरी एलिसन	50	71	ओरेकल	यू.एस.ए.
#3	जेड बेजोस	47.8	51	अमेजन.कॉम	यू.एस.ए.
#4	मार्क जुकरबर्ग	41.2	31	फेसबुक	यू.एस.ए.
#5	लैरी पेज	33.4	42	गूगल	यू.एस.ए.

#6	सर्गेइ ब्रिन	32.8	42	गूगल	यू.एस.ए.
#7	जैक मा	23.2	51	अलीबाबा ग्रुप (ई-कॉमर्स)	चीन
#8	स्टीव बाल्मर	22.7	59	माइक्रोसॉफ्ट	यू.एस.ए.
#9	लॉरेन पॉवेल जॉब्स	21.4	52	एप्पल, डिज्नी	यू.एस.ए.
#10	माइकल डेल	19.4	50	डेल	यू.एस.ए.
#11	मा हुआतेंग	17.9	44	इंटरनेट	चीन
#12	पॉल एलन	17.5	62	माइक्रोसॉफ्ट/निवेश	यू.एस.ए.
#13	अजीम प्रेमजी	17.4	70	विप्रो (सॉफ्टवेयर सर्विसेज)	भारत
#14	शिव नादर	14.4	70	एच.सी.एल. (सॉफ्टवेयर सर्विसेज)	भारत
#15	एलोन मश्क	13.9	44	टेस्ला मोटर्स	यू.एस.ए.
#16	लेई जुन	13.4	46	जियाओमी (स्मार्टफोन)	चीन
#17	मासायोशी सन	13.2	58	सॉफ्ट बैंक (इंटरनेट, दूरसंचार)	जापान
#18	रोबिन ली	12.5	47	बैदु (इंटरनेट खोज)	चीन
#19	ली कुन-ही	10	73	सैमसंग	द. कोरिया
#20	एरिक श्मिट	9.9	60	गूगल	यू.एस.ए.
#21	डस्टिन मोस्कोविज	9.6	31	फेसबुक	यू.एस.ए.
#22	हैसो प्लैटनर	9.4	71	सैप (बिजनेस सॉफ्टवेयर)	जर्मनी
#23	हिरोशी मिकितानी	9.3	51	राकुटेन (ऑनलाइन ट्रेडिंग)	जापान
#24	लियू कियांगडोंग	9	41	जेडी.कॉम/ जिंगडोंग मॉल (ई-कॉमर्स)	चीन
#25	पिएरे ओमिडयार	9	48	ईबे (ई-कॉमर्स)	यू.एस.ए.
#26	विलियम डिंग/ डिंग ली	8.1	44	नेटईज (इंटरनेट प्रौद्योगिकी/ ओलिंग गेम्स)	चीन
#27	जॉन कोउम	7.9	39	व्हाट्सएप्प	यू.एस.ए.
#28	जेम्स गुडनाइट	7.8	73	सास टेक्नोलॉजी (एनालिटिकल सॉफ्टवेयर)	यू.एस.ए.
#29	जे वाय. ली	7.6	47	सैमसंग	द. कोरिया

#30	जहोऊ कुनफेई	7.5	46	लेंस टेक्नोलॉजी (स्मार्टफोन टच स्क्रीन)	हांगकांग
#31	डाइटमार हॉप	7.3	75	सैप (बिजनेस सॉफ्टवेयर)	जर्मनी
#32	डेविड डफ्फीइल्ड	6.9	75	वर्कडे (बिजनेस सॉफ्टवेयर)	यू.एस.ए.
#33	झांग झीडोंग	6.4	44	टेंसेंट (इंटरनेट मीडिया)	चीन
#34	टेरी गोउ	6.3	65	फॉक्सकॉन (इलेक्ट्रॉनिक्स)	ताइवान
#35	गार्रेट कैंप	6	37	उबेर टेक्नोलॉजीज (परिवहन संजाल)	कनाडा
#36	ट्रेविस कलानिक	6	39	उबेर टेक्नोलॉजीज	यू.एस.ए.
#37	गॉर्डोन मूर	6	87	इंटेल (माइक्रोचिप)	यू.एस.ए.
#38	एडुआर्डो सवेरिन	5.7	33	फेसबुक	ब्राजील
#39	यूसुफ साई	5.3	51	अलीबाबा ग्रुप (ई-कॉमर्स)	कनाडा
#40	एंड्रियास वॉन बेचोल्शिएम	4.6	60	गूगल	जर्मनी
#41	जिया युएटिंग	4.5	43	लेटीवी (ऑनलाइन वीडियो)	चीन
#42	डेविड सन	4.5	64	किंगस्टन टेक्नोलॉजी (कंप्यूटर हार्डवेयर)	यू.एस.ए.
#43	जॉन तू	4.5	75	किंगस्टन टेक्नोलॉजी (कंप्यूटर हार्डवेयर)	यू.एस.ए.
#44	जेफरी स्कोल	4.4	50	ईबे	यू.एस.ए.
#45	राल्फ डोमेरमुथ	4.3	52	यूनाइटेड इंटरनेट (इंटरनेट सर्विस प्रोवाइडर)	जर्मनी
#46	ब्रेन एक्शन	4.1	43	व्हाट्सएप्प	यू.एस.ए.
#47	मार्क शेइन बर्ग	4.1	42	पोकरस्टार्स (ऑनलाइन गैंबलिंग) कनाडा	
#48	मार्क बेनीऑफ	4	51	सेल्सफोर्स.कॉम (बिजनेस सॉफ्टवेयर)	यू.एस.ए.
#49	जॉन डोएर	4	64	वेंचर कैपिटल	यू.एस.ए.
#50	क्यूई शी	4	46	ईस्ट मनी इन्फॉर्मेशन (वित्त/शेयर सूचना पोर्टल)	चीन

#51	रीड होफमैन	3.8	48	लिंक्डइन	यू.एस.ए.
#52	टेडी सगी	3.8	44	प्लेटेक (गैंबलिंग सॉफ्टवेयर)	इजरायल
#53	जॉन साल	3.8	67	सास इंस्टिट्यूट (सांख्यिकीय सॉफ्टवेयर)	यू.एस.ए.
#54	फ्रैंक वांग	3.6	35	डी.जे.आई. (ड्रोन)	चीन
#55	डेविड चेरीटन	3.5	64	गूगल	कनाडा
#56	जियाँग बिन	3.5	49	गोएर टेक (ध्वनिक घटक/ एकॉस्टिक कॉम्पोनेंट)	चीन
#57	बैरी लैम	3.5	66	क्वांटा कंप्यूटर (लैपटॉप)	ताइवान
#58	ली झोंगचु	3.5	52	बीजिंग शीजी इन्फॉर्मेशन टेक्नोलॉजी (सॉफ्टवेयर)	चीन
#59	लिन जियुचेंग	3.5	60	सनन ऑप्टोइलेक्ट्रॉनिक्स (एल.ई.डी.)	चीन
#60	फु लिकुआन	3.4	48	झेजियांग दहुआ टेक्नोलॉजी (निगरानी उपकरण)	चीन
#61	क्वोन ह्यूकबिन	3.4	42	स्माइलगेट ग्रुप (ऑनलाइन गेम्स)	द. कोरिया
#62	नाथन ब्लेंचार्कजिक	3.3	32	एयरबीएनबी (यात्रा सेवा वेबसाइट)	यू.एस.ए.
#63	ब्रेन चेस्की	3.3	34	एयरबीएनबी	यू.एस.ए.
#64	जोए गेब्बिया	3.3	34	एयरबीएनबी	यू.एस.ए.
#65	यूरी मिलनर	3.3	54	फेसबुक व अन्य निवेश रूस	
#66	पीटर थिएल	3.3	48	फेसबुक	यू.एस.ए.
#67	वांग वेनजिंग	3.3	51	योनयू (बिजनेस सॉफ्टवेयर)	चीन
#68	पैन झेंगमिन	3.2	46	आक टेक्नोलॉजीज ऑफ शेनजेन (इलेक्ट्रॉनिक्स)	चीन
#69	डेगमर डॉ. बी	3	74	डॉ.ल्बी लैबोरेटरीज	यू.एस.ए.
#70	सीन पार्कर	3	36	फेसबुक	यू.एस.ए.
#71	डेनिसी कोएट्स	2.9	48	बेट 365 (ऑनलाइन जुआ)	यू.के.

#72	जैक डेंजरमोंड	2.9	70	एनवायरनमेंटल सिस्टम रिसर्च इंस्टिट्यूट (मानचित्रण सॉफ्टवेयर)	यू.एस.ए.
#73	जैसोन चांग	2.8	71	एडवांस्ड सेमी-कंडक्टर इंजीनियरिंग (इलेक्ट्रॉनिक्स)	सिंगापुर
#74	डेविड फिलो	2.8	49	याहू	यू.एस.ए.
#75	माइकल मोरित्ज	2.8	61	उद्यम पूँजी	यू.एस.ए.
#76	रोमेश टी. वाधवानी	2.8	68	सिंफनी टेक्नोलॉजी ग्रुप (इंटरनेट सॉफ्टवेयर	यू.एस.ए.
#77	निकोलस वुडमैन	2.8	40	गोप्रो (चरम क्रिया चलचित्रण/एक्सट्रीम-एक्शन वीडियोग्राफी)	यू.एस.ए.
#78	ज्युई जियांगडोंग	2.8	56	डी.एच.सी. सॉफ्टवेयर (औद्योगिक अनुप्रयोग)	चीन
#79	किम जुंग-जु	2.7	47	नेक्सोन (ऑनलाइन गेम)	द. कोरिया
#80	जुडी फॉकनर	2.6	72	इपिक सिस्टम्स (स्वास्थ्य सेवा सॉफ्टवेयर)	यू.एस.ए.
#81	झोऊ याहूई	2.6	38	रोविओ एंटरटेनमेंट (ऑनलाइन गेम)	चीन
#82	ईवा मारिया बुचर-हेफ्नर	2.5	59	सीए (कंप्यूटर एसोसिएट्स) टेक्नोलॉजीज (सॉफ्टवेयर)	स्विट्जरलैंड
#83	भारत देसाई	2.5 B	63	सिनटेल (आई.टी. सलाहकार सेवा)	यू.एस.ए.
#84	बैरी डिलर	2.5 B	73	इंटरएक्टिवकॉर्प व एक्सपेडिया (ऑनलाइन मीडिया)	यू.एस.ए.
#85	मार्टिन हैफनर	2.5 B	62	सी.ए. (कंप्यूटर एसोसिएट्स) टेक्नोलॉजीज व अन्य निवेश	स्विट्जरलैंड
#86	डगलस लियॉन	2.5 B	58	उद्यम पूँजी	यू.एस.ए.
#87	हेनरी समुअली	2.5 B	61	ब्रॉडकॉम कॉर्पोरेशन (सेमीकंडक्टर)	यू.एस.ए.

#88	जिम ब्रेयेर	2.4 B	54	उद्यम पूँजी	यू.एस.ए.
#89	मिन काओ	2.4 B	66	ग्रामीण (दिशा-सूचक उपकरण/जी.पी.एस. प्रौद्योगिकी)	यू.एस.ए.
#90	रॉबर्ट मिलर	2.4 B	70	फ्यूचर इलेक्ट्रॉनिक्स (इलेक्ट्रॉनिक घटक)	कनाडा
#91	तियान मिंग	$2.4 B	62	हेफ़ेई मेईया ऑप्टो-इलेक्ट्रॉनिक्स टेक्नोलॉजी (परीक्षण उपकरण)	चीन
#92	जैक डोरसे	$2.3 B	39	ट्विटर	यू.एस.ए.
#93	किम बेओम-सु	$2.3 B	49	ककाओ (मोबिल चैट सेवा/ इंटरनेट	द. कोरिया
#94	थोमोस साइबेल	$2.3 B	63	साइबेल सिस्टम्स (बिजनेस सॉफ्टवेयर)	यू.एस.ए.
#95	बॉब पारसंस	$2.2 B	65	गोडैडी (वेब होस्टिंग)	यू.एस.ए.
#96	गिल श्वेड	$2.2 B	48	चेक पॉइंट सॉफ्टवेयर टेक्नोलॉजीज (सॉफ्टवेयर)	इजराइल
#97	मग व्हिटमैन	$2.2 B	59	ईबे	यू.एस.ए.
#98	ई. झेंग	$2.2 B	45	हीथींक रॉयल फ्लश इन्फॉर्मेशन नेटवर्क (वित्तीय डेटा आपूर्तिकर्ता)	चीन
#99	ईवान स्पिएगल	$2.1 B	25	स्नेपचैट (चलचित्र संवाद अनुप्रयोग)	यू.एस.ए.
#100	रॉबर्ट पेरा	$2 B	37	युविक्वीटी नेटवर्क (विरेलेस नेटवर्किंग गियर)	यू.एस.ए.
स्रोत: फोर्ब्स/ रिचेस्ट पीपल इन टेक-2015					

□□□